U0458212

郑也夫 著

五代九章

上海三联书店

目　录

前　言　1

　　一、缘起：戏词—话剧—学术　1

　　二、非典型：社会学—历史学—通才　2

　　三、本书简介：九块积木——三只风筝　5

　　四、大段引用：古文—今人　10

　　五、训诂：故事—历史　11

　　六、连续谱：虚构—非虚构　13

　　七、史：粉饰—作伪　14

　　八、鸣谢　17

第一章　帝王点评　1

　　一、朱温，后梁太祖　1

　　二、朱友贞，后梁末帝　5

　　三、李克用，后唐武皇　5

　　四、李存勖，后唐庄宗　12

　　五、李嗣源，后唐明宗　15

　　六、李从厚，后唐闵帝　21

　　七、李从珂，后唐末帝　23

　　八、石敬瑭，后晋高祖　27

　　九、石重贵，后晋出帝　33

　　十、耶律阿保机，辽太祖；耶律德光，辽太宗　38

　　十一、刘知远，后汉高祖　43

十二、刘承祐，后汉隐帝　44

十三、郭威，后周太祖　45

十四、柴荣，后周世宗　50

第二章　用兵之道　56

一、黥面　56

二、义儿军　60

三、博弈魏博　66

四、安全打法　71

五、精兵　73

六、赏钱　78

七、兵制的演化　81

八、斩首　86

第三章　忠岂忘心　97

一、五代臣僚的生死去从　97

二、五代帝王的招降纳叛　103

三、孔子与孟子　106

四、荀卿与韩非　110

五、贾谊，董仲舒，司马迁　115

六、东晋、初唐的忠臣观　119

七、宋代君臣合铸忠臣观　127

八、明末清初的悖论与反思　130

九、小结　138

第四章　列国时代　141

一、五代时期的正伪之争　141

二、宋人五代观的变化　143

三、正朔，皇权，纪年法　147

四、重审五代之"代"　150

五、小结　156

第五章　乱世君子　158

一、孙鹤　158

二、赵凤　161

三、韩延徽　163

四、张承业　169

五、郭崇韬　173

六、李愚　179

七、桑维翰　181

八、和凝　185

九、杨凝式　187

十、王朴　189

十一、思考古今治乱中的人格　194

第六章　冯君可道　196

一、出身乡儒　196

二、文牍，词臣，掌书记　198

三、官运与作为　205

四、雕版九经　209

五、敢谏之臣　215

六、善待同僚　219

七、宰相与枢密使　221

八、权变之际　225

九、评价之评价　230

第七章　天命知否　235

　　一、帝诞天兆　235

　　二、误信算命　237

　　三、不信算命　239

　　四、纯正的修行人　242

　　五、五代天命观评价　246

　　六、中国古代思想家的天命观　248

　　七、小结　253

第八章　雅乐胡歌　255

　　一、咏歌不绝，乐岂坏哉　255

　　二、乐，诗，礼　258

　　三、孔子的礼乐观　262

　　四、柏拉图与席勒　268

　　五、独尊儒术时代的音乐观　273

　　六、唐代：宫廷与胡乐　280

　　七、唐代：诗人与歌舞　288

　　八、五代音乐之存亡　293

第九章　阉人宦官　300

　　一、阉割的起源：家畜与人　300

　　二、宦官的起源：美索不达米亚与中国　305

　　三、秦代：赵高与宫刑　307

　　四、汉唐：宦官干政　310

　　五、五代：乱世中的异类尝试　318

　　六、明朝：宦官规模　322

　　七、透视帝制的视角　327

参考书目　330

前　言

一、缘起：戏词—话剧—学术

　　剧作家、亡友李龙云和我聊天时，嘴里频次极高的词汇是"戏词"。可能因为这是他日思夜想、寝食不忘的事情。我从小爱看话剧。但龙云口中的这个关键词还是提醒着我：话剧与电影的重要差异，是话剧更重视语言的味道、蕴含、动感和冲击力。

　　绰号"演出大鳄"的钱程和我是莫逆之交。他被迫去京赴津后，推出了轰动性的大话剧。彼得堡话剧团的《兄弟姐妹》八个小时，中间要吃一顿饭。法国话剧《2666》十二个小时，中间要吃两顿饭。每次演出，敝人都出席首演前的酒会和演后与剧团的座谈。这些大话剧与常规话剧，含量不可同日而语。

　　看这些大话剧的当口，我在阅读中遭遇了冯道。我被他在那个特异时代的行状，以及历代围绕他的无休止的争论，深深吸引。他打动我的原因不一而足，其中算不上第一，但颇具冲击力的是他的一段段"戏词"般的语言。乃至，一个念头涌出：

写个冯道的话剧本子。如果没有领略这些大话剧，我不会产出这个念头，因为常规话剧的时长无法表达复杂的冯道。魔鬼进了脑子就再难撵出。而我三十余年的学者生涯，决定了我必须做足案头功课。买来了薛居正和欧阳修的九本新旧《五代史》，以及蔡东藩的《五代史演义》，等等，毕竟我要写的是通俗的东西。很快我就完成了一个判断，大话剧也太难容纳冯道，因为他复杂，更因为五代是个纷乱如麻的时代，时间短讲不明白。但是魔鬼不走，它魔怔着，引诱我去考虑电视片。至少，这是我继续深入阅读五代史的阶段性动力。

今天反省起来，再往后的发展是路径依赖。我打算搁置电视片的写作，先完成一部五代史的学术著作。

二、非典型：社会学—历史学—通才

我没有写过剧本，这是全新的挑战。我也没有做过历史研究，七十岁了写历史同样是挑战。可能是觉得，即便历史学不是"轻车"，写学术书毕竟是"熟路"。对决策的作用力，感觉是不输给理性的。我做这个决定基本上是感觉当家。现在回想起来，这个选择是明智的。我熟悉学术路径，先易后难。通过学术研究，对那段历史深入理解后，回过头来写剧本不迟。

但毕竟隔行如隔山。而且历史学是信息量巨大、专业门槛很高的学科。专业史家对我动人家的奶酪，一定不乏侧目者。不管人家怎么看，首先要说服的是自己。但以我的性格和走过的道路，没什么可顾虑的。我虽然做社会学，其实是一个非典型社会学家。特征之一，一向借助多学科的思想资源，写作中社会学的方法和思想资源恐怕四分之一都不到。其二，当下中国社会学的热门课题我基本不做。其三，我的研究和写作转向太快，题目太杂，没有一个题目超过五年。有的同行私下说我不是社会学家。匠气足些的专家会这么看的，而当下学问做得稍好的学者中又是匠人居多。我自知是异类。故常常对媒体的朋友说：我必须也只能在一个院系领工资，这个系是社会学系，如此而已。至于我做的东西是哪个学科的，我不关心。只要自己有兴趣，对社会有意义，就行了。所以做五代史研究，我心理上没什么可纠结的。不过是，过去本学科视你为异类，现在兄弟学科笑话你是民科。

我的非典型是与多数学者对比而成的。如果多数学者像我这样"杂耍"，那么"专家"型的学者就成非典型了。而学术生态走到今天这般光景是个历史过程。古典社会学时期不是这样。杜尔凯姆研究过社会分工、教育、宗教、自杀，等等。韦伯研究过新教精神、工作伦理、世界经济史、统治形态、世界几大宗教，等等。二位涉足的多样性尚不及同代社会学家齐美尔。因当时欧洲的反犹思潮，失去教职的齐美尔索性在学院外的多种场合演讲，撰写形形色色的杂文，其讨论时尚的文章前无古人。而继古典社会学之后四大理论中的三项——冲突论、交换论、符号互动论，都是齐美尔开端。1990 年才谢世的埃利亚斯堪称古典社会学风格之殿军。他研究文明进程、权力、知识社会学、宫廷礼仪、历史转型时代的音乐家莫扎特，以及体育。这几位，特别是埃利亚斯，深深地进入历史学研究。社会学奠基人的学风何以演化成今日专家占主导的学科，足够写一两本专著。其实很难说是谁"走偏"了。专家、杂家、通才，理当共存，各扬所长。

古典时代的少数学科演变成当代众多学科，或许是专家成为主流的成因。但在这众多学科中，有两个学科与众不同，即历史学与社会学。只要研究古代的事情，就属于历史学。而古代社会中帝王贵族、贩夫走卒、五行八作、三教九流、衣食住行、生老病死，你选择哪个题目都为学科所容纳。这是其他学科比不了的。不错，已经有文学史、艺术史、科学史的设立，但是传统史学家仍保有研究古典文学、艺术、科学的余地。因为他们有专科史研究者不具备的横向优势。在选题的自由上，历史学得天独厚。仅次于它的是社会学。略逊一筹的原因是，政治学、经济学、人口学、心理学厚今薄古，其争夺更多的不是历史学而是社会学的地面。尽管如此，在选题的自由上，社会学家能居第二。放弃自由是社会学家自己的问题。

社会学与历史学，除了研究对象的时差，几乎没有什么不同。历史学家说过：一切历史都是当代史。因为研究者是今天的人，他的研究也是为了今天的人。他要敏于今日，才能从历史中找到有意义的题目。当然不排除某些史学家的研究目的，是为史学家们打好史料（包括真伪、版本之类）的基础。毕竟多数史学家有理解今日社会的必要。而社会学家要从历史学那里寻根。可以是宏观的，也可以是微观的，可以是直接的，也可以是间接的。是历史与今天的天然关系，使得历史学家和社会学家的思考，特别是意识流，彼此贯通。今天的读者愿意读余英时、许倬云，是因为能帮助我们理解今天。埃利亚斯对莫扎特的理解是历史学和音乐史专家都达不到的，是因为埃氏打通了政治学、心理学、社会学、历史学，那是古典社会学大师的特质。

社会学家跳到史学领域，不是该不该、对不对的问题，只是能不能、行不行的问题。后者是我做不做五代史研究的主要考量。如果我着迷的不是冯道，而是魏征，大概不会有写一本书的打算。因为我知道要读的书太多，读不完。唐史研究者众多，很难找到我插嘴的地方。五代史有所不同。需要读的书少得多。大学中讲五代史的教师要么是主攻唐史的，要么是主攻宋史的。我很可能是不自量力。但我不自量力的对象只能是五代史、上古史这些史料较少，给想象力留下更多空间的时段。

三、本书简介：九块积木——三只风筝

上面说到的——放弃了剧本写作，不受学科藩篱束缚——都不是写作本书的充分理由。决心写，是因为阅读五代史时产生的一些问题令我痴迷，探究它们的心得累积到一定程度，写作开始了。这些问题有其各自的独立性。乃至，伺候的不是一个主题，完成的是九块积木。循着它们在五代史中的位置及彼此的关系，排列积木，构成本书。以下简述各章，集中于有新意处。

第一章点评了"五代"的十四位帝王。"十国"中亦有称帝的君主，甚至不在十国之列的刘守光也称了帝。故选择十四位非理所当然。如此选择仅在于，新旧《五代史》的作者以其正统观选择了这些帝王，故《五代史》中他们的史料更多，可供我们解析；且《五代史》中留下了作者对这些帝王的评价，供我们批评。李克用不曾称帝。耶律阿保机父子更不在帝王本纪中。笔者不拘泥名号，注重历史作用。李克用率领沙陀军立定中原，后唐、后晋、后汉都是其亲子、义子、麾下军人所建。李嗣源、李从珂、安重诲三者的关系，埋下了后唐覆灭的种子。李嗣源不糊涂，是对养子李从珂的情感令他拒绝安重诲的谋划。

如此看，皇权政治真的容不得一丝人性。石敬瑭理应重新评价。当时中原与契丹君主都是胡人血统，彼此长幼相称不在少数。中原政权求助契丹者不计其数。大辽是中国历史上的一个朝代，《辽史》是二十四史的一部。这三大理由还不够吗？郭威称帝，从新旧《五代史》的材料看，未必蓄谋在前。柴荣英雄情结过强，走的招招都是险棋。

"用兵之道"排在第二章，因它与第一章关系最近。军事谋略是帝王权谋中的核心部分，何况五代是军战的时代。阳光下面没有新鲜事。本章所述黥面、义儿军、赏钱、斩首，都有传承。舍此就说不清五代的用兵之道。故打通与前后历史的关联成为本章，乃至本书的特征。其中赏钱与斩首，貌似微观，实则宏大变革之产物。唯雇佣军才有赏钱，而封建时代本无雇佣军。首级是请功的证据。封建制下血统继承的爵位，正是率先被军功爵位刺破。本章努力对五代的黥面、义儿军、赏钱、斩首，做出详尽的陈述。"博弈魏博"一节刻意放在本章，以帮助解析梁晋征战之转捩，及历史演变之偶然。

"忠岂忘心"以其在五代的重要性列在第三章。但这是一种特殊含义上的重要，"为臣不忠"是后人为五代贴上的一号标签。自宋代第三、四代皇帝始，君臣合力宣扬：忠的丧失是五代王朝走马灯般覆灭的原因——重要性是此时获得的。后经历代君臣合力打造，推崇死节、贬损贰臣成为社会主流价值观。事实上，贰臣是五代期间朝代频繁更替的后果，不是其原因。笔者统计了《新五代史》中的 233 名文臣武将。死节与死事者仅 10 人（4.2%）。新旧《五代史》记载，新君主立朝后均立即招降纳叛，杀除前朝大臣极少。即五代时期君臣心目中鲜有从一而终的观念。溯本清源，《论语》中忠的重心是为人之道，非为臣之道；孟子不讲忠君，讲"民为贵，君为轻"。荀卿、韩非是忠君观的奠基人，董仲舒是其完整阐述者，宋人借批判五代再度加固之。明朝覆灭时死节者极少，但多数贰臣承受巨大内心压力——此即数代打造忠君观的全部收获，而明末清初对死节观的批判达到前所未有的深度。

第四章"列国时代"讨论三个问题：纪年法，正统论，"五代"名称之由来与正误。周代开始实行王位继承法。天子与诸侯王在自己辖区内各自纪年。汉武帝开启了年号纪年法，即皇权纪年法。这一转换是皇权立于一尊、封建淡出历史舞台的结果。汉武帝以后，史官统统使用年号纪年法。谁是正统本来是问鼎者之间的争吵。梁启超以六个标准说明历史上没有一个朝代堪称正统。即正统无关逻辑。史官为前朝写史，写史要以年号纪年，其为正统帝王垄断。面对分裂的前朝，确定正统就成了史官也要参与的问题。"五代"是宋人的命名，选择它是宋朝帝王的意图。以后质疑的言论不绝如缕。在人口、疆域，享国时间上，"五代"并不高出"十国"一个量级，何况还有契丹的存在，它兼跨国与代。故这五十余年的恰当称呼是"列国时代"。

第五章"乱世君子"。阅读五代史前，笔者以为一个权力频繁更迭、杀戮家常便饭的时代，官吏一定都是奴颜婢膝，猥琐阿谀。读后惊异欣喜，见识了众多精彩多样的人格。笔者拣选十一人。因冯道内容太多，单辟一章。本章十人。孙鹤的事迹勉强见于新旧《五代史》，其做沧州宾佐仅留下一笔。连缀碎片方见其行为因果与人格构成。笔者对其人的概况是："骨鲠，谋略，报恩，三位一体，难得。"赵凤则是合二而一：极其敢言，频唱反调；同时又极擅进言。敝人以为韩延徽属于"一级历史人物"，可惜记载少而又少。笔者已竭力打捞。在忠心侍奉君主又坚守理念与尊严上，宦人张承业令大多数朝官汗颜。郭崇韬人格高尚，他固然以悲剧终结，但他屡屡直谏君王并未致罪，说明了五代君臣关系尚可，也是本章之人格得以彰显的背景。李愚几乎在践行非礼勿言，其人一丝见风使舵的心态都没有，却又不是书呆子。桑维翰是石敬瑭的精神后盾，后晋主和派的领袖。临危时，主战派贪生惜命，唯桑维翰慷慨赴死。这反差说明勇气与主战主和无关。和凝，神采射人，能文能武，此已属稀罕。不期诗入《花间集》的作者，竟然还是案例集之开先河者。杨凝式，这位少年时为避政治风险的装疯者，竟然是唯一从大唐到后周，历官六朝之人。他还是承唐启宋的大书法家。王朴则磊落行藏，是献国策、编历法、匡音律的不世出的人才。本章结束于古今治乱中之人格的思考。

第六章"冯君可道"。我与五代史的缘分起自冯道。这章的广度深度，还算对得起这缘分。笔者的主要观点如下：侍奉多朝者不乏其人，讨伐贰臣拿冯道开刀，是因为其中冯道官职和声誉最高。其实冯道成为不倒翁的一大原因是他不掌实权，五代的权臣和高风险的官职是枢密使，不是宰相。有多个扎实的例子证明冯道是敢谏之臣。冯道为官的主要作为是，为君主讲治国之道，主持雕版九经的刻印。

以上六章所述均系五代史之重镇：皇权、军事、忠君、合法性、出彩的人物。虽然讨论第二、三、四章时，一再与之前的历史联系、对比。但主要说的毕竟还是五代的事情。

以下三章则像三只风筝，从五代史放出，高高地飞上去。三章的目的与其说是讨论五代的事情，毋宁说是讨论三个通论专题：天命观、音乐、宦官。五代的戏份在其中不是很大，特别是最后两章。但毕竟是受五代史的启发，飞到哪里也有一根线连着五代。

第七章"天命知否"。讲述了五代中对天命与术士的误信者、不信者、骗子。新旧《五代史》中的相关记述，给人们的综合印象是，骗子很多，笃信天命与术士的人较少，决策时人们常常不听术士所言。本章检讨了中国古代思想史中关于天命的论述，发现其中的主流认识竟然与五代君臣的实践相似。

第八章"雅乐胡歌"。比较了孔子、柏拉图、席勒关于音乐或艺术的思想。三人都认为音乐与艺术有助于道德形成。孔子、柏拉图认为有些音乐有害于道德，务必杜绝。席勒则强调艺术的王国是独立的，惟其独立才能繁荣。为什么孔子与柏拉图思想相似，而以后在音乐上西方繁荣，中国停滞。笔者以为，是因为中西政体的不同。柏拉图的音乐思想在西方多元的封建社会中不被广泛接受。而孔子—刘德的音乐观与大一统的政体结合，制约了音乐的繁荣。西域音乐文化的涌入与李世民的开明，导致唐朝成为中国音乐史上空前绝后的高峰。唐之后的五代产生了多位胡人君主。他们爱好歌咏，正是这些小情节吸引了敝人。论理他们似乎应该继续大唐以胡乐为主的音乐，但是在合法性上，李世民极度自信，而五代君主颇为自卑，故后者不敢去光大他们喜爱的胡歌，有条件时反而尽力恢复编钟雅乐，乃至唐代的音乐繁荣一去不复返。

第九章"阉人宦官"。这是放得最高最远的一只风筝，但确实是五代史中的一个情节诱发了笔者。就是朱温通令尽杀大唐太监，且他称帝后不设太监。这在认知上刺激笔者思考。而风筝飞起后，五代的宦官不再是主题。花费笔墨研讨阉割，系笔者对起源之嗜好所致。接着讨论了秦、汉、唐、明代的宦官。历史上帝制下阉人的数量远超封建制。故秦、明两朝的阉人数量是世界史上的双峰。宦官是帝制肌体上的毒瘤。古代史家对宦官的批评充满歧视与偏见，既是因为他们不敢批评皇权，也是因为朝臣与宦官的权力之争。宦官把持了唐代最后九位皇帝的继位。但若是外戚或顾命大臣把持，可能李氏王朝早已改姓。宦官的把持让这出戏安稳地唱了百年。不是说这样好，是说其利弊之评判绝不简单。明代宦官的数量被官员学者们夸大了数倍，说明他们找错了明代政治的病灶，忽视了包括皇权在内的其他若干问题。朱温杀掉挟持天子的宦官后，他先是挟持后是取代天子。宦官是一个需要重新审视的问题，它是透视皇权的特异的视角。

四、大段引用：古文—今人

本书行文方式的一大特征是，大量引用五代史中的原文。

最早看到这种文体，是读陈寅恪的《隋唐制度渊源略论稿》。那书是写给专业史学家的。本书的读者是什么人，我说不清，没有清晰的意向。我著书从不考虑读者是谁，只考虑社会意义，以及自己的兴趣和审美。我期待作品与读者相互寻找。但拙作肯定没有聚焦在少数史学专业人士上面，那为什么要走陈寅恪的路子？

出于三个考虑。其一，古文翻译成今文会变形，甚至误译。理解从来都有差异的。而今人理解文言要比理解白话差异更大。差异的理解是有意义的。笔者乐见读者对原文的略有差异的理解，不愿舍弃原文，将自己认可的译文强加给读者。其二，原文是走进古代的路径。读《旧五代史》就是进入了薛居正等人的讲堂；读《新五代史》就是进入了欧阳修的讲堂。中国人幸运，可以直接阅读先贤一千年前的文字。当代历史作家何苦要隔断文字上的直接联系，做蹩脚的向导呢。其三，新旧五代史的文字水准本来就很高。我的引文又是精心挑选的，既是有料有趣的段子，又是精美的文字。敝人写不出这么好的、戏词一般的字句，不如选择重要的段落直接呈现给读者，附上一些必要的注释。

五、训诂：故事—历史

每个人都生活在历史中，且多半读过、听过某些严肃或戏说的历史，乃至不管是史学家、史学爱好者还是普通人，都程度不同地拥有自己的历史观。差别只在于有些人自觉意识到，有些不自觉。敝人嗜好理论，故史观的自觉意识更强些。这种自觉意识既体现在明白自己的特征，也体现在努力从一般意义上思考历史是怎么一回事。写作这篇前言时，说说史观的念头突然涌现，不吐不快。与本书间接的关系总是有的。

我 1977 年考入北京师范学院历史系，只在那里学习了一年半。入校时，老师们说几年来教工农兵学员，没准备好教你们这样的学生，第一学期竟然开不出历史课程。我自学一本非常浅显的海斯著《世界史》。书中第一句朴素之极的话深深打动我：历史是人类过去的故事。我在第二学期的作业上写下这句话。老师在旁边打了一个大大的红叉，批语：错，历史不是故事。

讲述历史观，我们从历史是故事说起。讨论历史是不是故事，我们从训诂入手。

　　"历史"一词很晚才在汉语中流行。笔者猜想是日本人以"历史"翻译 history 所致。此前国人使用的是"史"字。"史"有两意：其一是官名，后来主要指史官；其二，史册以及史实。后一意思最早见于《孟子·离娄下》"其文则史"（译：其笔法如史书）。再说"故事"一词。故是过去的意思，事是事情。望文生义，"故事"就是"过去的事情"。其最早见于《商君书》："农不离其故事，则草必垦矣"（译：农民不离开他们过去做的事情，就必定垦荒）。字面与用意一致。"过去的事情"，不就是历史吗？五代史频繁记载，皇帝要老臣说"唐故事"，那当然是要他们说唐朝的规矩及朝廷上发生的事情，而不是要老臣虚构。话本、小说的产生，比"故事"一词晚得多，故其词义的转变是后来的事情。至于故事还带有传说的意思，早期的历史何尝不是传说。殷代才有文字。我们不谈争议纷纭的夏代，就是商代早中期的历史，也是靠传说继承下来的。综上所述，在古汉语中，史（史官之外的含义）与故事几乎是一个事情。

　　我们接着讨论英语中对应的这两个词汇：history（历史）与 story（故事）。两个词汇的拼写非常接近，不由得不让我们想到它们的关系。二者确乎是同源，都源自希腊语名词 historia，其字面意思就是"智者所知道的事情，智者对过去的事情的叙述"。它进入英语后，分化成了两个单词：history 和 story。笔者的兴趣不在于讨论英语中二者的意思，知道二者同源就够了。

　　中西殊异的古代历史与语言文字中竟然存在着如此一致的情形，毫无疑问揭示着一个道理：历史与故事之同源。

六、连续谱：虚构—非虚构

演化到现代，这两个词汇当然不再是一个意思。图书馆文科图书的重要分野是虚构与非虚构。历史著作在非虚构之列，故事书在虚构之列。但图书的划分不可误导了我们，以为历史作品非虚构，无故事。

虚构与非虚构是连续谱，中间没有鸿沟。

文学的虚构中有真实性。现实主义的文学作品，其虚构的故事在现实中是可能存在的。酷似现实，是这类作品的取胜之道。昆德拉说：小说是探索可能的生活。其小说观虽然不同于传统的现实主义，也并不背离现实。从这个意义上说，它们不是纯虚构。文学作品中只有一部分是纯虚构：魔幻与科幻。而它们不是文学的主流。

历史作品中颇有虚构的成分，原因有二。其一以想象填补空白。还有其二，留待下节。古代史家书写历史的时候，手中拥有的常常只是历史的碎片，诸多空白有待填补。难道不可以为追求真实，将碎片的历史呈现给后人吗？那是人们，无论是读者还是史家，都不能接受的。因为这不合人性。人类的精神世界适应和需要某种完整性、某种"结构"——故事的、逻辑的乃至数学模型，不然无从把握。于是空白必须以某种想象和加工去填补。而几种结构中，故事是最古老的，也是适合大多数人的。伟大的司马迁就是如此填补空白的。他必须这么做。碎片是不成其为历史，无法传递、留存下去的。司马迁兼通写实与虚构，是史学家也是文学家，是考据大师也是故事大王。司马迁以降的古代史家，不同程度上都要以自己的想象连缀历史碎片。

尽管古代史家凭借想象做出了填补，留下的历史依旧充满空白。而追求真实性的当代史学家告别了太史公的路数，且在这个方向走到极端。多数人一方面已经完全不诉诸想象，另一方面以为写进正史的都是真实的史实。只转述正史，完全不去想象那空白中会发生了什么。他们将空白处的想象拱手让给历史小说家们。其实历史的空白处更需要专业的史学家去过问。与历史小说家不同的是，专业史学家在有史料处分析、推敲和质疑，在史料空白处才诉诸想象。今天的史学家可以超越司马迁的是，告诉读者其作品中哪里有根据，哪里是想象。这一工作难度很高，非专业人员做不来。

历史的特征，除了碎片，还有片面。留下来的历史都是极端片面的。一部二十四史完全贯彻着帝王将相的历史观，社会生活的记载少之又少。而这样的历史一直被接受着。到了现代，尽管对此已有足够的反省，可是我们面对的主要是祖宗留下的史书。我们只好努力从中寻求和透视一些其他的信息，辅以地下发掘的文献、文物。任凭如何再加工，得到和完成的不可能不是零星、片面、局限的东西。

七、史：粉饰—作伪

书写的历史中有想象的成分，如上所述。还有作伪的成分，系本节讨论的内容。

正史的笃信者是怀疑者的千百倍，但两千余年来怀疑者也不绝如缕。其中最突出者是古代的孔子、现代的顾颉刚。《论语·雍也》中孔子说："质胜文则野，文胜质则史。文质彬彬，然后君子。""质"是先天、本性的意思，"文"是后天、文化的意思。"野与史"均背离君子的品性。"野"是粗糙无礼的意思。"史"比较费解。古汉语"史"兼有史官和史书的意思。与君子对应的当然是史官,而非史书。故"文胜质则史"可以译为:后天压过本性,文饰压过自然,就如史官一般虚伪了。由此我们看到孔子对史官的菲薄。不是批评某一史官,而是将史官的共性看作低下的品性,说明孔子时代为君王文过饰非是大多数史官的作风。说这话时,孔子不是评价史官,而是讨论君子,惟其不经意的表述更反映他认识的底色。如此,孔子眼中史书之虚假可以定论。

《论语·八佾》:"子曰:夏礼,吾能言之,杞不足征也;殷礼吾能言之,宋不足征也。文献不足故也,足则吾能征之矣。"(译文:夏代礼制我能说出,其后代杞国不足以说;殷代礼制我能说出,其后代宋国不足以说。因为杞、宋两国的历史文献不足,如果充足,我会说的。)其实夏与殷也说不到文献充足,为什么孔子能讲出来呢?就是我们前面所说,凭借想象力去连缀已知的碎片,填补其中的空白。孔子当然不齿于他说的"史"。即在他看来,他这样的人凭借想象力填补历史空白与史官伪造和歪曲历史存霄壤之别。(参阅顾颉刚,1926,120)

我们再讨论顾颉刚(1893—1980)对古史的疑问。他曾撰文说:"古代的史靠得住的有几。……时代愈后,传说的古史期愈长。时代愈后,传说中的中心人物愈放愈大。……从战国到两汉,伪史充分地创造,在尧、舜之前更加上了多少古皇帝。"(1926,7、2、6)他认为动机是当时人多尊古贱今,乃至在托古中编造。顾氏对编造者的评价要比孔子对史官的评价客气得多。顾氏还说:"因为古代的文献可征的已很少,我们要否认伪史是可以比较各书而判定的。但要承认信史便没有实际的证明了。"（同上，1）这道理则是中国古人很难说出的，需借助晚近西学的认识论、方法论。时间、生死、胜负，有可能确证。人口户数，因为有隐瞒意图，只能推断一个大概。而双方博弈的过程，几乎永远无法确知真相，因为那是人言人殊的罗生门。

最令笔者欣喜的是，顾颉刚在讨论古史真伪时屡屡提到笔者喜欢的概念"故事"。他提出："用故事的眼光解释古史的构成的原因。"他是戏迷，且读过胡适对《水浒传》的研究。很多戏剧、小说经历过一次次改编。由此，顾氏马上看到，人们在史料没有增加的情况下，对古史一代代添加内容。他由此提出"层累地造成的中国古史"之观点。他说："我对古史的主要观点，不在它的真相而在它的变化。我以为一件**故事**的真相究竟如何，当世的人也未必能知道真确，何况我们这些晚辈；但是我们要看它的变化的情状，把所有的材料依着时代的次序分了先后。"（顾颉刚，1925）这么做是有些意义的，而搞清哪个是真大多不可能。笔者发现，根据上下文判断，这段引文中被笔者打成黑体的"故事"，其实是"古史"的意思。这说明，"故事"与"古史"在顾颉刚心中已成相似的东西。"故事的眼光"在顾氏眼里，除了"层累演变"，还有古史中的故事性。他说，古史中伊尹、周公的足智多谋颇像戏剧小说中诸葛亮，古史中桀、纣的穷凶极恶颇像戏剧小说中的曹操、秦桧。（同上）笔者不以为"故事性"必然颠覆古史的真实性。因为戏剧小说的出现晚于古史，不存在古史效仿后者的问题，且权力博弈过程大多不乏故事性。抛开逻辑，这些表达透露着顾氏在相当程度上认为古史相似于故事。顾颉刚还说："战国大多是有意的伪造。而汉代则多半是无意的成伪。我们对于他们一概原谅，我们决不说：这是假的，要不得。我们只要把战国的伪古史不放在上

古史里面而放在战国史里。"（1926，177）

综合本节与前两节所述，史书中包含着不在少数的虚构，或为猜想，或为伪造。故对史书记载的真实性要持怀疑态度。但是对建立在史料基础上的讨论的意义不必怀疑。即使是辨析一个虚拟的案例，仍然可以开发智慧，增进认知。何况古代史家讲述的事情是事实与故事之合一。

以上史观在多大程度上影响本书写作？有，但未必很大。唯因它是在本书写作中不自觉地、间断地思考着的，故在前言中一并铺陈出来。

八、鸣谢

大学同学宋杰教授热心回答我的形形色色问题，提供众多资料。

北京社科院老友李宝臣研究员对明代宦官问题提供了无法替代的帮助。

中学同学、社科院历史所刘驰研究员，阅读过三章，指正了若干错误。与他的对话深化着我的认识。

大学同学、讲授隋唐五代史的王宏志教授、陶文牛教授审读全书，指正错误。

老友北大历史系阎步克教授知道我在历史系图书馆找书后，表示他保存大量电子版。后我几次求助。

我当年的博士生刘阳为我提供了新旧《五代史》的电子版。纸版、电子版共用，大大提升了写作效率。

我当年的研究生徐雪峰帮我找到太多的电子版图书。

北大社会学系图书馆馆长龚芳老师帮助我找寻到多篇电子

版论文。

我当年的研究生陈心想几次帮我借书。

中山大学历史系教师罗亮解答过我对五代史的一些疑问。

山东大学历史系教师陈晓莹与我做过一些有益的讨论。

储卉娟女士悉心编辑书稿，指正多处谬误。

上海三联书店徐柯（徐建新）先生从始至终为本书出版费心尽力。

向以上诸位致以深深的感谢。

因日趋痴呆，对很可能发生的遗漏，提前致歉。

2023 年 8 月 20 日

第一章
帝王点评

历史当然不都是帝王将相的历史，但这是近现代的意识。二十四史所载多是帝王将相，它是我们认识古代的主要文献。故阅读它们的时候，我们更多地遭遇帝王。评价他们不是我们偏爱，而是因为在我们所能读到的史册中他们占了更大的戏份。

评价帝王不仅仅是评价帝王，也是在和一千余年前评价过他们的那几位史家——薛居正、欧阳修、司马光之流对话。这些史家的文化、历史地位，至少高于这十几位帝王的平均值。并且他们的评价就是那个时代士阶层思想的反映。就此与前贤对话，增加了笔者述评帝王们的动力。

一、朱温 (852—907—912)①，后梁太祖

朱温，汉族，宋州砀山（今安徽砀山）人。父亲"以五经

---

① 前后为生卒年，中为称帝年，全文同。

教授乡里"，育有三子。老大平庸，但有长者风范。朱存、朱温（朱三）"勇有力，而温尤凶悍"（《新五代史》卷 1《梁本纪一》）。教书匠的基因和文化朱温一点没有继承，也算是小概率和异类。父早卒。母带着他们为刘崇家作佣人。朱温不着调，刘公看不上他。唯刘母认准他是非常之人，一直呵护。俗话说三岁看大，端赖人们能否看到。所谓相面高手，大概就是能比常人多窥测到几分。

　　朱温的发迹首先是得益于他在大事抉择上的果断。他知道自己不是老实的干活人。黄巢的队伍一过，他就与二哥入伙。黄巢破京师时，他成了东南面行营先锋使。以后几次被唐军败，向黄巢求援而不得。麾下有人出谋：唐室人心尚在，黄巢霸业难成，不如投奔朝廷。朱温立即转向。挟带兵马投奔自然受重用。天子赐名"全忠"，委任左金吾卫大将军。两次抉择都快捷，都得利。以后与几路兵马一同围剿黄巢。沙陀军李克用攻陷长安，功居第一。黄巢身死后其部下秦宗权称帝，成了朝廷最大的威胁，朱温成了对抗秦军的第一主力，也赖此扩军收编。不久李克用路过汴州，朱邀李在上源驿饮酒，发生口角，晚上朱温谋杀李克用，雨中李克用侥幸逃脱。一直走运的朱温，如果这次也得逞，则是干掉了今后十年的对头，或许后梁王朝还能续命。以后虽天子调停，朱李结下死仇。朱李前后脚被封藩王。

　　在效命朝廷对抗黄巢的过程中，各路人马拥兵自立。此时朝廷也在内斗。宦官一度企图废昭宗立幼帝，谋求朱温支持。新旧《五代史》和《资治通鉴》都讲述了下面的情节：朱温犹豫不决。"天平节度副使李振曰：'王室有难，此霸者之资也。今公为唐桓文，安危所属。季述一宦竖耳，乃敢因废天子，公不能讨，何以复令诸侯．'全忠大悟。"（《资治通鉴》卷262《唐纪七十八》）以后大臣杀了刘季述，昭宗复位。宰相崔胤与昭宗商议尽诛宦官。消息走漏，宦官劫持昭宗。崔胤急邀朱温救驾。当时李克用在太原，如果不是朱温已经扩张到了关中边界，崔胤也可能求助李克用。与其说朱温早有挟天子的野心，不如说是这种机会落到了他头上，且靠下属李振的点拨。凤翔的卫兵见朱温大军到，献出了三十颗宦官首级。朱温为昭宗牵马二十里回京师。表忠作秀到了过分的程度。入京师后朱温才充分看清，皇帝身边已经没有兵马。昭宗却有胆量，且看明白朱温不是顺臣。于是有了"岐下系鞋"：

> 世传梁太祖（朱温）迎昭宗于凤翔，素服待罪，昭宗佯为鞋系脱，呼梁祖曰："全忠为吾系鞋。"梁祖不得已，跪而结之，汗流浃背。时天子扈跸尚有卫兵，昭宗意谓左右擒梁祖以杀之，其如无敢动者。自是梁祖被召多不至，尽去昭宗禁卫，皆用汴人（注：朱温的人）矣。（《旧五代史》卷7《梁太祖纪七》，注引《五代史阙文》）

以后取而代之就只是时间问题了。从以上过程可以看到，朱温根本没有曹操的雄图，更无其韬略。他能决断，背叛黄巢、勤王杀宦，都是从劝如流。能杀伐，与崔胤联手抢回皇帝后，立即杀了崔胤。他遣朱友恭、氏叔琮杀了昭宗，听李振讲了司马氏的故事后，立即杀掉朱、氏灭口。李振年轻时科举接连不中，恨死了士子们，"尤愤唐公卿，及裴枢等七人赐死白马驿，振谓太祖曰：'此辈尝自言清流，可投之河，使为浊流也．'太祖笑而从之。"（《新五代史》卷43《李振传》）可见朱温杀人如儿戏。杀昭宗后立了幼主，不久幼主"禅让"帝位给朱温。同为挟天子以令诸侯，曹操挟持汉献帝 28 年，曹在乎实惠，充分利用献帝。朱温挟天子昭宗不到 5 年，能称帝就知足。他的版图 78 州，仅占当时全中国 268 州的 29%。挟天子令诸侯的戏如果能唱得更久，朱温或许能成更大的气候。当然挟持天子的好处他还是占到了。如果不是"禅让"，不会有那么多节度使承认他的帝位，虽然只是名义上。

称帝前是简单鲁莽、全无规矩，称帝后依旧不要任何规矩。其治军之术简单粗暴，我们后面专节讨论。他的治下，没有宦官，我怀疑也没有后宫，且在"宦官"一节论。他睡女人没有规矩到难以置信的程度。

> 世传梁祖乱全义之家，妇女悉皆进御，其子继祚不胜愤耻，欲剚刃于梁祖。全义止之曰："吾顷在河阳，遭李罕之难，引太原军围闭经年，啖木屑以度朝夕，死在顷刻，得他救援，以至今日，此恩不可负也。"其子乃止。（《旧五代史》卷 63《张全义传》，注引《五代史阙文》）
>
> 太祖（朱温）平徐，得刘氏嬖（注：宠爱之意）之，属（敬）翔丧妻，因以刘氏赐之。及翔渐贵，刘犹出入太祖卧内。（《旧五代史》卷 18《敬翔传》）

说不清张全义、敬翔没有报复，是侥幸还是朱温掌控他人的非凡能力。

晚年两个儿媳妇轮番陪睡。儿子友珪妻打探到朱温欲立友文，遂带人行刺朱温得逞。家国常常相通，何况家天下者。他不要规矩，乃至死得荒诞。

但读罢五代史，敝人的感觉是朱温还不是这七十年中最坏的人。朱家寄人篱下时，唯东家刘母待见朱温。朱温称帝后接来母亲和刘母，奉为上宾。母亲斥责他二哥战死他乡理当移葬，他认错立即办理。大哥酒宴上大骂：朱三，皇帝封你为四镇节度使，你何故灭李家三百年社稷。朱温只是"不悦而罢"。大哥回乡度日，寿终正寝。他对皇后言听计从。怕老婆难称美德，但十恶不赦的恶棍中怕老婆的少，故这也是他非最坏的一个反证。

笔者略感奇怪的是，《旧五代史》花费洋洋七节讲述朱温，临终一句评语都没有。《新五代史》朱温本纪后只给了一句评语："呜呼，天下之恶梁久矣。"接此语，就阐述欧阳修自己如何认同《春秋》的史观："其实尝为君也矣，书其为君。其实篡也，书其篡。"即不跟随时风称后梁为伪朝。但这是史家之基本，无甚高明。除了这些，欧阳修竟然对朱温再没有一句评说。

二、朱友贞 (888—913—923)，后梁末帝

朱友贞，朱温第四子。从杀父篡权的兄弟朱友珪手里夺权。在位十年，被后唐李存勖灭。薛居正对朱温没有一句评论，对朱友贞居然还评论了一段，实在不合分寸。薛居正对朱友贞的空洞评价，笔者无甚可说。朱友贞夺权果断，亦可说正义。与李存勖争天下的关键当然在军事。朱友贞的致命处在于他不能明察和解决将领们离心的问题。后梁有李振、敬翔这样的奇才，但友贞没有像朱温那样倚重。乃至后梁被灭时，李振、敬翔也未得善终。

三、李克用 (856—908)，后唐武皇（追尊）

准噶尔盆地南部有个叫古尔班通古特的大沙漠，唐代称作

"沙陀"。在那里生存着一支西突厥处月部中的一个部族，以地为名。公元七世纪前后，沙陀军协助唐与吐蕃交战。吐蕃攻陷唐北庭都护府，命令投降的沙陀族做其攻唐先锋，但又猜疑他们。沙陀族不堪其辱，迁回跋涉数百里，投奔灵州（今宁夏吴忠灵武北）节度使范希朝，得到善待。"朝议以沙陀在灵武，迫近吐蕃，虑其反复"（《资治通鉴》卷237《唐纪五十三》），遂于元和四年（809）范希朝调任河东节度使时，沙陀人随范去了河东。大部分安置在代北地区，为朝廷守护北大门。

先沙陀人到代北的是赫赫有名的昭武九姓胡人。他们是粟特人的后裔，进入大唐后以经商闻名。唐太宗平突厥后将他们与突厥人一同安排在宁夏六个州中。安史之乱时"胡六州"亦有参与，朝廷将之迁移到代北地区。沙陀人到来，其首领朱邪执宜（李克用祖父）又被朝廷任命为代北营巡抚使，在大唐历史中有广泛影响的昭武九姓胡人便融入沙陀三部落中。

咸通九年（868）庞勋起义爆发。交战中沙陀军三千骑兵摧枯拉朽，立下大功。朱邪赤心（李克用父）被授予振武军节度使，赐名李国昌。此时代北地区是多民族混杂地区，除沙陀、昭武九姓胡，突厥、吐浑、鞑靼、回纥、党项、契丹人也皆在此地。沙陀本小族，因其武功和官位，诸多民族乃至汉人都辐辏其下。

李克用李国昌之三子，出生在代北地区朔州新城（今山西朔州）。天生独眼，射术超绝。

> 献祖（注：李国昌）之讨庞勋也，武皇年十五，从征，摧锋陷阵，出诸将之右，军中目为"飞虎子"。（《旧五代史》卷25《唐武皇本纪上》）

以他不久在军中的名声推论，从征庞勋之说应该不虚。但其时克用年龄不到十五岁。几年后发生了一个不小的事件。新上任的代北水陆发运、云州防御使段文楚因灾荒削减军食，引发怨恨。李尽忠、康君立抓捕了段文楚，召请李克用从蔚州赴云州，既而杀了段文楚。此事是谁的主谋，后代史家众说纷纭。事件后，李克用部下上表，请朝廷命李克用为云州防御使。朝廷则下旨，调任李国昌为云州节度使，卢简方顶替他的振武节度使。李家父子拒旨且杀了监军。在与朝廷讨伐交战半年后败退，北逃至鞑靼部落。这事件年代说法不一，在872—878年之间，即李克用16—22岁之间。（以上参阅樊文礼，2005）

880年黄巢攻陷长安。朝廷中有了起用沙陀军的提议。在中和二年（882）朝廷任命李克用为雁门节度使后，沙陀军南下，与各镇军旅会战长安。中和三年（883）李克用率沙陀军一万七千骑兵攻克长安，立下头功。父子均被封为节度使。同年李国昌卒。史册中未见沙陀军权力转移中父子抵牾的记载。李国昌生年不详，或许他此时老迈。但李克用无疑在出战黄巢时已经是沙陀军的统帅，时年27岁。沙陀军不仅攻克长安，且穷追黄巢，直到获得其首级。

各路军旅共灭黄巢，旋即发生了李朱双雄会。

（中和四年，克用）过汴州，休军封禅寺，朱全忠飨克用于上源驿。夜，酒罢，克用醉卧，伏兵发，火起，侍者郭景铢灭烛，匿克用床下，以水醒面而告以难。会天大雨灭火，克用得从者薛铁山、贺回鹘等，随电光，缒尉氏门出，还军中。七月，至于太原，讼其事于京师，请加兵于汴，遣弟克修将兵万人屯于河中以待。僖宗和解之，用破巢功，封克用陇西郡王。（《新五代史》卷4《唐本纪四》）

僖宗调节的唯一手段就是封王。光启二年（886）封李克用晋王。天复元年（901）封朱温梁王。二人均被封王多次。而晋王、梁王是"地标"性称号。李克用在山西，朱温在河南。李朱矛盾愈演愈烈，李克用多次要求僖宗讨伐朱温，僖宗不准，克用不满。加之河南离长安近。故后来昭宗危难时，求救朱温。

刘仁恭曾经投奔李克用，后背叛。李恨之甚深。几年后发生了另一场双雄会，亦结怨。

天祐二年（905）春，契丹阿保机始盛，武皇（注：即李克用）召之，阿保机领部族三十万至云州，与武皇会于云州之东，握手甚欢，结为兄弟，旬日而去，留马千匹，牛羊万计，期以冬初大举渡河（注：渡河即攻打河南朱温）。（《旧五代史》卷26《唐武皇本纪下》）

梁将篡唐，晋王李克用使人聘于契丹，阿保机以兵三十万会克用于云州东城。置酒。酒酣，握手约为兄弟。克用赠以金帛甚厚，期共举兵击梁。阿保机遗晋马千匹。既归而背约，遣使者袍笏梅老聘梁。梁遣太府卿高颀、军将郎公远等报聘。逾年，颀还，阿保机遣使者解里随颀，以良马、貂裘、朝霞锦聘梁，奉表称臣，以求封册。梁复遣公远及司农卿浑特以诏书报劳，别以记事赐之，约共举兵灭晋，然后封册为甥舅之国，又使以子弟三百骑入卫京师。克用闻之，大恨。是岁克用病，临卒，以一箭属庄宗，期必灭契丹。浑特等至契丹，阿保机不能如约，梁亦未尝封册。（《新五代史》卷72《四夷附录第一》）

克用与阿保机见面至朱温称帝间隔才两年。

未几，朱温攻打刘仁恭父子。刘求援，克用无意援手。倒是韬略不深的儿子李存勖劝说：现在与朱温对抗的就是我们与刘仁恭，不能让朱温得手。于是搞了个围魏救赵。

歼灭黄巢后，朱温在河南坐大。李克用在山西坐大。在二者的对抗中，能征惯战的沙陀军竟居于下风。其原因笔者在下一章试做分析。

908 年李克用死。其临终给儿子李存勖的另两支箭是：灭朱温，灭刘仁恭父子。其第一大仇敌是朱温，恨阿保机也是因为恨朱温。

李克用死后，李存勖灭了刘仁恭父子。遂形成朱梁、李晋对决的局面。

欧阳修在讲述李克用这节后有评语，但都是考据沙陀军的由来，对李克用几乎没有一句评价。这是轻视了一个重要的历史人物。薛居正的一个评价是：

> 虽茂勤王之绩，而非无震主之威。……若非嗣子之英才，岂有兴王之茂业。（《旧五代史》卷 26《唐武皇本纪下》）

两段评价都不妥。唐末各藩镇节度使争夺权位和地面，沙陀李家父子不例外，譬如上述段文楚事件。但仅限于此。李家父子几度勤王。光启二年（886），王行瑜等三位节度使为河中节度使人选上表，昭宗拒绝。三帅拥兵入朝，欲废昭宗。李克用出兵讨伐三帅后，

> 初，武皇既平王行瑜，还师渭北，暴雨六十日，诸将或请入觐，且云："天颜咫尺，安得不行觐礼。"武皇意未决，（盖）寓白日："车驾自石门还京（注：指昭宗逃避后还京），寝未安席，比为行瑜兄弟惊骇乘舆，今京师未宁，

奸宄流议，大王移兵渡渭，必恐复动宸情。君臣始终，不必朝觐，但归藩守，姑务勤王，是忠臣之道也。"武皇笑曰："盖寓尚阻吾入觐，况天下人哉。"即日班师。(《旧五代史》卷55《盖寓传》)

班师前请掌书记李袭吉撰《违离表》上呈昭宗。

中有警句云："穴禽有翼，听舜乐以犹来；天路无梯，望尧云而不到。"昭宗览之嘉叹。(《旧五代史》卷60《李袭吉传》)

以上看不出克用"震主"。"震主"在更大程度上恐怕是皇帝的心理，其对沙陀军的戒心。对待李克用和朱温，昭宗一碗水未端平。平定黄巢之乱后，两大功臣在上源驿聚首，朱温欲谋害李克用。过后李克用多次上奏，昭宗只一味和稀泥。不好制裁朱温也罢，但昭宗的戒心更在胡人。大顺元年（890）在藩镇间的冲突中，朱温等三镇上表，请朝廷趁李克用败绩于他们之际，统领平定太原。昭宗在朝议不占上风时便决意讨伐李克用。讨伐失败，昭宗后悔，又恢复李克用的官爵，贬黜主张讨伐的大臣。宋代史家范祖禹云：

僖、昭之时，惟李克用最为有功，虽尝跋扈，而终不失臣节，王室可倚以为藩捍。使太原之势常重，则诸镇未敢窥唐也，而唐以其戎狄之人，疑而不信，外而不亲，有震上之势而无朝廷之助，是以不竞于汴而全忠独强，吞噬诸镇，卒灭唐室。(《唐鉴》卷24)

再说薛居正评价之二："若非嗣子之英才，岂有兴王之茂业。"这评价颠倒了李克用与李存勖谁成就了谁的关系。李存勖麾下的所有干将几乎都是其父的班底。并且，李克用开启的岂止后唐。石敬瑭的父亲是朱邪部落中人，善骑射，效力李克用期间生石敬瑭。刘知远"其先沙陀部人也，其后世居于太原"，即知远是沙陀军的后人。后唐、后晋、后汉的帝王都是沙陀人。三个王朝共计27年。将沙陀军推上历史舞台的是李克用。

自朱邪执宜率沙陀族至代北，经李国昌到李克用，李家三代人统治代北的一大特色，或曰贡献是：民族融洽。自东晋始，中国的乱源之一来自北方胡人。唐末五代初，多民族共居的代北得以和睦，当有民族间数百年的磨合之功，也离不开沙陀统治者的功绩。从新旧《五代史》的记载，几乎看不出后唐、后晋、后汉三个沙陀王朝中的民族冲突。笔者以为，做好此事除了德行，沙陀人也有其优势。汉人统治者，势力最大的胡人，很可能都满不在乎。一个原本最小的部族，挟天时、地利、人和诸原因，得以入主该地区，他几乎必须容纳他族。沙陀李家做到了。或许是因为新旧《五代史》皆为汉人书写，未能区分后唐朝廷中胡人高官的种族差异，却可以清晰地可以看到，自晋王至后唐，文武高官中的大量汉人。有传记的9个义子中，6个汉人都是战功赫赫。蕃汉马步都校是最高军职，见于记载的4人是李克宁、李嗣昭、李存信、周德威，后三者都是汉人。文官中其三位心腹：盖寓、李袭吉、张承业，都是汉人。《旧五代史·李袭吉传》云："时丧乱之后，衣冠多逃难汾、晋间"。李克用时有盖寓、李袭吉等；李存勖时有冯道、赵凤、李琦、刘昫等。这些人当时面临朱梁与李晋的选择，他们弃汉人政权而投奔沙陀。很多人是朱温还未称帝时投奔晋王的。故笔者以为，比之正统与种族，礼待与宽容是他们更主要的考量。从另一个维度看，沙陀三王朝的后妃、驸马中身份明了的32人中，汉人

25 人。(樊文礼，2000，220)

欧阳修侈谈"求实"的历史观。可是他对有名分的帝王花费的笔墨，大大多于改变历史却无冠冕的人物。新旧《五代史》中讲述李克用都太少，这是永远也打捞不到的了。被偏狭的历史观委屈和压缩的人物当不在少数。

四、李存勖 (885—923—926)，后唐庄宗

李克用长子。908 年李克用卒，李存勖继位。913 年灭刘仁恭、刘守光父子之大燕国。923 年称帝，国号大唐，史称后唐。同年灭后梁。父亲托命的三件大事完成了两件。926 年其手下宦官与皇后勾结杀死功臣郭崇韬，激起兵变。李存勖被杀。在位18 年。薛居正评价如下：

> 史臣曰：庄宗以雄图而起河汾，以力战而平汴洛，家仇既雪，国祚中兴，虽少康（注：夏代的中兴之主）之嗣夏配天，光武（注：汉代的中兴之主）之膺图受命，亦无以加也。然得之孔劳（注：辛劳的意思），失之何速？岂不以骄于骤胜，逸于居安，忘栉沐之艰难，徇色禽之荒乐。外则伶人乱政，内则牝鸡司晨。靳吝货财，激六师之愤怨；征搜舆赋，竭万姓之脂膏。大臣无罪以获诛，众口吞声而避祸。夫有一于此，未或不亡，矧咸有之，不亡何待！（《旧五代史》卷 34《庄宗本纪八》）

从李克用到李存勖之间无衰落，其父子的关系是二级火箭。故存勖与中兴之主无可比性，薛评不靠谱，且过高。少康与光武是只身从低谷崛起，而存勖仰仗着父亲打下的雄厚的军力基

石。朱温非行伍出身，其队伍是前期为唐室效命，后期挟天子令诸侯，而拼凑出来的。离心分裂是梁军基调。而沙陀军是在一支西北异族军旅的底子上发育的，向心力好。李存勖、李嗣源，及李克用的诸多义子都是能征惯战的将士。而如果其军头们统统是沙陀军中人，则不仅有李克用，还应该有李国昌的打造。但周德威、符存审、郭崇韬这三位顶级大将军都是汉人，都是追随晋王李克用打拼出来的。周德威堪称五代第一名将，灭刘守光他立头功。灭后梁，郭崇韬运筹帷幄，李嗣源攻城拔寨，李存勖言听计从。没有几位五代的一流人才是李存勖发现和栽培出来的。武将石敬瑭虽为庄宗李存勖喜爱，但他是李嗣源麾下的人。文官冯道堪称五代第一名臣，张承业向存勖力荐，几番周折冯道才当上掌书记。存勖称帝后，冯道明升暗降，做了翰林学士。

打仗要烧钱的。李存勖任用了一个能为他敛财的孔谦：

> 自少为吏，工书算，颇知金谷聚敛之事。晋与梁相拒河上十余年，大小百余战，谦调发供馈，未尝阙乏，所以成庄宗之业者，谦之力为多，然民亦不胜其苦也。……谦无佗能，直以聚敛为事。庄宗初即位，推恩天下，除百姓田租，放诸场务课利欠负者，谦悉违诏督理。故事：观察使所治属州事，皆不得专达，上所赋调，亦下观察使行之。而谦直以租庸帖调发诸州，不关观察，观察使交章论理，以谓："制敕不下支郡，刺史不专奏事，唐制也。租庸直帖，沿伪梁之弊，不可为法。今唐运中兴，愿还旧制。"诏从其请，而谦不奉诏，卒行直帖。又请减百官俸钱，省罢节度观察判官、推官等员数。以至鄣塞天下山谷径路，禁止行人，以收商旅征算；遣大程官放猪羊柴炭，占庇人户；

更制括田竿尺；尽率州使公廨钱。由是天下皆怨苦之。
（《新五代史》卷 26《孔谦传》）

打下天下后孔谦继续敛钱，甚至两次"违诏"。其一，李存勖继位后天下免租，孔谦竟敢违诏。可能因为刚刚打败后梁，朝廷用钱处太多。其二更关键。灭了后梁，各州观察使要求恢复唐朝的租庸调制，即中央不直接向各州征税。唐代的制度毁于军阀间的征战，他们为了打仗用钱将征税的权力集中到中央。庄宗答应了州观察使的要求。而孔谦不"奉诏"，继续"直帖"，即租庸使不经节度使就直接向辖下州县催征租税。他怎么敢违诏呢？因为他知道，庄宗花销太大，需要他去敛钱，故不可能制裁他违诏直帖。

庄宗李存勖有大宴将士的习惯，完全不管开支。未灭后梁时，张承业、郭崇韬几次为此和他闹翻。他醉后几乎要杀掉对李晋厥功至伟的张承业。他喜欢唱戏，养了上百名伶人。灭后梁不久，庄宗的后宫已有近千女人、上千宦官。任凭孔谦疯狂敛钱，一方面底层怨声载道，另一方面仍补不上庄宗的开销。最终导致开不出军饷，遇兵变，万般无奈。

> 宰臣豆卢革率百官上表……请出内府金帛优给将士……（而皇后吝啬到极点）革等惶恐而退。……帝东出关，从驾兵二万五千，及复至氾水，已失万余骑。……帝过崿子谷，道路险狭，每遇卫士执兵仗者，皆善言抚之曰："适报魏王继岌又进纳西川金银五十万，到京当尽给尔等。"军士对曰："陛下赐与太晚，人亦不感圣恩。"帝流涕而已。
> （《旧五代史》卷 34《唐庄宗本纪八》）

薛居正说"有一于此，未或不亡，矧咸有之，不亡何待"，深合吾意。笔者一向以为，大祸常常是多个错误辐辏而成。李存勖的第一大过是，集权的高额税赋令官民皆怨，其穷奢极欲将资源耗费殆尽。其他几个过失辐辏在郭崇韬之死上面。郭崇韬是后唐立国的第一功臣，庄宗赐予铁券的三人之一。郭无需再建功勋，征蜀完全是为了辅佐太子。征伐完成后，皇后与太监勾结，竟然背着庄宗，甚至在太子也颇不情愿的情况下，谋杀了郭崇韬。如果李存勖是一个说了算的、眼里不揉沙子的君主，皇后和太监绝对不敢如此放肆。这一事件让将士和百官寒心。乃至魏州兵变，一发不可收拾。

李存勖是个出色的将才，出战身先士卒。好斗，称帝之后要部下劝阻才放弃亲赴战阵。有艺术气质，狂饮、高歌、唱戏。惜乎是不够格的君主。《旧五代史》讲述庄宗的一个段落令我感动：

> 唐帝初入东京，闻（梁）帝殂，怃然叹曰："敌惠敌怨，不在后嗣。朕与梁主十年对垒，恨不生见其面。"寻诏河南尹张全义收葬之，其首藏于太社。（《旧五代史》卷10《唐末帝本纪下》）

这是古典时代的武士风范，在战乱的五代惊鸿一瞥。

五、李嗣源 (867—926—933)，后唐明宗

李嗣源，沙陀人，李克用之义子。

克用初期，好收军中骁勇男儿为义子，乃至义子颇多，有记载的不下十人，兼有胡汉，汉人更多。但嗣源是胡人。义子无一不善战。人品上自然有贤与不贤。做了父王义子，理当保

佑嫡长子存勖的王位。存勖继位之始，叔叔克宁代理政务。义子中却颇有人鼓动克宁取而代之。赖张承业谋划，杀了克宁，稳住王位。

嗣源长存勖 18 岁，将才军功都绝不下于存勖。但对存勖忠心耿耿且刻意低调。率千骑攻入汴梁城门。存勖后至，"手揽其（嗣源）衣，以头触之曰：'天下与尔共之'。"遂拜中书令，赐铁券。因身份敏感，嗣源很少涉政和进言。

但事情找人。天成元年（926），郭崇韬无端被杀，引发魏城赵在礼兵变。群臣屡请之下，庄宗才派遣嗣源去平定。嗣源到魏城，赵在礼谢罪。但旋即被困，叛军为避究责，要挟嗣源或为叛军头或与庄宗划河而治。嗣源初想回京师面呈庄宗。文臣安重诲反对。武将石敬瑭请缨：岂有叛军在外，将军独善其身的；犹豫兵家大忌，给我三百骑攻夷门，天下可定。嗣源遂率叛军赴洛阳，中途义子李从珂率军自横水会合。三臣助成明宗李嗣源的帝业。也为其身后的权力演变埋下伏笔。

混战中庄宗中流矢死，皇位归属已定。唯国号议论纷纭。霍彦威、孔循说："唐运已衰，当建新号。"旁人说评："这是朱梁旧臣厌我大唐之论。"嗣源说：

> "……事武皇三十年，排难解纷，栉风沐雨，冒刃血战，体无完肤，何艰险之不历。武皇功业即予功业，先帝天下即予天下也。兄亡弟绍，于义何嫌。且同宗异号，出何典礼？历之衰隆，吾自当之，众之莠言，吾无取也。"时群臣集议，依违不定，惟吏部尚书李琪议曰："殿下宗室勋贤，立大功于三世，一朝雨泣赴难，安定宗社，抚事因心，不失旧物。若别新统制，则先朝便是路人，茕茕梓宫，何所归往？不惟殿下失追感旧君之义，群臣何安。请以本朝言之，则睿宗、文

宗、武宗皆以弟兄相继，即位枢前，如储后之仪可也。"于是群议始定。（《旧五代史》卷35《唐明宗本纪一》）

即位后的几大举措是：一，大赦天下；二，原千名宦官只留一百三十人，留御厨五十人，其余任从所适；三，诛孔谦。敕曰："租庸使孔谦，专掌重权，侵剥万端。遂使生灵涂炭，军士饥寒，成天下之疮痍，极人间之疲弊。"并撤销了租庸使职务，分盐铁、度支（掌管财赋）、户部为三司。庄宗时对民间的过度盘剥是王室奢靡和税赋集权两大因素造成的。税赋权从节度使上交到中央，源于战争需要，从唐末一路演进到宋代。明宗李嗣源撤销租庸使，其实没有改变税收集权。但明宗的清正廉洁，减少了税收。《新五代史·孔循传》说：民间有私造酒者，孔循遵照旧法杀其家，明宗知其冤，诏告天下许民造酒。可见明宗开放民营经济。史册上还记载着一段关于马匹的对话：

> 帝于便殿问范延光内外见管马数，对曰："三万五千匹。"帝叹曰："太祖在太原，骑军不过七千，先皇自始至终，马才及万。今有铁马如是，而不能使九州混一，是吾养士练将之不至也。吾老矣，马将奈何。"延光奏曰："臣每思之，国家养马太多，试计一骑士之费，可赡步军五人，三万五千骑抵十五万步军，既无所施，虚耗国力，臣恐日久难继。"帝曰："诚如卿言，肥骑士而瘠吾民，何益哉。"（《旧五代史》卷44《唐明宗本纪十》）

明宗李嗣源在位的七年，是五代战乱中与民休息的小阳春，此几为定论。晦暗不清的是两件事。其一，明宗能取天下，为何按不住权臣安重诲。其二，明宗能安天下，为何搞不定储君问题，酿成身后一连串权变。两个疑问其实关联。

　　安重诲"少事嗣源"，成为亲信后诸事皆为嗣源分忧解难，同时胆大包天。进入京师后嗣源下旨：善待皇亲。存勖的两个胞弟藏匿民家，重诲获悉后密令杀掉且隐瞒明宗。明宗知道后不快，也只好作罢。重臣任圜与重诲屡屡不和，重诲"诬告任圜与朱守殷连谋，遣人矫制杀之"，逼任圜自尽。明宗"知而不问"。谋杀孔循与之相似。这里要讲的是安重诲暗算明宗义子李从珂。重诲与从珂曾有过节，因杯盘失意从珂拳击重诲头，后悔谢。从珂任河中节度使时，重诲矫宣牙将彦温在从珂外出归来时闭城拒纳。从珂无奈回京师面见明宗。明宗派人讨伐彦温，要求带回询问。城收回，彦温却死，明宗颇不快。重诲这边却力邀冯道、赵凤几位官声甚好者，一同奏请惩治从珂城池失守之罪。明宗怒拒，但也只好令从珂去职赋闲。以后重诲终于令明宗不耐烦而被外放，因早惹众怒在外被杀。外放时，明宗召见从珂，"泣而谓之曰：'如重诲意，尔安得更相见耶'。"（《旧五代史》卷42《唐明宗本纪八》）能征惯战的帝王如此窝囊，费解。

　　接着说储君之事。明宗有四子。长子李从璟（生年不知），《旧五代史》评价他："性忠勇沉厚，催坚陷阵，人罕偕焉。"魏城兵变时，庄宗命他去劝说其父嗣源，改其名以为己子，而从璟知劝父太难不想再去，愿与庄宗共生死。惜乎被元行钦杀。行钦浑人也，他原是嗣源义子后被庄宗要去。尽可效忠庄宗，杀从璟作甚。若从璟不死，五代的历史有可能改写。二子从荣，三子从厚，四子从益。从益年幼不在考虑之内。从荣浮躁、喧嚣，做事无分寸。从厚喜读《春秋》，明宗喜爱。两兄弟关系不睦。迟至长兴元年（930）十二月才确立从荣为太子。这之后父子关系不融洽。从荣做了兵马大元帅后更加嚣张，出则百骑驰骋，对臣下口吐狂言。明宗的两位大臣畏惧从荣日后称帝，坚决辞职。明宗病危时，守在身边的宦官、近臣与从荣激烈冲突。他们知道从荣登基自己必死，便故布疑阵，一度拒绝从荣探视，造成从荣以为父王死，带兵闯关，从而以篡权罪诛杀。

> 帝闻之悲骇，几落御榻，气绝而苏者再，由是不豫有加。癸巳，冯道率百僚见帝于雍和殿，帝雨泣哽噎，曰："吾家事若此，惭见卿等。"（《旧五代史》卷44《唐明宗本纪十》）

笔者以为，重诲与明宗君臣失和，与之后储君危难，密切关联。重诲以为：从珂不是亲子，年长从荣、从厚二十余岁，能力不可同日而语；只要从珂在，明宗的亲子坐不稳江山，故必杀之。他敢于设计一个并不高明的阴谋来构陷从珂，并绑架冯道等大臣奏明宗治罪从珂，一定是他早就或明确或含蓄地劝过明宗，甚至说出你做不出我来。明宗有两层心态。其一，自己就是义子夺了亲子的王位。他几乎时时自问：对后唐的江山，义子的贡献比亲子们小吗，义子功高就有罪吗？有几个臣子帮助他超过从珂？如果自己没有这样的经历，及恻隐之心，处置从珂或许没有这样纠结。他最终拒绝了重诲的设计，将问题推后。其二，选择太子上难产。两兄弟不睦，从荣不可能接受立幼为储的局面，从厚性格弱于从荣。且明宗看得清楚，其实二者都不是继承王位的料。能力强的分明是养子从珂。但传给养子，没法向各方交代。一代明君，在纠结中未及时打出鲜明信号，给近臣与太子留下博弈空间，酿成大祸。这还只是悲剧的第一幕。

明宗最重用的大臣曾经是安重诲，而明宗最器重的大臣却是冯道。还在庄宗时期,他远观这位小小掌书记的言行,就非常赏识。乃至即位后就问安重诲冯道在哪里,又说:"吾素知之,此真吾宰相也"。以后任命冯道为"端明殿学士"。但是重要的政务是安重诲,而非冯道打理。这可能是互动的结果,明宗依赖安重诲多年,相互习惯。而冯道不想卷入权力与利益,故二人的过往多是治国之道上的问答。

对明宗的评价,《旧五代史》与《新五代史》有同有异。对权力获得,《旧史》说:"属神器之自至,谅由天赞,匪出人谋。"欧阳修以为夺权皆为非法,故断无此语。对明宗的治理,《旧史》说:"政皆中道,时亦小康。"《新史》称道之词甚至更多,此不赘。对明宗将死及身后的政变,《旧史》归罪于安重诲:"君亲可辅,臣子非才"。《新史》则以为明宗责任更大:"重诲区区独见潞王之祸,而谋之不臧……使明宗为有知,其有愧于重诲矣。"

王禹偁写于新旧《五代史》之间的《五代史阙文》说:明宗"每夕宫中焚香仰天祷祝云:'某蕃人也,遇世乱为众推戴,事不获已,愿上天早生圣人,与百姓为主。'"这句话被改造后写入《新五代史》:"臣本蕃人,岂足治天下。世乱久矣,愿天早生圣人。"虽《五代史阙文》中颇多有价值的史料,这句话笔者颇觉可疑。李克用、李存勖不是蕃人吗,故"某蕃人也"从何道来呢?欧阳修的改造"臣本蕃人,岂足治天下",让我们做实了疑惑,也明白了用意。一个胡人称帝中原,怎么可能在血统上自轻自贱呢?那将如何面对胡人下属?且他们见识过的汉人帝王有几位让他们钦佩——唐僖宗、唐昭宗、朱温?那么作者的用意是什么呢?借李嗣源的嘴呼唤赵匡胤的出世。如此,史官的风骨在哪里?除了谄媚大宋皇帝,欧阳修的种族主义也确乎严重，他评价明宗："然夷狄性果，仁而不明，屡以非辜诛杀臣下。"如此，朱温诛杀臣下该如何解释。

六、李从厚 (914—933—934)，后唐闵帝

从厚在长兴四年（933）十二月初登基。934 年是有两个正月的闰年。翌年二月初，也就是登基三个月后，换防五个节度使，包括凤翔节度使、潞王李从珂调任太原留守。这实在是一个愚蠢的举措。就能力、人脉，从厚都远不及从珂，且刚刚即位，一动不如一静。不知这举措是如何出笼的。果然李从珂拒命。从厚又杀了从珂在京师作人质的儿子重吉，派杨思权、尹晖兵临凤翔。不料发生了惊人的一幕：

> 帝（从珂）登城垂泣，谕于外曰："我年未二十从先帝征伐，出生入死，金疮满身，树立社稷，军士从我登阵者多矣。今朝廷信任贼臣，残害骨肉，且我有何罪。"因恸哭，闻者哀之。时羽林都指挥使杨思权谓众曰："大相公，吾主也。"遂引军自西门入，严卫都指挥使尹晖亦引军自东门而入，外军悉溃。十七日，率居民家财以赏军士。是日，帝整众而东。（《旧五代史》卷 46《唐末帝本纪上》）

其后势如破竹。四月三日从珂登基，九日从厚饮鸩死。从厚在位五个月。由此可以推想，当初明宗喜爱从厚却不立作太子，是他知道从厚压不住从荣，遑论从珂。若从厚不替代从荣登基，他大概会同小弟从益一样，躲过这一劫。当然这么快丢了王位，也是因为有大臣提出换防的主意。这过程中有两段情节颇堪玩味。其一：

> ……军溃。帝（从厚）闻之，谓康义诚等曰："朕幼年嗣位，委政大臣，兄弟之间，必无榛梗。诸公大计见告，朕独难违，事至于此，何方转祸？朕当与左右自往凤翔，迎兄主社稷；朕自归藩，于理为便。"朱弘昭、冯赟不对，义诚曰："西师惊溃，盖由主将失策。今驾下兵甲尚多，臣请自往关西，振其兵威，扼其冲要。"义诚又累奏请行。（《旧五代史》卷45《唐闵帝本纪》）

从以上引文看，换防节度使的主意是文中三位大臣朱弘昭、冯赟、康义诚出的。笔者愿意相信，从厚会践行其所言，让位从珂。"朱、冯不对"，可以理解为他俩别无计策故不表态。康义诚是小人。明宗临终时宦官与从荣冲突时，他首鼠两端。这番他是想带兵离开京师再作观望，后果然见风使舵投诚了从珂。如果没有他的举动，从厚有可能完成历史上罕见的和平让位。顺便说，从珂登基后就杀了三大臣，包括康义诚。

其二，从厚仓皇出逃，至卫州附近，巧遇石敬瑭。说出境况，石说他请卫州王弘赟图之：

> 敬瑭即驰骑而前，见弘赟曰："主上播迁，至此危迫，吾戚属也，何以图全？"弘赟曰："天子避寇，古亦有之，然于奔迫之中，亦有将相、国宝、法物，所以军民瞻奉，不觉其亡也。今宰执近臣从乎？宝玉、法物从乎？"询之无有。弘赟曰："大树将颠，非一绳所维。今以五十骑奔窜，无将相一人拥从，安能兴复大计。所谓蛟龙失云雨者也。今六军将士总在潞邸矣，公纵以戚藩念旧，无奈之何。"遂与弘赟同谒于驿亭，宣坐谋之。敬瑭以弘赟所陈以闻，弓箭库使沙守荣、奔洪进前谓敬瑭曰："主上即明宗爱子，公

即明宗爱婿，富贵既同受，休戚合共之。今谋于咸藩，欲期安复，翻索从臣、国宝，欲以此为辞，为贼算天子耶。"乃抽佩刀刺敬瑭，敬瑭亲将陈晖捍之，守荣与晖单战而死，洪进亦自刎。是日，敬瑭尽诛帝之从骑五十余辈，独留帝于驿，乃驰骑趋洛。（同上）

王弘贽所言固然是借口，但张嘴说出的借口总要是个理，即，天子是个系统，离开了六军、将相、法物，他就不是天子，是匹夫。

七、李从珂（885—934—937），后唐末帝

李从珂，汉人，李嗣源养子。895 年李克用被封晋王，这时候李嗣源是克用骑将，在平山掠一女子魏氏为妻，认魏氏十余岁的孩子为养子。从珂长从厚 29 岁，从珂经历了梁晋间的大部分战争。灭梁时庄宗对嗣源说："复唐社稷，卿父子之功也"，可见从珂的战功和地位。从珂长石敬瑭 7 岁。二人是明宗麾下第一、第二战将和功臣。从珂是养子，石敬瑭是女婿。

闵帝从厚出逃，从珂将入洛阳，宰相冯道、李愚率百官在天宫寺出迎。冯道叫中书舍人卢导草拟劝进笺。卢导说：现在写造次了，要听太后指令。冯道回话：总要务实吧。李愚也认同卢导的说法（《旧五代史》卷 92《卢导传》）。这个小插曲很有意味。冯道素来与帝王保持一定距离，不参与权力之争。这次为什么例外？因为当初他就看清了安重诲的苦心和明宗的为难。眼下更清楚权力对比：从厚根本没有力量对抗从珂，剩下的那位皇子从益才六岁。为天下太平计，从珂顺利上位是成本最低的，故冯道愿促成君臣迅速联手。卢导和李愚的态度说明，

那个时代不乏有气节的士大夫，他们还要一个程序。

从珂也明智，他不与百官交谈，他说我不是来抢权的，我要立见太后。明宗有三后（曹氏、魏氏、夏氏）一妃（王氏）。夏氏是从荣与从厚之母，王氏是从益之母，曹氏的女儿嫁给了石敬瑭。在世的应该只有曹太后和王妃了。亲子关系上曹氏超脱从珂、从厚之争。如果是夏氏当道，从珂去面见只能双方尴尬。而曹氏一定会给从珂这个合法性，事已至此，何乐不为。果然，曹氏贬从厚为藩王（其实已经身死），宣从珂主政。接着百官劝进，从珂称帝。

一山难容二虎。此时后唐的二虎是从珂与河东节度使石敬瑭。二人间须谨言慎行方能保持平安无事。事实上，行伍出身的二位都随意且放肆。

> 契丹屡攻北边，时石敬瑭将大兵屯忻州，潞王遣使赐军士夏衣，传诏抚谕，军士呼万岁者数四。敬瑭惧，幕僚段希尧请诛其倡者，敬瑭命刘知远斩三十六人以殉。潞王闻，益疑之。（《旧五代史》卷47《唐末帝本纪中》，注引《契丹国志》）

作为明宗女婿的石敬瑭，肯定是不服明宗养子从珂称帝的。且牙兵和府兵制的传统都是长官至高。"幕僚段希尧请诛其倡者"时，石敬瑭大可杀一儆百。杀三十六人，还要上奏。看来这事属实，敬瑭做得太过。从珂的愤怒溢于言表。翌年（936）石敬瑭妻、魏国长公主自太原来朝千春节，辞归，帝初不允，醉中语公主："尔归何速，欲与石郎反耶？"公主归告石敬瑭。石敬瑭在京师的两个儿子相当于人质，本来从珂挽留公主就没有必要，更何必出言刺激对方。情绪主导的从珂，很快拿出了行动，调石敬瑭从河东到郓州做节度使。河东富庶之地，石敬瑭已经营数年。他本想静中观变，无奈树欲静风不止。于是石敬瑭叛。

> 与近臣语及其事，帝曰："石郎与朕近亲，在不疑之地，流言毁誉，朕心自明，万一失欢，如何和解？"左右皆不对。翌日，欲移石敬瑭于郓州，房暠等坚言不可，司天监赵延乂亦言星辰失度，尤宜安静，由是稍缓其事。会薛文遇独宿于禁中，帝召之，谕以太原之事。文遇奏曰："臣闻作舍于道，三年不成，国家利害，断自宸旨（译：与路人商议不成的，大政要皇帝决断）。以臣料之，石敬瑭除亦叛，不除亦叛，不如先事图之。"帝喜曰："闻卿此言，豁吾愤气。"……子夜下学士院草制。翌日，宣制之际，两班失色。（《旧五代史》卷48《唐末帝本纪下》）

几天后石敬瑭来函，说从珂篡权，理当让皇位给明宗亲子从益（那年8岁）。从珂反唇相讥：你在卫州见鄂王从厚而不救，天下皆知。七月，从珂杀了石敬瑭儿子和兄弟。交恶无可挽回。

从珂自己的反叛，就是从厚调防逼出的。他为什么要重蹈覆辙呢？他显然以为自己的实力高过石敬瑭。事实上确实如此，不然敬瑭何必求助契丹。而这恰恰可以推论，石敬瑭不会主动反叛，因为求助外人的变数太大，人家不帮助你不是陷入孤立了吗。所以从珂对石敬瑭先换防后出兵是大错特错。日后他偶然见到薛文遇，对臣僚说："我见此物肉颤，适拟抽刀刺之。"可见他对当初听了薛的献策追悔莫及。素有奇智的龙敏出过两个主意：

> "……请以援兵从东丹王李赞华取幽州路趋西楼，契丹

主必有北顾之患。"末帝然之，而不能用。敏又谓"……选择壮马精甲健夫千人，仆愿得与郎万金二人由介休路出山，夜冒敌骑，循山入大寨，千骑之内，得其半济，则寨无虞矣。张敬达等幽闭，不知朝廷援兵近远，若知大军在团柏谷中，虽铁障亦可冲踏，况敌骑乎。"末帝闻之曰："龙敏之心极壮，用之晚矣。"（《旧五代史》卷108《龙敏传》）

契丹出兵后，从珂方寸大乱，不见昔日之骁勇善战。或者说他其实只是将才，不善于协调关系，纵横捭阖。这部戏的大部分情节，竟然与少不更事的从厚的表演极为相似。只是这台大戏闭幕之惨烈远非从厚的出走可以比拟："帝举族与皇太后曹氏自燔于玄武楼。"这自然是武士从珂的刚猛本色。而一同自焚的一老一少，在人格上竟一丝不让从珂。老者是太后曹氏。

废帝聚族将自焚。（淑）妃谓太后曰："事急矣，宜少回避，以俟姑夫。"太后曰："我家至此，何忍独生，妹自勉之。"太后乃与帝俱燔死，而妃与许王从益及其妹匿于鞠院以免。（《新五代史》卷15《淑妃王氏传》）

曹氏血缘上与从厚、从珂无涉，她是石敬瑭妻、魏国长公主的母亲。明宗死后，作为太后她承担了特殊时刻保佑李氏王朝的角色。从厚出逃、从珂入城时，她与冯道所见略同：为天下安定计，必须是从珂主事。显示出其识大体之果决。从上文看，她是可以回避自焚的。况石郎是她的女婿。可是看到亲族的两次火并、李氏王朝即将崩溃，身为太后她毅然选择了为李家殉节，陪同末帝从珂自焚。其守道坚执，价值观古典。

少者是从珂之子重美。其道德情操之高尚，冠绝五代。

废帝遂如河阳，留重美守京师。京师震恐，居民皆出城以藏窜，门者禁止之。重美曰："国家多难，不能与民为主，而欲禁其避祸，可乎？"因纵民出。及晋兵将至，刘皇后积薪于地，将焚其宫室，重美曰："新天子至，必不露坐，但佗日重劳民力，取怨身后耳。"后以为然。废帝自焚，后及重美与俱死。（《新五代史》卷16《重美传》）

有其子，笔者甚至觉得，从珂不会是坏人。

从珂的反叛是被迫还是蓄意？上述是根据《旧五代史》。《旧五代史》的写作很大程度上依赖各朝实录。从珂在位只有三年，其在位时的实录即使为其掩盖夺权真相，后晋的史官只有给他抹黑、没有跟进造假的可能。薛居正等也没有帮助从珂掩盖真相的道理。故笔者相信《旧五代史》所述，从珂反叛被迫的成分更大。

八、石敬瑭 (892—936—942)，后晋高祖

关于石敬瑭的身世，新旧《五代史》说法不一。《旧五代史》说，他是春秋时代卫国大夫石碏、西汉丞相石奋的后人（注：《左传》称石碏大义灭亲；《汉书》中石奋是道德楷模）；其四代祖流落西北沙陀；父亲汉名石邵雍，蕃名臬捩鸡。《新五代史》说：他父亲臬捩鸡出于西夷，追随李克用有战功；"不知（石敬瑭）得其姓之始也"。当代史学家张广达说：

> 在国昌与子克用时期，迁来云、朔一带的原六胡州昭武九姓与沙陀结成了至为密切的关系。……这种密切关系对五代的历史仍有显著影响。在五代史中，人们看到相当一批康、安、石、史、何等姓人物活跃于历史舞台，沙陀

　　建立的后唐、后晋、后汉三朝君主的后妃也有一些出自安
　　氏、米氏、何氏、曹氏。（张广达，2008，88、89）

这为探究石敬瑭姓氏另辟蹊径，当然要落实难得很。笔者以为
不管石敬瑭祖上是不是昭武九姓的粟特人，他都是胡人，并以
为其先人是显赫汉人的说法是他富贵后编造的。其中最大的可
疑处是，《汉书》中只字未提石奋的先人是石碏。如果流落西北
的石郎敬瑭知道祖上石碏，何以石奋和班固不知道。笔者以为，
搞清他是胡人对评价他关系重大。

　　《旧五代史》说：石敬瑭父臬捩鸡"累立战功，与周德威相
亚"，德威可称五代第一名将。石敬瑭不逊于其父。他曾率十余
骑救出庄宗。"庄宗拊其背而壮之，手啖以酥，啖酥，夷狄所
重，由是名动军中。"有学者欲考证啖酥，但最终也没说清楚。
石郎在明宗麾下战功更大，明宗"深心器之，因妻以爱女。"后
从荣为六军帅，敬瑭为副。此时契丹南侵，须一干将赴云朔。
众人皆推荐敬瑭。敬瑭不愿为从荣副帅，欣然从命，任边塞要
职河东节度使。

　　　翌日，宴于中兴殿，帝（注：即石敬瑭）捧觞上寿，
　　因奏曰："臣虽微怯，惟边事敢不尽其忠力，但臣远违玉
　　阶，无以时申补报。"帝（敬瑭）因再拜告辞，明宗泣下沾
　　衿。左右怪其过伤，果与帝（敬瑭）因此为诀，不复相见
　　矣。（翌年）十二月，明宗晏驾，帝（敬瑭）闻之，长恸若
　　丧考妣。（《旧五代史》卷75《晋高祖本纪一》）

　　沙陀军中将才云集，想打不赢朱梁都难。但夺取天下后，
帝王与大将军的猜忌接连酿成悲剧。最终导致两个义子支撑的
后唐落幕，石敬瑭开启了后晋。

石敬瑭兵马入洛阳，委任刘知远巡警，"都邑肃然，无敢犯令"。大军入京师如此有序，在五代历史中少有。以后其君临天下表现出以下特征。

宽容。入洛阳后安葬从厚，安葬聚族自焚的王室成员。主政后只杀了三个前朝大臣，其他一切不问。以后几乎所有反叛，只要投降，不但不杀，且给予官职。降将都在流传敬瑭的作风："主上敦信明义，言无不践，许以不死，则不死矣。"他的宽容甚至走到过分的地步。有张彦珣叛，讨伐者携其母于城下，张弯弓射死其母。待张投降时，敬瑭拜其为房州刺史。大臣说杀母当诛，敬瑭说赦令已行不可失信。他的宽容固然与其自惭的心态相关，但从始至终的宽容也不能说不是其天性。

减赋税。他在位的六年中一次次下诏减赋税。

> （天福二年）夏五月壬子朔……诏洛京、魏府管内所征今年夏苗税物等，宜放五分之一，以微旱故也。……（天福四年十二月）丁巳，帝谓宰臣曰："大雪害民，五旬未止……"因令出薪炭米粟给军士贫民等。……（天福五年春）降德音："应天福三年终，公私债欠，一切除放。"……（天福六年三月）诏天福四年终已前，百姓所欠夏秋租税，一切除放。（《旧五代史》卷76、78、79《晋高祖本纪》）

廉政且讲规矩。明宗即位后褒扬廉吏，时任保义军节度使的石敬瑭名列榜首。石敬瑭去世前遗嘱丧事从简。他称帝后第二年，湖南送来奢侈贡品，

> 帝览之，谓侍臣曰："奇巧荡心，斯何用耳。但以来远之道，不欲阻其意。"闻者服之。（《旧五代史》卷76《晋高

祖本纪二》)

（天福四年）六月辛未朔，陈郡民王武穿地得黄金数饼，州牧取而贡之。帝曰："宿藏之物，既非符宝，不合入官。"（《旧五代史》卷78《晋高祖本纪四》）

（天福四年九月）辛巳，相州节度使桑维翰上言："管内所获贼人，从来籍没财产，请止之。"诏："今后凡有贼人，准格律定罪，不得没纳家资，天下诸州准此。"（同上）

薛居正对石敬瑭一分为二：

其为君也，旰食宵衣，礼贤从谏，慕黄、老之教，乐清净之风，以绤为衣，以麻为履，故能保其社稷，高朗令终。然而图事之初，召戎为援，狄犹自兹而孔炽，黔黎由是以罹殃。迨至嗣君，兵连祸结，卒使都城失守，举族为俘。亦犹决鲸海以救焚，何逃没溺；饮鸩浆而止渴，终取丧亡。（《旧五代史》卷80《晋高祖本纪六》）

对其执政评价甚高，敝人颇认同。否定其权力获得之说，限于说现象打比喻，不得要领。演至现当代，出卖国土、甘做儿皇帝几成石敬瑭之标签。细读五代史，笔者颇不以为然。

唐朝灭亡后列强纷争，强弱消长，危难时向邻邦求援比比皆是。而在五代史的几十年间，契丹屡屡成为中原豪强的求助对象。

天祐四年（907。注："唐书二"中记述此事于天祐二年），大寇云中，后唐武皇遣使连和，因与之面会于云中东城，大具享礼，延入帐中，约为兄弟，谓之曰："唐室为贼所篡，吾欲今冬大举，弟可以精骑二万，同收汴、洛。"阿保机许之，赐与甚厚，留马三千匹以答贶。（注：《辽史·本纪第一》记载本次会面中："可用借兵以报刘仁恭木瓜涧之役，太祖〈即阿保机〉许之。"）……及梁祖建号，阿保机亦遣使送名马、女乐、貂皮等求封册。梁祖与之书曰："朕今天下皆平，唯有太原未伏，卿能长驱精甲，径至新庄，为我翦彼寇雠，与尔便行封册。"庄宗初嗣世，亦遣使告哀，赂以金缯，求骑军以救潞州，契丹答其使曰："我与先王为兄弟，儿即吾儿也，宁有父不助子耶。"许出师，会潞平而止。（《旧五代史》卷137《外国列传一》）

（辽太祖二年，即908年）三月，沧州节度使刘守文为弟守光所攻，遣人来乞兵讨之。命皇弟舍利素、夷离堇萧敌鲁以兵会守文于北淖口，进至横海军近淀，一鼓破之。（《辽史·本纪》卷1）

处直见庄宗必讨文礼，益自疑，乃阴与郁交通，使郁北招契丹入塞以牵晋兵。……乃以厚赂诱契丹阿保机。阿保机举国入寇。……（同光二年，924）明宗遣王晏球讨之。都复与王郁招契丹为援，契丹遣秃馁将万骑救都。（《新五代史》卷39《王处直传》）

刘崇求援于契丹（与世宗柴荣交战）。（《旧五代史》卷119《周世宗本纪六》）

对出兵相助者不给好处是不可能的，只是多数细节未见史册。石敬瑭同以上求助契丹之不同，在于他要求高（帮他掀翻后唐王朝），出价亦高（事成割让燕云十六州，年贡三十万匹帛）。商议时，众臣中只有刘知远和桑维翰支持他的想法。而刘知远认为，多给钱财好了，不需割地这么多。石敬瑭舍得，是因为他不敢冒风险。由此也可以看出他求稳妥的性格，如果不是李从珂逼迫，他不会造反的，因为他不会认为自己有足够胜算。事实上，石的掌书记桑维翰赴契丹见耶律德光稍后，赵德钧也乞求德光扶他为帝。石敬瑭出手太小是搞不定此事的。

如何看待出卖国土的恶名呢？这与民族主义观念密切关联，即认为他将汉人的国土出卖给胡人。如果是五代十国中南方一国将几个州割让给南方另一国，恐怕不会背上这么大恶名。可是要知道，石敬瑭是胡人。沙陀军产生的多个帝王几乎都是胡人。其下的臣民绝大多数是汉人。其凭借文牍治理天下的方式也相当汉化。但帝王的胡人血统和思想方法，决定了其国家非汉非胡的模糊性质。故将割让燕云十六州看作汉家天子的丧权辱国是有点时空错乱的。

接着说儿皇帝问题。刘知远说："称臣可矣，以父事之太过。"（《资治通鉴》）后晋少帝石重贵的近臣景延广对契丹使者说："称孙可矣，称臣未可。"而当初石敬瑭与耶律德光的互动是，"晋高祖每遣使聘问，奉表称臣……德光约高祖不称臣，更表为书，称'儿皇帝'，如家人礼。"刘知远与耶律德光的差异是，重国格还是人伦。德光愿意将两国关系看作平等。说：接受"儿皇帝"，是看作一家人，道理上说得过去。后人嘲笑：石敬瑭称比自己小十岁的耶律德光为父。但辈分确实如此。当年李克用与年龄小他十六岁的耶律阿保机结为兄弟。耶律阿保机对后唐的使臣亲昵地称大他五岁的李嗣源为儿子。石敬瑭是李嗣源的女婿，耶律德光是耶律阿保机的儿子。若套近乎，追溯长辈的结拜，则石敬瑭确乎小了德光一辈。求人的时候岂能乱了辈分。其实，比较景延广和耶律德光的说法，更令后辈历史学家与政治学家惊异。他俩的说法是一致的。可是石重贵听从景延广的建议与耶律德光如是说，激怒了对方，最终导致契丹灭后晋。德光当初不是提议"不称臣"吗？但此时德光的逻辑是：我虽曾经说过不必称臣，但是你爹对我称了臣，你改弦更张是什么意思？连企图改弦更张的景延广都不想否定辈分。可见所谓"儿皇帝"、"孙皇帝"，后人远比当事人更看重。这大约是因为注入了后人的价值观。

九、石重贵 (914—942—946①—974)，后晋出帝

石重贵是石敬瑭兄石敬儒之子。敬儒早卒，石敬瑭收重贵为子。石敬瑭的亲子多死于战乱，石重英被李从珂杀，临终时只存幼子重睿和石重贵。以下两段史料非常粗糙地记述重贵被立帝的过程：

> 高祖卧疾，宰相冯道入见卧内，重睿尚幼，高祖呼出使拜道于前，因以宦者抱持置道怀中，高祖虽不言，左右皆知其以重睿托道也。高祖崩，晋大臣以国家多事，议立长君，而景延广已阴许立出帝，重睿遂不得立。(《新五代史》卷17《重睿传》)

> 高祖忧悒成疾，一旦冯道独对，高祖命幼子重睿出拜之，又令宦者抱置道怀中，盖欲冯道辅立之。高祖崩，道与侍卫马步都虞候景延广议，以国家多难，宜立长君，乃奉齐王重贵为嗣。(《旧五代史》卷87《重睿传》，注引《契丹国志》。注：《契丹国志》是南宋人叶隆礼著。)

---

① 946年为出帝刘重贵失去皇位，且后晋终结之年。出帝是五代皇帝中唯一失去皇位后保全性命者。

　　两段史料有几处值得分析。其一，石敬瑭临终将幼子重睿无言地托付给冯道。石是稳重谨慎的人，这样重大的事情不明确交代，似可做两解。第一，石敬瑭已经想不出稳妥的定见，只好以孩子的身体接触托付冯道：我信得过你，你相机行事吧。第二，石敬瑭几乎已经放弃了立三四岁的重睿继承皇位，不然这是最容易书面或口语明确表达的事情。两解不冲突。

　　其二，从两段史料可以推论：先是冯道和景延广共识立长，而后大臣们认同。欧阳修云"景延广已阴许立出帝"也成立，且与上述不矛盾。冯、景二人在重贵继位中起了最大作用，冯是宰相，官职远高于景。而景过后嚣张跋扈，出帝重用和迁就他。冯道几年后甚至被贬外放。二人日后的地位暗示着他们在继位活动中与出帝的不同关系。对这场权力更迭的评价见仁见智。《新五代史》著者欧阳修说：

　　　　出帝于高祖得为子而不得为后者，高祖自有子也。方高祖疾病，抱其子重睿置于冯道怀中而托之，出帝岂得立邪？晋之大臣，既违礼废命而立之，以谓出帝为高祖子则得立，为敬儒子则不得立，于是深讳其所生而绝之，以欺天下为真高祖子也。（《新五代史》卷9《晋出帝本纪九》）

　　笔者对此大不以为然。冯道、景延广和众大臣们，在二十八岁的侄子与三四岁的儿子间选择了前者。石敬瑭明白，若确立重睿继位，重贵与弟弟重睿、与顾命大臣之间的关系殊难预料。不立重睿，是不想将他推向风险之地。石敬瑭模糊处理的结果，权力得以和平传递，重贵善待了堂弟。冯道不负嘱托，保全了重睿。难道大家都错了，只有坚守纯正血统的欧阳修是正确的？不错，后晋其后的历史是五十余年的五代历史中最战乱和血腥的，但其更大的责任是之后的选择，没有人能靠预知日后来做出当下的决策。

> （天福七年六月石敬瑭死）十一月……庚寅，葬圣文章武孝皇帝于显陵（注：河南寿安县）。……庚子，祔高祖神主于太庙。辛丑，蠲高祖灵车所过民租之半。五代之乱，至此七君，而不得其死者五，明宗虽善终，而闵帝不克葬，至废帝时始克葬，故皆不书。至此使得见子得葬其父，故并附庙详书之。（同上）

寿终正寝，入土为安，也在相当程度上证明后晋权力继替的成功。

关于石重贵其实只有两件大事可说。其一是上述的继位。其二是与契丹的反目。父石敬瑭六月死。几乎立即与契丹反目，后年（开运元年，944）春天契丹大举入侵，未果。开运二年（945）正月再次入侵，未果。开运三年（946）七月入侵灭后晋。加上严重的天灾，石重贵治下的四年几乎没有好日子过。

反目缘起如下：

> 高祖崩，出帝立，延广有力，颇伐其功。初，出帝立，晋大臣议告契丹，致表称臣，延广独不肯，但致书称孙而已，大臣皆知其不可而不能夺。契丹果怒，数以责晋，延广谓契丹使者乔莹曰："先皇帝北朝所立，今天子中国自册，可以为孙，而不可为臣。且晋有横磨大剑十万口，翁要战则来，佗日不禁孙子，取笑天下。"莹知其言必起两国之争，惧后无以取信也，因请载于纸，以备遗忘。延广敕吏具载以授莹，莹藏其书衣领中以归，具以延广语告契丹，契丹益怒。（《新五代史》卷29《景延广传》）

笔者解读如下。其一，众臣愿意保持两国原有关系，唯景延广力排众议，而众臣奈何不得。石敬瑭反叛李从珂时最得力的支持者是一文一武：桑维翰和刘知远，而石敬瑭最器重的大臣是冯道。这三位肱骨大臣、国策的保守主义者都奈何不了景延广是极不正常的，原因当然在于石重贵对扶他继位的恩人言听计从。乃至最终，上述三位大臣中的两位边缘化。刘知远预料前景悲观，带兵远走太原；冯道被外发同州任节度使；唯桑维翰不屈不挠，惜于事无补。其二，致书不致表，称孙不称臣，尚未立即引发兵戎相见。景延广对契丹来使的挑衅性狂言，令双方关系没有了回旋余地。

接着分析耶律德光。后晋易主，存在着三个可能激怒他的原因。其一，收回幽云十六州，显然后晋想都没有想。其二，岁输帛三十万匹。这对契丹不是小数目。日后宋朝与契丹签订澶渊之盟中的岁贡就是参照这个数字。宋朝的算盘是这笔费用比打仗便宜得多，用它买和平值得。而后晋只占有北中国，故这对它不是小数目。不称臣的石重贵是否想单方面取消岁贡。新旧《五代史》和《资治通鉴》上都没有记载，甚至连石敬瑭向契丹岁贡也无记载，倒是南边诸番国向后晋进贡屡有记载。可能是汉人史官的民族自尊心所致。《辽史》上有些记载，恐怕也是因为那是有面子的事情：

> （天显十二年六月）晋遣户部尚书聂延祚等请上尊号……仍岁贡帛三十万匹。……（会同二年八月）晋遣使贡岁币，奏输戊亥二岁金币于燕京。……三年冬十月，晋遣使贡币。……（五年六月，注：石敬瑭驾崩前不久）晋齐王重贵遣使来贡。……（六年秋）八月丁未朔，晋复贡金。（《辽史·本纪》卷3、4）

从上可见石敬瑭时期对岁贡帛是守约的。而尤其值得注意的是以上的最后一条"六年秋八月",七月后晋已经致书契丹"称孙不称臣"。由此判断,很可能后晋提出"称孙不称臣"时,并没有夹带撤销"岁贡帛三十万匹"。

没有了上述两条,激怒德光的就只剩下一个原因:面子。一场大战的原因竟然不是利害冲突,而是口舌之争。其实历史上的诸多战争都是面子之争引发的,这是最堪反省的。其次,说到某国向另一国称臣,所谓藩国、臣属国、甥舅国,我们汉人是坦然接受周边的藩国向汉族帝王称臣的,对方的感受我们不太介意。可是在后晋对契丹称臣时我们却极其敏感,尽管很难说后晋是地道的汉人国家。这不是双重标准吗?

对景延广—石重贵"称孙不称臣"的心理做点分析。新君石重贵想显示气概,原本官阶不高的景延广想借此奠定重臣的地位。有无国家实际利益的图谋?当下没有撤销岁贡,但不再是藩国极可能在为日后减免岁贡打下伏笔。而这对君臣不怕契丹兵戎相见吗?他们判断如今的后晋已经不是当初求助契丹的河东节度使了。不能说这判断荒诞,事实上契丹连续出征三年,才灭了后晋。但显然是众臣的保守主义的判断更有道理。其一,不讲信用来得太快会刺激对方。其二,开战的军费高于帛三十万匹。其三,登基初始何必冒险呢。

后来发生的事情是,天福八年(943)二十七州郡蝗灾,饿死数十万人。开运元年(944)饿死五万人。而王朝内部的整合原本就弱,石敬瑭对下属叛逆的过分宽容是有着主客观双重因素的。更有甚者,石敬瑭的成功诱发了一干军阀企图复制靠契丹称王。双方反目后德光的几次出兵,都有原中土军阀的挑唆并充当先锋。石重贵事先对此浑然不觉,其登基后一步险棋,引发三年内三次战争，直至其灭亡。

十、耶律阿保机 (872—907—926)，辽太祖
耶律德光 (902—926—947)，辽太宗

阿保机之前的契丹，几乎是以部落的形式存在。阿保机将之统一为国，并开始其扩张。其征伐主要是向东、西、北三方，而不是向中原地区。《辽史》多次记载其初期征服黑车子室韦，那应该在阿保机祖居地的北面。《辽史》说："神策元年（916）秋七月壬申，亲征突厥、吐蕃、党项、小番、沙陀诸部，皆平之。"该年应该是阿保机征伐的大年，之前之后的征伐都不绝如缕。阿保机时期的契丹，也不乏向中原出兵，但在中原领土扩张不多，且其中多次出兵是应中原军阀之邀。阿保机在位二十年，去世时将一个强大的契丹国留给后代。

阿保机有三个嫡子：突欲，尧骨，安端。阿保机死，其妻述律氏立二子尧骨，即耶律德光"主牙帐"。述律氏是个果断、有见识的女子。阿保机出征时有外敌乘虚进犯，述律氏率兵击退。中原人韩延徽来契丹，见阿保机不拜，被囚。述律氏说："守节不屈，贤者也，宜礼用之。"以后韩延徽成为对契丹功劳最大的汉人。以后德光欲入主中原，述律氏问：汉人能统治契丹吗？德光答：不能。述律氏说：那么契丹如何能统治中原呢？

那个时代汉人史书中对胡人的描述多有不可信处。

> 契丹好饮人血，突欲左右姬妾，多刺其臂吮之，其小过辄挑目、刲灼，不胜其毒。

> 麻荅尤酷虐，多略中国人，剥面，抉目，拔发，断腕而杀之，出入常以钳凿挑割之具自随，寝处前后挂人肝、

胫、手、足，言笑自若，镇、定之人不胜其毒。

又北，牛蹄突厥，人身牛足。……又北，狗国，人身狗首，长毛不衣，手搏猛兽，语为犬噑，其妻皆人，能汉语，生男为狗，女为人，自相婚嫁，穴居食生，而妻女人食。云尝有中国人至其国，其妻怜之使逃归，与其筋十余只，教其每走十余里遗一筋，狗夫追之，见其家物，必衔而归，则不能追矣。（《新五代史》卷73《四夷附录第二》）

契丹好饮人血，笔者断乎不能相信。明末有扒人皮的张献忠，笔者相信。但无法相信"寝处前后挂人肝、胫、手、足，言笑自若。"更不要说牛足、狗国。想到清末民间盛传传教士吃小孩心肝，宋代的史家真的相信上述故记述下来，便不足为奇。可见民族间的讹传、夸张和歧视，曾经到了何种程度。

这些讹传和夸张在大人物身上也在所难免：

汉人教阿保机曰："中国之王无代立者。"由是阿保机益以威制诸部而不肯代。其立九年，诸部以其久不代，共责诮之。阿保机……用其妻述律策，……共以牛酒会盐池。阿保机伏兵其旁，酒酣伏发，尽杀诸部大人，遂立，不复代。（《新五代史》卷72《四夷附录第一》）

述律为人多智而忍。阿保机死，悉召从行大将等妻，谓曰："我今为寡妇矣，汝等岂宜有夫。"乃杀其大将百余人，曰："可往从先帝。"……大将赵思温，本中国人也……辞不肯行。述律曰："尔，先帝亲信，安得不往见之？"思温对曰："亲莫如后，后何不行？"述律曰："我本欲从先帝于地下，以子幼，国中多故，未能也。然可断吾一臂以送之。"左右切谏之，乃断其一腕，而释思温不杀。

（《新五代史》卷 73《四夷附录第二》）

对述律氏断腕，《辽史》也如是写。但笔者不相信此事，认为这是照抄新旧五代史，因为五代史是褒扬口气。对阿保机靠尽杀八部大人锁定帝制，《辽史》没有记载，笔者认为这很可能是夸大其词、以讹传讹。

德光 926 年即位。其在位期间最大的两件事是，其一，936 年助石敬瑭灭后唐、建后晋。这次出兵号称骑兵三十万，长驱三千里。实则五万骑兵。从其都城（现在赤峰市某县）到洛阳 2400 余里。去除夸张，依旧是壮举。此前中原诸国与契丹交战互有胜负。这次却是摧枯拉朽，微观的原因值得探讨。灭唐扶晋让德光名利双收。名誉上：耶律阿保机曾经向后梁奉表称臣、请求册封，得到的答复是：助我灭晋（李克用）后册封你为甥舅之国；这回堂堂中原第一大国成了契丹的藩属国。实利上：割地十六州，岁贡三十万匹帛。

其二，946 年十二月灭石重贵之后晋，翌年二月立大辽国。但这次对中原百姓、对耶律德光和契丹都是悲剧。自起兵至其后一年间，国无宁日，血流成河，方圆千里民不聊生。造就这一人间惨剧的德光一定是恶魔了，其实不尽然。他对败方君臣处置得当，绝不滥杀无辜。城破后重贵奉表求见，德光不见也不杀，贬重贵为"负义侯"，安置他及侍者百余人于封禅寺，以后迁至黄龙府。德光还使人谓太后李氏：我听闻重贵不听你教诲而至于此，你请自便，不必同行。李氏执意随重贵同行。德光放言：景延广跑到吴越西蜀也要抓获。景初不服罪，德光叫来乔莹拿出景当年的字据，景伏地，当晚自尽。张彦泽早就降契丹，率先破城后烧杀劫掠，并加害桑维翰谎称其自杀。德光听说张彦泽的行迹后当即处决，百姓大快。德光还说：我不会杀维翰，他何苦自杀。德光差人召来冯道。冯道当面对质一后晋官员后，德光说：我了解这老头，料知他不做此事，是你诬陷。凡此一桩桩人事的处置，信息了若指掌，分寸拿捏精准。

德光非恶魔，却如何导致中原五十年间最惨悲剧？德光摆不平国事，活得也大不如家乡快活。仅仅四个月后，他将大辽国的事情交代给子侄，北归。路途中患病身死。部下掏空其肠胃，充填食盐，昼夜兼程回家入葬，史称"帝耙"，木乃伊之谓也。归途中曾说："我有三失：杀上国兵士，打草谷，一失也；天下括钱，二失也；不寻遣节度使归藩，三失也。"（《旧五代史》卷137《外国列传一》）他曾要大规模杀对方士兵，被劝止，故不严重。酿成悲剧的最大的过失是两项。其一，打草谷。汉人用兵，粮草先行。粮草是统帅调拨，不需兵士操心。而契丹统帅从来不操心粮草，兵士们打到哪里吃到哪里抢到哪里。中原的军阀破城后多允许士兵"大索"几日，这是为了激发士兵用命，几日后就叫停，故劫掠有时空界限。契丹没有补给，故劫掠成为永久。这种游牧骑兵的补给方式，拿到农耕的中原，岂非天大的灾难。其二，德光入朝后礼待晋臣，但管理上并没有遵照中原的制度。可以改良汉制，但照搬契丹的习惯必将混乱不堪。这两大过失是互为表里的。契丹的将军如何懂得税赋，在中原搞税赋财政岂能不靠本地人。这些德光出兵前一无所知，碰壁北归时才明白一二，但为时已晚。此前与汉人官员没有接触吗？

与德光打过交道的汉官有四位。德光闻冯道大名，明宗上位前就想请见冯道而未果。石敬瑭称臣契丹后，为搞好关系，思前想后请出七十岁的冯道出使契丹。冯道不辱使命，与德光相处数月，颇为融洽。但再次见到冯道时，其打草谷已经追悔莫及。慕名的第二位是李崧。见李崧更晚，无济于事。

打过多年交道的是另外两位汉人。其一，韩延徽（882—959）。韩会契丹语，大约 905 或 906 年为刘守光出使契丹，因憎恨刘守光而不归。后做耶律阿保机的"政事令、崇文馆大学士，中外事悉令参决。……太祖初元，庶事草创，凡管都邑，建宫殿，正君臣，定名分，法度井井，延徽力也，为佐命功臣之一。"（辽史韩延徽传）契丹诸多模仿中原的制度都是延徽策划。925 年从征渤海，功拜左仆射。"太宗（德光）朝，封鲁国公，仍为政事令。使晋还，改南京（在当时幽州，今日北京广安门一带）三司使。"（同上）以后在世宗时继续为官。其二，赵延寿（？—948）。赵德钧养子，明宗女婿。曾任明宗枢密使，畏惧从荣掌权，坚辞。936 年石敬瑭反，从珂派其父子对抗契丹，赵德钧为儿子要节度使官职，从珂怒不允。赵德钧即刻遣使向德光献金，请立他为中原的皇帝，答应割地太原一带，德光不允。不久父子投降德光，去了契丹。翌年赵德钧卒，德光任命赵延寿为幽州节度使。此时他似乎与韩延徽同在幽州，惜史书无载。德光与石重贵反目后发兵南下，要延寿作前驱，答应日后扶持他作中原皇帝。其后三年赵延寿始终是不遗余力的主战派。灭晋后赵延寿察觉德光不提中原皇帝之事。又请李崧传话想当德光的太子。德光说：割我肉可以，他当太子岂可。赵延寿做过的唯一好事是，陈桥之战，俘获战俘甚多，德光想统统杀掉，延寿劝停。

似赵延寿这样角色混乱的人，怎么可能为辽国做大策划。笔者不解的是，既然要征服中原，为什么不请"佐命功臣"韩延徽襄助。要么延徽只是阿保机的近臣，到德光时有名无实。要么德光就没有远虑过坐天下的事情。胡人要立定中原，与汉臣精诚合作是必由之路，这对统治者与被统治者都是好事情。

满清的成功是因为有范文程和洪承畴，当然首先是努尔哈赤和皇太极清楚，没有汉臣的指引他们是盲人瞎马。

十一、刘知远 (895—947—948)，后汉高祖

刘知远，沙陀人。出生之年恰逢李克用被封晋王，即沙陀军崛起之时。后随石敬瑭效力李嗣源。在与朱梁交战中曾让马给石敬瑭救其性命。在石敬瑭谋反李从珂中，发挥重要作用。知远"弱不好弄，严重寡言"，如此沉静的性格在五代军人中应属异类。且给耶律德光深刻印象，乃至告诫石敬瑭：此人不可弃用。

石重贵继位后听从景延广意，对契丹不奉表、不称臣。"刘知远知延广必致寇，而畏其方用事，不敢言。"（《资治通鉴》卷283）其时知远为河东节度使，愈加在太原募兵。胡三省在通鉴注文中说："刘知远非不敢言，盖亦有憾于帝而不欲言（注：费解），将坐观成败，因而利之也。"笔者以为，此主观猜测的味道过重。在不赞同重贵与延广重铸对契丹国策时，刘知远事实上只好如此。以后契丹入寇，重贵招知远会兵邢州。知远犹豫有忧色。部下郭威见状曰："河东山川险固，风俗尚武，士多战马，静则勤稼穑，动则习军旅，此霸王之资也。"（《资治通鉴》卷284）笔者以为，此时知远心理大体已如是，早先则未必。

十二月德光入东京、灭后晋。翌年一月知远派牙将王峻奉表于契丹，奉表即称臣也。德光见表，呼其为儿，赐"木拐"，这是极高的礼遇。王峻回来告契丹政乱。刘知远二月即称帝。德光闻知后怒且哀，不久北归，死于途中。此时中原大乱，但无任何势力能敌刘知远。于是后汉立定中原。翌年正月驾崩，

时年五十四岁。在位跨两个年头，十足时间一年。刘知远的选择是，不效忠于一意孤行的少主。天时地利俱在，他只完成了一次明智的选择，就在中原大乱中顺利上位。

他临终办了两件事。其一，确定继位者。素喜爱之长子承训，在二十六岁之年、早知远两个月病逝。此时确立十七岁的二子刘承祐继位。属下建议先速立其为王。但不及立王，知远归天。几个月之前承祐是想不到自己会继位的。而若承训不早逝，后汉的历史或不同。毕竟二十六岁与十七岁有大不同。

其二，交代善防杜重远。死后属下立斩杜家父子。杜重远是石敬瑭妹夫。石敬瑭曾任命刘知远为杜重远副手，刘耻于与靠裙带上位者为伍，初不从。出帝继位，契丹入寇，杜最初不动一兵一卒，后降契丹，屡屡劫掠百姓。后被刘知远围困后投降复官。铲除此人，也是为儿子消除后患。但刘知远非知人善任的君主。包围他的小人奈何不了他，而他一走，便成为后汉的定时炸弹。

十二、刘承祐 (931—948—950)，后汉隐帝

承祐继位时十七岁。父亲为他安排了四位顾命大臣：两个文职苏逢吉、杨邠，两个武将史弘肇、郭威。

苏逢吉在后汉两帝下先后做中书侍郎和宰相，制度设计及朝廷大事多出自他。而他全无学问，"故后汉尤无法度"（《旧五代史》卷108《苏逢吉传》）。更是坏人，其劣迹容后择机稍叙。一次饮酒中发生口角，史弘肇殴打苏逢吉，苏逃出，史竟然拔剑去追。杨邠拉住他说：你真杀了宰相如何对皇帝交代。可见后汉高官人品之粗卑，私人关系之反常。

史弘肇、杨邠都是简单粗暴的家伙。全然无视年幼君主及其外戚。"太后有故人子求补军职,史弘肇辄斩之。"(《新五代史》卷30《史弘肇传》)皇帝的小舅子李业求为宣徽使未果,皇帝和太后来求,均被杨邠回绝。皇帝要立耿夫人为后,杨邠说不可。夫人死,帝求以皇后礼葬之,杨邠还是不允(《新五代史》卷30《杨邠传》)。皇帝大怒。苏逢吉一直挑唆李业。李业看到机会来了,串通郭允明(《新五代史》说:隐帝有狎爱之,笔者疑其为隐帝承祐的男宠)等,一举谋杀了史弘肇、杨邠、王章。

事情若到此结束,后汉王朝还未必走到尽头。李业之流竟然说通隐帝,派人谋杀在外的郭威。被派遣的李弘义以为不妥,遣人透露给郭威。那边郭威反,这边即刻诛杀郭威在京的家属。此时帝国的半数军旅都在郭威麾下。这些宵小幼稚到何种程度。郭威大军入京师,纵火大掠。稍前,郭允明杀死了隐帝承祐。

外戚宵小固然可恶,若顾命大臣们明达持重,本当压住阵脚的。故后汉灭亡的重要原因是四位顾命大臣中的三位素质太低。其后面的原因则是刘知远能一直重用他们,还在临终委以重任。

十三、郭威 (904—951—954),后周太祖

郭威,汉人,邢州尧山出生。父名常简,效力李克用、李存勖,被刘仁恭杀。随母入郭家,更姓。少好勇斗狠,曾为屠夫所激杀之,入监后受贵人庇护逃逸。颈上黥有飞雀,不知是否得于此事。皇帝刺黥当时谁人不知,况薛居正在后晋、后汉、后周为官,郭威称帝时薛三十九岁,但此说不见于《旧五代

史》。是为尊者讳?

郭威好读兵书,刘知远有军务常请他协助谋划。

后汉少主继位后,郭威为枢密使兼检校太尉,此前所未有,乃至高官间发生争议,亦可见郭威之军政地位。不久,河中、永兴、凤翔三州共叛,推李守贞为首。几度镇反未果,遂启用郭威。李守贞实力雄厚。故郭威请教冯道后,采用了挖堑筑墙的战术。围困对方半年大获全胜。郭威回京不久,又北上击退契丹。后留守邺都,官声颇佳。此时京师事发,三大臣毙命,且在谋杀郭威。郭遂发兵。

笔者以为,《新五代史》等书对郭威入京后的记述失当,将事实陈述与主观猜测混为一谈。下面笔者先摘出史实。

郭威入京,太师冯道与百官等候。"威见,犹拜之,道受拜如平时,徐曰:侍中此行不易。"(《资治通鉴》卷289《后汉纪四》)继而郭威请太后"择立汉嗣",当时宗室刘崇等四人在场。太祖刘知远身后有:幼子承勋,及视同亲子的侄子、徐州节度使刘赟,和两个弟弟。

> 于是周太祖(注:郭威)与王峻(注:郭威的第一重臣)入见太后,言开封尹承勋,高祖皇帝之子,宜立。太后以承勋久病,不任为嗣。太祖与群臣请见承勋视起居,太后命以卧榻舁承勋出见群臣,群臣视之信然,乃共奏曰:"徐州节度使赟,高祖爱之,以为子,宜立为嗣。"乃遣太师冯道率群臣迎赟。道揣周太祖意不在赟,谓太祖曰:"公此举由衷乎?"太祖指天为誓。道既行,谓人曰:"吾平生不为谬语人,今谬语矣。"(《新五代史》卷18《汉家人传第六》)

> [乾祐三年(950)十一月]二十七日,帝(郭威)以

— 46 —

嗣君未至，请太后临朝（注：《资治通鉴》记载，太后临朝后任命五人），会镇、定州驰奏，契丹入寇，河北诸州告急，太后命帝北征。十二月一日，帝发离京师。四日，至滑州，驻马数日。会湘阴公（注：即刘赟，湘阴公是后来降授的爵位）遣使慰劳诸将，受宣之际，相顾不拜，皆窃言曰："我辈陷京师，各各负罪，若刘氏复立，则无种矣。"或有以其言告帝者，帝愕然，即时进途……二十日，诸军将士大噪趋驿，如墙而进，帝闭门拒之。军士登墙越屋而入，请帝为天子。……时湘阴公已驻宋州，枢密使王峻在京，闻澶州之变，遣侍卫马军指挥使郭崇率七百骑赴宋州，以卫湘阴公。（《旧五代史》卷110《周太祖本纪一》）

郭崇到宋州幽禁刘赟，召冯道回京。十二月二十七日太后令郭威监国，未几又下诰：刘赟降授湘阴公。翌年正月丁卯，承太后诰书，郭威即皇帝位。

欧阳修和胡三省在讲述以上事实时，都加入了对郭威心理的分析判断：

太祖入京师，以谓汉大臣必相推戴，及见宰相冯道等，道殊无意，太祖不得已，见道犹下拜，道受太祖拜如平时，徐劳之曰："公行良苦。"太祖意色皆沮，以谓汉臣未有推立己意，又难于自立，因白汉太后择立汉嗣。（《新五代史》卷18《汉家人传第六》）

按周祖举兵既克京城，所以不即为帝者，盖以汉之宗室崇在河东（注：刘崇，刘知远弟，时任河东节度使），信在许州（注：刘信，刘知远弟，时任许州节度使），赟在徐州（注：刘赟，刘崇之子，时任徐州节度使），若遽代汉，虑三镇举兵以兴复为辞，则中外必有响应者，故阳称辅立宗子，信素庸愚，不足畏忌，赟乃崇子，故迎赟而立之，使两镇息谋，俟其离徐已远，去京稍近，然后并信除之，则三镇去其二矣，然后自立，则所与为敌者唯崇而已，此其谋也。（《资治通鉴》卷289《后汉纪四》，胡三省注文）

从古到今，认为郭威举兵入京后迎请刘赟是阴谋者不在少数。

太原少尹李骧曰："郭公举兵犯顺，其势不能为汉臣，必不为刘氏立后。"因劝旻（注：即刘崇，刘赟之父。郭威称帝后他更名刘旻返回太原称帝，国号汉）以兵下太行，控孟津以俟变，庶几赟得立，赟立而罢兵可也。旻大骂曰："骧腐儒，欲离间我父子。"命左右牵出斩之。（《新五代史》卷70《刘旻传》）

事变与当事人密切关联，他们慎重多虑颇可理解。倘其后的史家如此判断似根据不足。新旧《五代史》和《资治通鉴》三书都讲述了郭威见太后请立幼子刘承勋，乃至太后请他们亲眼看到病重的承勋。这是郭威诱捕刘赟的阴谋论难以解释的。郭威知道承勋年幼，甚至可能打探到他患病，但殊难料到承勋不能继承王位。笔者以为，郭威入城后请太后定夺大位，就是放弃了暴力夺权。他可能觉得有禅让他的可能，但也做好了承勋继位、他做顾命大臣及护国公的准备。毕竟承勋是太后的亲子。太后没有选择承勋，轮到刘赟，郭威始料不及。因来得突然，笔者不认为诱捕刘赟是郭威的设计。但迎请刘赟确实给郭威和其谋臣留下长考的时间。而这全部情节中的关键是，郭威入城后为何如此尊重太后。新旧《五代史》对高祖皇后李氏的讲述大体相同：

> 高祖建义于太原，欲行颁赉于军士，以公帑不足，议率井邑，助成其事。后闻而谏曰："自晋高祖建义，及国家兴运，虽出于天意，亦土地人民福力同致耳，未能惠其众而欲夺其财，非新天子恤隐之理也。今后宫所积，宜悉以散之，设使不厚，人无怨言。"高祖改容曰："敬闻命矣"。遂停敛贷之议。后倾内府以助之，中外闻者，无不感悦。（《旧五代史》卷104《李皇后传》）

李氏所讲究的，用俗话说，就是"吃相"。"中外闻者，无不感悦"，其中必定也包括刘知远麾下大将郭威。

> 帝（刘承祐）遂与业、文进、匡赞、允明谋诛杨邠等，议既定，入白太后，太后曰："兹事何可轻发，更宜与宰相议之。"……癸未，南北军（注：即朝廷军与郭威军）遇于刘子陂，帝欲自出劳军，太后曰："郭威吾家故旧，非死亡切身，何以至此。但按兵守城，飞诏谕之，观其志趣，必有辞理，则君臣之礼尚全，慎勿轻出。"帝不从。（《资治通鉴》卷289《后汉纪四》）

这些也应该是发兵前后的郭威有所听闻的。乃至，

> 周太祖入京，凡军国大事，皆请后发教令以行之。是岁，议立徐州节度使赟为帝，以迎奉未至，周太祖乃率群臣拜章，请后权临朝听政，后于是称诰焉。及周太祖为六军推戴，上章具述其事，且言愿事后为慈母。后下诰答曰："……载省来笺，如母见待，感念深意，涕泗横流"云。……周太祖即位，上尊号曰昭圣皇太后，居于太平宫。

周显德元年春薨（注：即与郭威同年卒）。（《旧五代史》卷
140《李皇后传》）

庑下在滑州拥立郭威，则既有郭威及其近臣谋划的可能，
毕竟离京后他们有长考的时间；也有下级自发的可能，他们害
怕报复的心理是切实的。真相殊难判断。笔者以为，史家的价
值不在铁口立断，而在于摆出多种可能性。很多真实的事实是
永远都找不到的。

两个在乎吃相的人谱写了上面一幕。世俗中的讲究吃相，
移植到权力场，就是重视合法性。郭威的上位是讲究程序和礼
仪的，故不能以阴谋概言之。后来人观史，没有比历史人物之
行动轨迹更重要的。

郭威的节俭是出了名的。曾叫人将珠宝玉器、贵重餐具在
殿庭打碎，说："凡为帝王，安用此"。死前交代薄葬，细致入
微，结语"千万千万，莫忘朕言"。

《旧五代史》对郭威的盖棺定论中有言："期月而弊政皆除，
逾岁而群情大服。……勤俭之美，终始可称。虽享国之非长，
亦开基之有裕矣。"仅在位三年，一扫后汉朝廷内的污浊，留给
柴荣一个比较清明的局面。

十四、柴荣 (921—954—959)，后周世宗

柴荣是郭威之妻的侄子，自小随姑姑长在郭威家。郭威视
同己出。荣自幼从军。郭威自魏发兵进京，留柴荣守魏，堪称
独当一面，时年 30 岁。柴荣素为后周第一重臣王峻所忌，
953 年二月王峻被贬卒。三月柴荣封晋王。郭威—王峻—柴荣与
李嗣源—安重诲—从珂的三角关系相似，但柴荣比从珂幸运。

954年正月郭威崩,其亲子三年前在京师被尽杀。柴荣遵旨柩前继位。

该年三月,刘旻来犯。柴荣面对众臣劝阻说:昔唐太宗创业靡不亲征,冯道说陛下未可便学太宗,柴荣说我此行将如山压卵,冯道说不知陛下做得山否。阻拦做到了极致。而柴荣不悦而罢,即日亲征。古今史家屡屡乐道这段子,却少言此战不同寻常的背景。

刘旻本名刘崇,是刘知远之弟,刘赟之父。刘赟被降为湘阴公后郭威登基。刘崇回到太原,改名刘旻,称帝,史称北汉。当时后周有大约百州,北汉仅有 12 个州,刘旻自知实力悬殊,送重金求援契丹王,自称子侄。郭威在位时,刘旻靠契丹帮助,后周几度进犯均败。见郭威死,刘旻再次乞兵契丹,同伐后周。《五代史补》与《新五代史》讲述契丹介入差距不小:

> 初,刘崇求援于契丹,得骑数千,及睹世宗兵少,悔之,曰:"吾观周师易与尔,契丹之众宜勿用,但以我军攻战,自当万全。如此则不惟破敌,亦足使契丹见而心服,一举而有两利,兵之机也。"诸将以为然,乃使人谓契丹主将曰:"柴氏与吾,主客之势,不烦足下余刃,敢请勒兵登高观之可也。"契丹不知其谋,从之。泊世宗之阵也,三军皆贾勇争进,无不一当百,契丹望而畏之,故不救而崇败。(《旧五代史》卷 119《世宗纪六》,注引《五代史补》)

> 周太祖崩,旻闻之喜,遣使乞兵于契丹。契丹遣杨衮将铁马万骑及奚诸部兵五六万人,号称十万以助旻。旻以张元徽为先锋,自将骑兵三万攻潞州。潞州李筠遣穆令钧以步骑二千拒元徽于太平驿,元徽击败之,益围潞州。……旻亦列为三阵,张元徽居东偏,杨衮居西偏,旻

居其中。衮望周师谓旻曰："劲敌也，未可轻动。"旻奋髯曰："时不可失，无妄言也。"衮怒而去。旻号令东偏先进，王得中叩马谏曰："南风甚急，非北军之利也，宜少待之。"旻怒曰："老措大，毋妄沮吾军。"即麾元徽，元徽击周右军，兵始交，（樊）爱能、（何）徽退走，其骑军乱，步卒数千弃甲版降元徽，呼万岁声振川谷。世宗大骇，躬督战士，士皆奋命争先，而风势愈盛，旻自麾赤帜收军，军不可遏，旻遂败。（《新五代史》卷70《刘旻传》）

《新五代史》说"契丹遣杨衮将铁马万骑及奚诸部兵五六万人"，《五代史补》说"刘崇求援于契丹，得骑数千"。若这是给刘旻的，则未言契丹杨衮麾下人马数量，若"数千"是杨衮人马数量，则与《新五代史》差距过大。《五代史补》说，契丹人见刘旻战败而撤兵。《新五代史》则说，杨衮与刘旻意见不合而撤兵。因《新五代史》成书在后，笔者倾向于它的说法。战况是，虽将士少了大半，初战张元徽大败后周。柴荣见状亲自上阵，将士岂敢不用命，且此时风势骤转大利后周。柴荣大胜，刘旻险些丧命。

以后的史家讨论高平战局，或归因柴荣的勇敢果决，或归因风向天时。笔者却以为，后汉的第一败因是契丹杨衮的临阵撤兵。契丹援军旁观或撤兵，刘旻初战犹胜，若杨衮军参战，焉知柴荣能翻盘否。若北汉打胜高平之战，刘旻能成石敬瑭第二也未可知。当初耶律德光御驾亲征，千里赴戎机，不稍喘息就入战局且击败对方。此番述律派出的大将临阵撤兵。笔者以为，德光是利益驱动，为燕云十六州和年贡三十万匹帛而打。刘旻大概没给述律这份天价许诺。如此想来，还是石敬瑭关键时刻够狠。而在后周方面，众臣没有错，胜得好险。若柴荣兵败身死，其后局面无法想象。而既然选择了出征，到了战场，面临颓势，柴荣确是大英雄。帝王的自信，众臣的信服，定于一战。柴荣的开局，惊险地拿到头彩。

一次豪赌造就不了伟业。柴荣的优秀，在于借助和反思高平之战。几天后诛杀了樊爱能、何徽等七十余名将校。《旧五代史·世宗纪要》说，"帝至潞州，录其奔遁者，自军使以上及监押使臣并斩之，由是骄将堕兵，无不知惧。"难得的是柴荣对高平之战的反思比这还要深，且整治到位。

> 显德元年，上谓侍臣曰："侍卫兵士老少相半，强懦不分，盖徇人情，不能选练。今春朕在高平，与刘崇及蕃军相遇，临敌有指使不前者，苟非朕亲当坚阵，几至丧败。况百户农夫，未能赡一甲士，且兵在精不在众，宜令一一点选，精锐者升在上军，怯懦者任从安便，庶期可用，又不虚费。"（《旧五代史》卷114《周世宗本纪一》，注引《五代会要》）

想得深刻、抓得准狠，由此后周的军旅卓然于周边四邻，其后征伐势如破竹。

精兵省钱，但不论多寡用兵就要烧钱。从史书上看，柴荣在经济上两策。其一，他登基第二年下诏书："北地诸州，应有陷蕃人户，自蕃界来归业者：五周年内来者，三分交还二分；十周年内来者，交还一半；十五周年来者，三分交还一分；十五周年外来者，不在交还之限。"（《旧五代史》卷115《世宗本纪二》）连年战争，背井离乡者甚多。返家耕田，民安居乐业，君有税可收。其二，即位第二年，下诏抑制寺庙和僧人数量。

> 诸道供到帐籍，所存寺院凡二千六百九十四所，废寺

院凡三万三百三十六，僧尼系籍者六万一千二百人。（同上）

　　废天下佛寺三千三百三十六（注：旧五代史的数字被欧阳修修正，后被司马光沿用）。是时中国乏钱，乃诏悉毁天下铜佛像以铸钱，尝曰："吾闻佛说以身世为妄，而以利人为急，使其真身尚在，苟利于世，犹欲割截，况此铜像，岂其所惜哉？"由是群臣皆不敢言。（《新五代史》卷12《周本纪十二》）

柴荣废除了一半以上的寺庙，不准新建寺庙，和尚要注册，还俗和尚的数量数万计。以后出家要父母允准后考核读经能力。其聪明之处是不废佛，只抑制寺庙数量，抬高出家门槛。以此增加社会中的生产者。

四月，即其抑佛前一个月，下诏请二十名学士各撰"为君难为臣不易论""平边策"两文。此番网罗人才和良策的最大收获是发现了王朴。王朴的"平边策"深得柴荣之心。以后柴荣征伐四方的步骤几乎是步步遵循王朴之策。笔者不是大一统的崇拜者。以为，在中国历史上分与统是交替的两大旋律，谈不到哪个是主流。就社会功能而论，亦在伯仲之间。先秦的百家争鸣与近代的新文化运动都是发育于分治时期。说统一无战乱也可商榷。汉武帝时期是典型的大一统，但是其征伐四方带来的连年战争和生灵涂炭不少于诸多分治时期。柴荣是五代十国中唯一有统一雄心的君主，并且将一个几乎完成统一的局面传递给赵匡胤。这是历代史家褒扬柴荣的重要原因之一。笔者虽然不崇尚统一，仍以为柴荣的统一路径成本低效率高，不像秦始皇的统一六国以杀戮威慑开道。

柴荣有幸遇到五代十国五十余年历史中的两大人才：冯道

与王朴。冯道虽至衰年，未建功勋。但其发起和持续多年的刊刻四经，在郭威初年全部完成，这是文化史上的壮举，其刊印对柴荣时期的科举大有帮助；王朴奉柴荣令，在其即位第二年完成了钦天历。五代动乱中，宫廷的雅音渐次丢失。王朴在其去世前完成了古音律的打捞。二者都是可以传之后世的东西。954年冯道卒，959年王朴、柴荣先后卒。五代历史中的三大人物在五年中去世。他们的丧钟几乎是为五代鸣响。

柴荣治下似乎比五代其他时期涌现了更多的人才。一种流行的解释是，千里马常有，而伯乐不常有。笔者以为，伯乐的作用固然不可小视，但千里马绝非时时都有；千里马遭遇伯乐，是双方的幸事。柴荣遇到王朴难道只是王朴的幸事？可以有把握地说，柴荣是一位善于发现和使用人才的君主；柴荣之世，是五代五十余年中君臣关系最正常融洽的时期。但也要说，从其一生的轨迹看，他一直是超级幸运儿，包括遇到王朴。柴荣唯一的不幸是，三十八岁英年早逝。

第二章
用兵之道

军战胜利之因，有时昭然可辨，但更多的时候因素多端，殊难说清。有如遭遇怪病，患者先后起用多种手段，交织一团，难辨关键。我一个朋友是中医高手。我常咨询他，过后问治愈原因，他每每说：好了就行了，原因有时不易说清。我以为，兵病同理。明此，不妨碍探究道理，但切忌大而化之。比如，说闯王来了不纳粮是其制胜原因。或许可能，但这分析要落实到军战方可。闯王在祭出这口号后，双方是否在粮草、兵源上立见差距，如若不然，这解释就未必成立。军战胜利的直接原因毕竟是武器、粮草、斗志、势众、精兵、情报，等等。故下文无意寻求五代枭雄各自的胜因，只求认识和辨析各方用兵之特征。朱温的一大特色是以黥面为代表的凶狠，李家父子赖义儿军打天下，石敬瑭、刘知远、郭威各有明智决断，柴荣适时地裁冗精兵。容笔者一一辨析。

一、黥面

历史上军中黥面之流行，莫过于五代。然其来有自。

其一是古代的刑法：黥面。从西周至秦代的五大刑罚为：墨、劓、剕（刖）、宫、大辟。墨刑即黥面，即脸上刺字。这要算五刑中最轻的，故也是最常用的。周初刑法规定"墨罪五百"，即适用墨刑的罪状多达五百条。黥面者四肢健全，无碍劳作。春秋战国时，各国常用黥面囚徒去做苦役。商鞅变法后实施酷刑。太子犯法不便加刑，便将其师傅公孙贾黥面。其后另一个著名案例是秦末的英布，他早年犯罪被黥面，后成了大将军，被戏称"黥布"。汉文帝刘恒曾下诏废除肉刑。但以后黥面作为刑法或有减少，却广泛地用于防止仆役逃跑的手段。

其二，唐代的印臂术。奴婢每年要"印臂"核正，《唐六典·卷六》载："每岁十月，所司自黄口以上并印臂，送都官阅貌。"《新唐书·百官志》云："每岁孟春上其籍，自黄口以上印臂（译：每年春天登记时，十岁以上的要印臂）"。明代《妆楼记》云："开元初，宫人被进御者曰'印选'，以绸缪记印于臂上，文曰'风月常新'。印毕，渍以桂红膏，则水洗色不退。"宋朝人陈傅良在《历代兵制》中说："到武则天以后，百骑多次更名，相继改为'千骑''万骑''左右龙虎军'。这些士兵多为良家子，实行印臂之法，是最精锐的军队。"（2017，180）《新唐书·志第四十兵》云："开元十二年，诏左右羽林军、飞骑阙，取京旁州府士，以户部印，印其臂，为二籍，羽林、兵部分掌之。"综上所述，印臂术在唐代实施于宫女、奴婢、士兵多种人群中。

五代的军阀继承了以上两个传统。

通常以为朱温是最先搞黥面的五代军阀。其实不然。

梁祖之攻兖、郓也，朱瑾募骁勇数百人，黥双雁于其颊，号为"雁子都"。梁祖闻之，亦选数百人，别为一军，

号为"落雁都"。署汉宾为军使，当时目为"朱落雁"。（《旧五代史》卷64《朱汉宾传》）

朱瑾（867—918）曾为唐朝郓州军校，后为泰宁军节度使。唐末成为军阀，与朱温争锋。从史册记载看，是朱瑾率先实施黥面于军中。"都"为唐代的军事单位，很小，五代时被泛用，规模不一。朱瑾的黥面刻"双燕"。以后被称为"郭雀儿"的郭威脖子上刻的也是飞鸟，似乎也有传承。见到朱瑾的黥面，朱温当即跟上，并更大规模地实施。

> 太祖（朱温）之用兵也，法令严峻，每战，逐队主帅或有没而不反者，其余皆斩之，谓之："跋队斩"。自是战无不胜。然健儿且多窜匿州郡，疲于追捕，因下令文面，健儿文面自此始也。（《旧五代史》卷7《梁太祖本纪七》，注引《五代史补》）

朱温的"主帅亡则下属皆斩"之凶残谋略，必定深刻地影响全军。朱温的下属氏叔琮一次征战中，士兵伤病疲惫，氏叔琮发令："病不能行者焚之"（《新五代史》卷43《氏叔琮传》），即刻士兵都恢复了活力。

诛杀成为朱温的寻常手段，在用兵也在执政中。崔胤与朱温里应外合灭了宦官集团，不久（904）就被朱温诛杀。同年八月派蒋玄晖杀了昭帝，翌年六月在白马驿诛杀了三十多名或许有异志的唐朝大臣。年底杀了蒋玄晖和促成白马驿之祸的宰相柳璨。朱温杀人名声在外。这恐怕是河北籍文人不投奔他的原因。

朱温选择黥面自然不在话下。他依赖黥面与诛杀立足于五代军阀之林。之后这劣技又传染给了同样凶残的刘仁恭父子。

> 天祐三年七月（注：906，朱温称帝的前一年），梁祖
> 自将兵攻沧州，营于长芦。仁恭师徒屡丧，乃酷法尽发部
> 内男子十五已上、七十已下，各自备兵粮以从军，闾里为
> 之一空。部内男子无贵贱，并黥其面，文曰“定霸都”，士
> 人黥其臂，文曰“一心事主”。由是燕、蓟人士例多黥涅，
> 或伏窜而免。仁恭阅众，得二十万。（《旧五代史》卷
> 135《刘守光传》）

黥面之法是双刃剑，它企图抑制士兵的逃亡，也带来了属下的
离心乃至逃亡。

> 赵凤，幽州人也。少为儒。唐天祐中，燕帅刘守光尽
> 率部内丁夫为军伍，而黥其面，为儒者患之。多为僧以避
> 之，凤亦落发至太原。（《旧五代史》卷67《赵凤传》）

虽然有赵凤这样的儒者不堪其辱。但五代史中的另一段史料告
诉我们，竟有自愿接受者，说明当时黥面的流行削弱了耻
辱感。

> 会高祖遣王景崇等西赴凤翔，行次京兆，时思绾等数
> 百人在焉。思绾等比是赵在礼御士，本不刺面，景崇、齐
> 藏珍既至京兆，欲令文面，以防逋逸。景崇微露风旨，思
> 绾厉声先请自刺，以率其下，景崇壮之。藏珍窃言曰：“思
> 绾粗暴难制，不如杀之。”景崇不听，但率之同赴凤翔。
> （《旧五代史》卷190《赵思绾传》）

耐人寻味的是，五代在队伍中实施黥面的几位枭雄都是
汉人。

二、义儿军

李克用治军的路数与朱温截然不同。朱温靠外在的手段拴住士兵。李克用靠拢住下属的心。在对比上不能说完全对应。因朱温企图防范逃跑的是军队下层，李克用想要拢住的是军头。在军头层次上，李军的团结显然好于朱军。朱友贞时军中对一代将才刘鄩、王彦章的掣肘，在李军几乎不存在。李克用麾下太多的军头是他的义子，故他的队伍被称为"义儿军"。太阳底下没有新鲜事，诱发他的是两个传统。

其一，赐姓。此流行于南北朝，特别是北朝。帝王或军头动辄赐姓，目的当然是笼络下属，提升凝聚力。

其二，就是收义子。三国时代的吕布、刘封、关平，都是义子。隋末江淮义军首领杜伏威有义子三十多人，均为壮士。其中王雄诞曾在战场上救杜性命，最后是为杜殉节。这事情当时必有相当的影响力。演至唐朝，安禄山是幽州节度使张守珪的义子；以后安禄山收了不计其数的义子。安禄山是胡人，杜伏威是汉人，说明隋唐时代收义子不专属于某个种族。

五代史中记载着收纳义子的头目至少还有三位。

李茂贞（856—924）。有趣的是他与李克用是同年生人。他是汉人，本名宋文通。在战乱中曾保护唐僖宗，故被赐李姓。朱温称帝后他不服对抗。而李存勖称帝后他臣服。《旧五代史》三处提及他的义子。《新五代史》讲述同样的事情，唯子前不带"义"字，对其是否义子亦不做说明。《新五代史》中刻意设置了"义儿传"，岂可不留意其他枭雄的义儿，厘清亲子与义子。此处再次显示欧阳修没有史学家的素质。

王建（847—918）。汉人，唐末曾加入唐忠武军，被昭宗封为蜀王。907 年不服后梁称帝，自立为皇帝。《新五代史》记载，王建有十一个亲子，两个出名的义子：王宗弼、王宗寿。这回正相反，《旧五代史》说及王宗弼时没说他是义子，未记载王宗寿。王建凶残。昭宗曾派兵攻王建，王擒到一官，脔而食之并告对方。对方畏惧，撤兵。

李、王二人证明五代枭雄中招收义子者不乏其人。但论义子数量与作用，则无出李克用其右。但在讲述义子前，应该先梳理和交代其亲子情况。

《五代会要》卷二记载：李克用有八个亲子——李存勖，李存美，李存霸，李存礼，李存渥，李存乂，李存确，李存纪。《旧五代史》卷五十一说"太祖有子延鸾、落落"，还记载落落在乾宁三年（896）被朱温军擒获斩杀（见于多处），延鸾在天复元年（902）被朱温军杀（《旧五代史》卷二）。按照其叙述顺序，似乎延鸾是兄长。落落应该是小名，不提大号恐因年幼，而蒙难时是铁林指挥使，也不会太年幼，故笔者以当时 18 岁左右计，则他是 877—879 年生人，大李存勖约 7 岁。1989 年山西代县出土的"李克用墓志"中云：

> 今嗣王令公，实晋国太夫人之自出也。嗣王之兄今昭义相公名嗣昭，乃王之元子也。嗣王之次亲弟二十三人，具名列于后：存贵黠戛、存顺索葛、存美帧师、存矩迭子、存范丑汉、存霸端端、存规欢郎、存璘喜郎、善意□□、大馥、重喜、小馥、柱柱、神奴、常住、骨骨、乔八、小端、小惠、延受、小住、□宝、小宝。（周根根，2012）

按照汉人的习惯，墓志所载皆为亲子，"元子"是嫡长子。而新旧《五代史》上都明确讲述义子李嗣昭的来历。一般而言，史册与墓志矛盾，当以墓志为准。但克用临终传位时完全没有考虑嗣昭，故可以理解为他不是亲子。李嗣昭年龄应该在亲子与义子中最长，故称"元子"。写入墓志也是抬高义子地位的一种作法。李克用的墓志并未严格遵循汉人习俗。但墓志中绝大部分应该是亲子，且按长幼顺序排列。笔者以为延鸾应该是存贵黠戛，落落应该是存顺索葛。笔者接受当代史学家的说法"善意以下，皆为小名，当是年纪尚幼，未及正式定名"（罗亮，2022，113）。以后多半未及有业绩就死于皇权更迭，故未入史册。

新旧《五代史》为李克用的9位义子做传：李嗣源（867—933），李嗣昭（?—922），李嗣本（?—916），李嗣恩（?—918），李存信（862—902），李存孝（858—894），李存进（856—922），李存璋（?—922），李存贤（860—924）。9人外，《新五代史》提及因鼓动李克宁篡权被诛杀的两位：李存颢、李存实。《旧五代史》只提及李存颢。有学者论证，李存敬、李存距、李存贞等也是李克用的义子（李翔，2014）。《资治通鉴》卷279胡注说"李克用义儿百有余人"，说出前人未言的大数字却没给出任何证据和姓名。鉴于史册只记载了墓志中亲子的小一半，可信李克用实有的义子也大大多于史册记载的13人。

有传记的9个义子中，6个汉人，3个胡人。存颢、存实无传记，种族不清。义儿之外，还有几位骁勇善战者，周德威（?—918）、符存审（862—924）、郭崇韬（865—926）、李建及（864—920）。四位的出生年与两位义子李嗣源、李存信相仿佛。且这四位都曾效命李克用。李建及也军功赫赫，但与上面三位不同，《旧五代史》说他被李克用赐姓名，《新五代史》未收他入义儿传。二位史家显然不视其为义子。如此看来，李克用那里或许还有义子和赐姓名之别。这四位为何未被招纳为义子？解释这问题可以帮助我们理解李克用招纳义子时的考虑。可惜新旧《五代史》都未呈现。比较一下李克用、其义子、其亲子的年龄，笔者吃惊地发现，他与其义子的年龄出奇地接近。5 位知道出生年的义子中，年龄最小的义子李嗣源小李克用 11 岁，年龄最大的义子李存进与李克用同龄。

9 个义子均骁勇善战，功绩赫赫。且看《旧五代史·唐宗室列传》中 4 位义子之片段：

> （李嗣昭）乾宁初……败珙军于猗氏，获贼将李璠等。……（乾宁）四年……败汴军于胡壁堡，擒汴将滑礼。……（天复元年）十一月，嗣昭出师晋、绛，屯吉上堡，遇汴将王友通于平阳，一战擒之。……天祐四年六月，汴将李思安将兵十万攻潞州，乃筑夹城，深沟高垒，内外重复，飞走路绝。嗣昭抚循士众，登城拒守。梁祖驰书说诱百端，嗣昭焚其伪诏，斩其使者，城中固守经年，军民乏绝，感盐炭自生，以济贫民。嗣昭尝享诸将，登城张乐，贼矢中足，嗣昭密拔之，坐客不之觉，酣饮如故，以安众心。……胡柳之战，周德威战没，师无行列，至晚方集。汴人四五万登无石山，我军惧形于色。或请收军保营，诘旦复战。嗣昭曰："贼无营垒，去临濮地远，日已晡晚，皆有归心，但以精骑逗挠，无令返旆，晡后追击，破之必矣。我若收军拔寨，贼人入临濮，俟彼整齐复来，即胜负未决。"庄宗曰："非兄言，几败吾事。"军校王建及又陈方略，嗣昭与建及分兵于土山南北为掎角，汴军惧，下山，因纵军击之，俘斩三万级，由是庄宗之军复振。……（十九年）冬，契丹三十万奄至……嗣昭设伏于故营，贼至，

发伏，击之殆尽；余三人匿于墙墟间，嗣昭环马而射之，为贼矢中脑，嗣昭籣中矢尽，拔贼矢于脑射贼，一发而殪之。嗣昭日暮还营，所伤血流不止，是夜卒。（《旧五代史》卷52《李嗣昭传》）

（李存进）十六年，以本职兼领振武节度使。时王师据德胜渡，汴军据杨村渡在上流。汴人运洛阳竹木，造浮桥以济军。王师以船渡，缓急难济，存进率意欲造浮桥。军吏曰："河桥须竹笮大艑，两岸石仓铁牛以为固，今无竹石，窃虑难成。"存进曰："吾成算在心，必有所立。"……初军中以为戏，月余桥成，制度条上，人皆服其勤智。庄宗举酒曰："存进，吾之杜预也。"……十九年九月，王处球尽率其众，乘其无备，奄至垒门。存进闻之，得部下数人出斗，驱贼于桥下。俄而贼大至，后军不继，血战而殁，时年六十六。（《旧五代史》卷53《李存进传》）

（李存贤）十九年，汴将段凝军五万营临晋，蒲人大恐，咸欲归汴。或问于存贤曰："河中将士欲拘公降于汴。"存贤曰："吾奉命援河中，死王事固其所也。"汴军退，以功加检校司徒。（《旧五代史》卷53《李存贤传》）

（李）存孝泥首请罪曰："儿立微劳，本无显过，但被人中伤，申明无路，迷昧至此。"武皇叱之曰："尔与王镕书状，罪我万端，亦存信教耶。"縶归太原，车裂于市。然武皇深惜其才。存孝每临大敌，被重铠橐弓坐槊，仆人以二骑从，阵中易骑，轻捷如飞，独舞铁楇，挺身陷阵，万人辟易，盖古张辽、甘宁之比也。存孝死，武皇不视事旬日，私憾诸将久之。（《旧五代史》卷53《李存孝传》）

容笔者对以上引文稍作说明。周德威是李克用、李存勖麾下，甚至是五代时期，第一名将。周这次出战本来就是李存勖指挥失误。周战死，震动李存勖与晋军。如果不是李存昭从容进策，引发逆袭，晋军大不乐观。此役过后，李存昭代理周德威幽州的军政大权，足见其地位。李存孝是高度意气用事的人。他叛变李克用不是谋求利益，而是因为他与另一义子李存信的冲突，李克用听信存信的中伤导致不信任存孝所致。从李存孝传可看出义子曾经为义父用命，及二人间的情感。

欧阳修在《新五代史·义儿传》的序文中说：

> 呜呼。世道衰，人伦坏，而亲疏之理反其常，干戈起于骨肉，异类合为父子。开平、显德五十年间，天下五代而实八姓，其三出于丐养。盖其大者取天下，其次立功名、位将相，岂非因时之隙，以利合而相资者邪。唐自号沙陀，起代北，其所与俱皆一时雄杰虓武之士，往往养以为儿，号"义儿军"，至其有天下，多用以成功业，及其亡也亦由焉。

笔者以为所论不当。说义父子是"人伦坏，反亲疏之理"，言之过甚。义父子未坏亲疏之理。李克用的义子年龄都长于李存勖。李克用临终无纠结且顺利地传位给长子李存勖。九位义子中，只有一两位挑唆代理存勖掌权的李克宁篡权。历史上叔叔代理年轻侄子掌权，即便在诸多血亲叔侄中，挑唆篡权亦不罕见。以后的两次义子（李嗣源、李从珂）夺权，更大责任不在义子，而在皇位上的李存勖和李从厚。若皇室不阴谋杀掉功臣郭崇韬，李从厚不威胁到李从珂，都不会有义子造反。后唐几代君主中，义子多属于李克用。而李克用麾下义子间的冲突几乎只有李存孝与李存信；

义子的反叛，也几乎只有李存孝。军头中义子与周德威等非义子也合作良好，较少冲突。

就治军来说，后唐的义儿军是成功的，未乱国家大政。其应运而生的原因我们后面论及。

三、博弈魏博

本章开篇时说，只求认识用兵特征，无意探讨各次交战。实际上，唐晋汉周的皇权继替，均发生在一国之内。国与国的战事只有三次：其一梁与晋，其二契丹与中原国，其三后周的征伐。其三后面略述。其二完全放弃，因为头绪太多，而史料不具体、缺深度。要认识朱温、李克用的用兵之道，确实需要谈谈梁晋之战。

朱温、李克用均为讨伐黄巢的建功者，战后双雄会，其后成死敌。颇似楚汉之争。攻打长安，李克用拔得头筹，其时沙陀军勇冠三军。《资治通鉴》说："克用时年二十八，于诸将最少，而破黄巢，复长安，功第一，兵势最强，诸将皆畏之。"其后各自扩张，朱温占据河南道，李克用盘踞山西与部分河北，李克用至少不居下风。但而后二十余年的角逐中，朱温渐占上风。其消长颇耐寻味。

两方的成败，是运气与谋略的函数。自长安分道扬镳后，朱温的运气更好。他比李克用收编了更多的黄巢旧部。何以如此，笔者看不到雄辩的微观材料。猜想，朱温曾效力黄巢，与其部下多有旧谊，或许增加了招降的筹码。且潼关兵变，从河南至长安的道路打通，为其挟天子以令诸侯提供了机会。

接下来说双方的谋略。二人各辖一地，管辖的路数完全不同。李克用依旧是当年节度使或藩王的思路，各州名义上尊我即可。李袭吉为其撰写的致朱温信，颇能反映其思想：

> 收燕蓟则还其故将，入蒲坂（注：今山西永济，李克用乾宁二年勤王路径之地）而不负前言。（《旧五代史》卷60《李袭吉传》）

他征服了河北一些藩镇，藩帅臣服后继续其任，或举荐藩帅由其治理。李克用恪守其对藩镇的承诺。其性格如《新唐书》所说，"性惇固，少它肠"。典型的恶果是，他打跑了敌对的卢龙节度使李匡筹后，表奏刘仁恭为帅。以后刘家父子成了他的死敌。朱温相反，"它肠"甚多。如此，晋王治下河北道的权力结构是松散的，很像大唐的割据时代。可能这就是他的想法。当初杀段文楚即便是李克用父子的策划，其动机也只是做地面更大的节度使，绝无取代大唐之心。朱温野心更大，故要在河南道建立更集中、紧凑的权力结构。手段是向各藩镇派刺史，监督节度使，抑制地方豪强对节度使的支持；并分割藩镇，缩小各藩镇的规模。（王庚武，1963，119）如此，两强抗争时，权力结构松散者易碎。日后发生的正是如此。其中当然也注入了朱温近似刘邦的狡诈。

魏博地区在五代史中屡次扮演重要角色。安史之乱后，安将田承嗣降唐，封为辖贝、博、魏、卫、相、磁、澶七州的魏博节度使。在以后一百三四十年的历史中，魏博是河北藩镇中抗拒中央的头羊。历史上独一无二的魏博，在朱梁、李晋对峙之时，刚好是居间的枢纽。魏博西接昭义，北邻成德，成德则北邻卢龙。这四个藩镇一度臣服于李克用，且是他所盘踞的河东与代北两藩镇之从南到西的屏障，正是南面的魏博和昭义，隔开了梁晋。

820年田承嗣的后人节度使田弘正死，从此职业衙校掌控魏博，节度使成为他们推出的代理。魏博七州的处境极其微妙。最初魏博微微倾向李克用。龙纪元年（889）、二年朱温借道魏博均被拒，遂攻打过魏博，导致节度使罗弘信求和。而李克用则先后几次借道魏博。896年派其义子李存信借道，获准。

> 存信御军无法，稍侵魏之刍牧，弘信不平之。太祖（朱温）因遣使谓弘信曰："太原志吞河朔，回戈之日，贵道堪忧。"弘信惧，乃归款（注：归顺的意思）于太祖，仍出师三万攻李存信，败之。未几，李克用领兵攻魏……太祖（朱温）遣葛从周援之，战于洹水，擒克用男落落以献。太祖令送于弘信，斩之，晋军乃退。是时，太祖方图兖、郓，虑弘信离贰，每岁时赂遗，必卑辞厚礼。弘信每有答贶，太祖必对魏使北面拜而受之，曰："六兄比予有倍年之长，兄弟之国，安得以常邻遇之。"（《旧五代史》卷14《罗绍威传》）

李存信一贯是麻烦制造者（前面说过他与李存孝的冲突），史册未详这次他对魏博做出何种骚扰，引发魏晋交战，乃至罗绍威上了朱温的当，杀了克用之子落落。如此，中立的角色就没有了。以后罗弘信卒，其子罗绍威继位。未几，魏博一军士生乱，令罗绍威恐惧。

> 乃定计图牙军，遣使告太祖（朱温），求为外援。太祖许之……遣长直军校马嗣勋选兵千人……时宿于牙城者千余人，迟明尽诛之，凡八千家，皆赤其族，州城为之一

空……自是绍威虽除其逼，然寻有自弱之悔。（同上）

魏博原本中立。朱温第一计借刀杀人，做实了魏博与李克用的敌对。第二计借机杀人，被去势的罗绍威有些后悔，只好、也真的服了。他审时度势，只有依靠朱温，故劝朱温称帝。

魏博的选站改变了朱李的平衡。一方面朱温不必担心魏博这块风险之地，可以踏踏实实地征伐其他藩镇。另一方面富庶的魏博经济上给了朱温始料不及的巨大帮助。

> 绍威尝以临淄、海岱罢兵岁久，储庚山积，惟京师军民多而食益寡，愿于太行伐木，下安阳、淇门，斫船三百艘，置水运自大河入洛口，岁漕百万石，以给宿卫，太祖深然之。（同上）

罗绍威帮助之大，几令狡诈的朱温生疑，送去女人卧底报信。

因李克用未能强化其掌控地区的权力结构，周边的藩镇如墙头草。而朱温军力外交并用。898 年昭义节度使归附朱温，900 年朱温攻取成德。如此构成了东南两面率众围攻李克用的局面。遂有 901、902 年两次包围李克用老巢晋阳。以后是梁晋拉锯战，梁占优。倒是成德北面卢龙的刘守光未臣服朱温。如是，李克用就更麻烦了。

一方面挟持天子，一方面势力优于对手，907 年朱温称帝。908 年李克用卒，李存勖继位。朱军与年方二十三的李存勖第一次接仗，竟然败了。

> 梁祖闻其败也，既惧而叹曰："生子当如是，李氏不亡矣。吾家诸子乃豚犬尔。"（《旧五代史》卷 27《唐庄宗本纪一》）

《旧五代史》很大程度上是拼接各朝实录。上面这段话很像是唐实录书写者的马屁文字。朱温岂能如此咒骂亲子。笔者以为,李存勖才能不及李克用,但朱家与李家子弟的差距着实太大。这应该是两家、两军的内部氛围所使然。落落、延鸾都效命沙场,李存勖好战成性。除了子弟,李嗣源、李从珂、石敬瑭、刘知远、郭威、赵匡胤,都成长于李家军。从这个角度看,朱温与李克用的治军天壤之别。

910年罗绍威三十四岁去世,十余岁的次子罗周翰继位节度使。912年朱温被儿子杀死。如果朱温多活些年,以其如上之狡诈,李晋的日子将更难过。且以朱温打下的局面,后梁似乎不会速亡。变数依旧来自魏博。

开平五年(911),李存勖攻魏博。曾效命黄巢后投奔朱温的枭雄杨师厚,被朱温派遣击退晋军后,坐镇魏博首府魏州。能镇住杨师厚的朱温一死(912),杨便驱逐罗周翰,自己当上了魏博节度使。不久朱温的儿子朱友贞求得杨师厚的支持,颠覆朱友珪,坐上龙椅。杨师厚被封邺王。

> 每下诏不名,以官呼之,事无巨细,必先谋于师厚,师厚颇亦骄诞。……置银枪效节军凡数千人,皆选摘骁锐,纵恣豢养,复故时牙军之态。……末帝(朱友贞)闻其卒也,于私庭受贺,乃议裂魏州为两镇。既而所树亲军,果为叛乱,以招外寇,致使河朔沦陷,宗社覆灭,由师厚兆之也。(《旧五代史》卷22《杨师厚传》)

师厚死,朱友贞及其臣僚以为截肢烫手的魏博此其时也,却未顾及魏博职业军人的态度。此时杨师厚建立的银枪效节军校张彦是魏博职业军人的首领。张彦与末帝朱友贞多次谈判不成，便胁迫魏博节度使贺德伦投奔李存勖。贺认同这一选择，但密告李存勖，言张彦之桀骜不驯。李存勖接受忠告，在永济接见张彦及其七个卫士时将之一总杀掉，旋即安抚、收编了银枪效节军。梁晋势态自此改观。

李存勖获取魏博后，大部分时间坐镇魏州（今天邯郸附近）。朱友贞称帝后常居汴州（今开封）而不是洛阳。魏州距离汴州，以今日公路里数计算，才 272 公里。虽二者中间的滑州一直在后梁手中，但魏汴两城距离近得可怕。且沙陀军从来都是爆发力最足的。故有最终的突袭灭梁。

纵观这场博弈，运气最终落在后唐。比较两方的军政方针。朱温胜在外政，成功地控制了他获取的藩镇，所以长时间人多势众。李家父子胜在治军，其将士更抱团，所以劣势下未被击溃。朱温之狡诈是不世出的，子弟难以为继，故朱梁两代而终。（毛汉光，1989）

顺便说，魏州在五代史上还有大戏，即日后导致李存勖覆灭的魏州兵变。

四、安全打法

本章主要讨论军战策略。后晋与后汉没什么可说的，因为他们夺权的成功取决于一个明智的判断，与军事关系不大。石敬瑭的第一个判断是死守就是等死，须以攻代守。第二个判断是自己打不赢。第三个是要给契丹足够的报偿，来不得虚假和投机。在这一点上他力排众议。以后北唐请契丹对抗后周的惨败证明石敬瑭的聪明。刘知远本来是石敬瑭死后后晋最大的实力派和明白人，但是边缘化了。他一看改变不了大政，就躲到西边作壁上观。派去朝拜耶律德光的使臣，汇报了契丹陷入中原泥潭后刘知远才出马。在契丹留下的真空中，无人能与他争锋。为聚焦军战之谋略，我们跳到郭威与柴荣。

郭威灭李守贞后手握半国的兵力。获悉京城有变、庸君与宵小欲谋害自己，到起兵入京，只几天功夫，死于交战不过百人。军事上不足深论。其毕生最大的战役是做后汉检校太尉兼枢密使时灭李守贞。

> （乾祐元年）三月，河中李守贞、永兴赵思绾、凤翔王景崇相次反，隐帝遣白文珂、郭从义、常思等分讨之，久皆无功。隐帝谓威曰："吾欲烦公可乎？"威对曰："臣不敢请，亦不敢辞，惟陛下命。"（《新五代史》卷11《周本纪十一》）

> 是时，冯道罢相居河阳，威初出兵，过道家问策，道曰："君知博乎？"威少无赖，好蒲博，以为道讥之，艴然而怒。道曰："凡博者钱多则多胜，钱少则多败，非其不善博，所以败者，势也。今合诸将之兵以攻一城，较其多少，胜败可知。"威大悟，谋以迟久困之，乃与诸将分为三栅，栅其城三面，而阙其南，发五县丁夫筑长城以连三栅。守贞出其兵坏长城，威辄补其所坏，守贞辄出争之，守贞兵常失十三四，如此逾年，守贞城中兵无几，而食又尽，杀人而食。威曰："可矣。"乃为期日，督兵四面攻而破之。（《新五代史》卷52《李守贞传》）

> （乾祐元年）八月六日，帝发离京师。二十日，师至河中。……不数日，周设长堑，复筑长连城以迫之。帝在军，居常接宾客，与大将宴语，即褒衣博带；或遇巡城垒，对阵敌，幅巾短后，与众无殊。临矢石，冒锋刃，必以身先，

与士伍分甘共苦。稍立功效者，厚其赐与；微有伤瘀者，亲为循抚。士无贤不肖，有所陈启，温颜以接之，俾尽其情，人之过忤，未尝介意，故君子小人皆思效用。守贞闻之，深以为忧。十二月，帝以蜀军屯大散关，即亲率牙兵往凤翔、永兴相度，将发，谓白文珂、刘词曰："困兽犹斗，当谨备之。"帝至华州，闻蜀军退败，遂还。……（二年）七月十三日，帝率三寨将士夺贼罗城。二十一日，城陷，守贞举家自焚而死。……八月五日，帝自河中班师。（《旧五代史》卷110《周太祖本纪一》）

隐帝请郭威领兵时，其对答分寸之好胜过文臣。能夺取并守住天下者徒有武夫的素质是不够的。领旨后首先去请教已经被隐帝罢官的文臣冯道，足见其判断力。当年石敬瑭请冯道谈兵，冯当即回答不懂。也是这些年见了太多的阵仗，以及对郭威真诚咨询退休老者的回应，这是缘分。当然冯言属宏观，若与职业军头谈战术就是外行托大了。重要的是，郭威句句入心，招招落实。冯道从博弈说，郭威深通博弈，拿着一手好牌何必着急和冒险呢。郭威临阵作风堪称楷模。故稳稳地拿下这一仗。从出发到班师回朝，不多不少，整整一年。郭威称帝三年，四十九岁去世。

五、精兵

柴荣登基伊始，便遇到北汉与契丹联军的挑战。新主与冯道为代表的大臣们发生了后世脍炙人口的论战。柴荣不顾众议，凛然出征。这次胜利是侥幸。如果不是契丹杨衮所率人马的临战撤退，则胜负难料。此笔者在第一章中已做分析。柴荣危难之际的英雄气概是不待言的，亦是英主所必备。都不赘言。柴荣的英明在于战后立即整军，杀了七十多名军头。下诏：

> 显德元年（954），上谓侍臣曰："侍卫兵士老少相半，强懦不分，盖徇人情，不能选练。今春朕在高平，与刘崇及蕃军相遇，临敌有指使不前者，苟非朕亲当坚阵，几至丧败。况百户农夫，未能赡一甲士，且兵在精不在众，宜令一一点选，精锐者升在上军，怯懦者任从安便，庶期可用，又不虚费。"（《旧五代史》卷114《周世宗本纪一》，注引《五代会要》）

如果没有这次征战初始的溃败，柴荣没有惩杀和调整的足够理由，硬上弓要激变的。郭威打败李守贞的军旅为什么此时如此乏力？其一，郭威胜在战略。交锋时李守贞在给养上已经不在一个水平，对郭军构不成考验。其二，那时郭威不是君主，没有彻底整军的权力和时机。登基后，没有大仗要打，整军做甚？从击败李守贞到柴荣继位领兵，间隔六年，兵老师疲的特征加剧。柴荣登基伊始，就得以整军。这为其在位六年中谋求统一提供了时间保障。若晚一年就没有了著名的北上收三关。精兵的政策极其英明。其诏书说："百户农夫，未能赡一甲士。"资源有限，竞争中比的就是资源与人才的善用。其经济上的开源，第一章中已述，此不赘。

登基第二年四月诏翰林学士二十余人写"为君难为臣不易论""平边策"各一篇。而众臣"多不渝其旨"，只有王朴写出"平边策"。其策鼓吹统一：

> 攻取之道，从易者始，（首攻）当今吴国，……既得江北，则用彼之民，扬我之兵，江之南亦不难而平之也。如

此，则用力少而收功多。得吴，则桂、广皆为内臣，岷、蜀可飞书而召之，如不至，则四面并进，席卷而蜀平矣。吴、蜀平，幽可望风而至。（《旧五代史》卷 128《王朴传》）

"平边策"深合柴荣整军练兵的心思。十月就开始议论南征。翌年（显德二年）正月开始征伐后汉初期降归后蜀的四州。秦州、成州、阶州投降，周军攻下凤州。接着，进攻南唐。此时南唐已经灭了闽（后汉末年）、楚（后周元年）。李谷攻寿州不下。柴荣亲赴，依旧未果。班师回京后，以南唐的降兵教习柴荣新建的水军。既而再次发兵攻寿州。因前次周兵的劫掠，导致今番当地人建堡自卫，战事艰难，攻不下寿州。柴荣问计已经病卧的李谷。李谷说陛下亲征可下寿州。柴荣亲赴寿州，截断了供粮的甬道，最终破城。这次吸取了教训，入城后发粥赈济百姓。显德四年十月柴荣第三次南征。渡淮水后，先后破泗州、濠州、扬州、泰州、楚州。一再强调不掠民。但楚州抵抗顽强，周军入城后大掠。此时南唐李璟提出，愿意献出江北四州（如是江北全属后周），划江求和。柴荣接受。自显德三年（956）正月至显德五年（958）五月，两年五个月的时间，柴荣三次亲征，获得江北十四州，六十县，二十二万户人。南唐每年上贡银十万两，绢十万匹，后周给南唐三十万斛食盐。

柴荣三次南征，留守都城东京的都是他最信赖的枢密使王朴。显德六年（959）三月王朴突然去世，柴荣极为悲痛。四月柴荣开始其北征。事前命韩通打通了沧州到瀛州的水道。为免路途劳顿，全军乘船进发。

夏四月辛卯，车驾次沧州。……是日，帝率诸军北征。

壬辰，至乾宁军，伪宁州刺史王洪以城降。丁酉，驾御龙舟，率舟师顺流而北，首尾数十里。辛丑，至益津关。（案通鉴：契丹守将终廷晖以城降。）自此以西，水路渐隘，舟师难进，乃舍舟登陆。壬寅，宿于野次。时帝先期而至，大军未集，随驾之士不及一旅，赖今上率材官骑士以卫乘舆。癸卯，今上先至瓦桥关，伪守将姚内斌以城降。甲辰，郑州刺史刘楚信以州来降。五月乙巳朔，帝驻跸于瓦桥关。……瀛州刺史高彦晖以本城归顺。关南平，凡得州三，县十七，户一万八千三百六十。是役也，王师数万，不亡一矢，边界城邑皆望风而下。丙午，帝与诸将议攻幽州，诸将皆以为未可，帝不听。是夜，帝不豫，乃止。（《旧五代史》卷119《世宗本纪六》）

周世宗既定三关，遇疾而退，至澶渊迟留不行，虽宰辅近臣问疾者皆莫得见，中外汹惧。时张永德为澶州节度使，永德尚周太祖之女，以亲故，独得至卧内，于是群臣因永德言曰："天下未定，根本空虚，四方诸侯惟幸京师之有变。今澶、汴相去甚迩，不速归以安人情，顾惮旦夕之劳而迟回于此，如有不可讳，奈宗庙何。"永德然之，乘间为世宗言如群臣旨，世宗问："谁使汝为此言?"永德对以君臣之意皆愿为此，世宗熟视久之，叹曰："吾固知汝必为人所教，独不喻吾意哉。然观汝之穷薄，恶足当此。"即日趣驾归京师。……癸巳，帝崩于万岁殿，圣寿三十九。（同上，注引《旧五代史考异》）

由上可观，北征三州"不亡一矢"，如探囊取物。被迫病归时，柴荣殊难割舍。

欲统一中国，攻伐顺序自然至关重要且微妙之极，要精心谋划。弈小数也，却是模拟战事。博弈中同样三步棋的顺序先后关乎胜负。王朴的"平边策"之要旨是先易后难。后蜀四州中的秦、成、阶三州不战而降，显见柴荣是选择了易攻对象。接着打南唐。当时的七国（十国中的三国已灭）中，南唐实力最强。柴荣三次亲征且苦战即其证明。但是这是必行的路径。因为即使只拿下南唐江北的十四州、二十二万户人，也为继续征伐赢得了资源和人力。且南唐近而后蜀远。故可称"容易"。若继续走容易的路径，应该是攻南唐之江南，既而攻蜀，拿下七国后，再面对契丹。而拿下江北十四州之后，柴荣的第一智囊王朴突然去世，柴荣却即刻北征。不知若王朴在世，柴荣还会北征否。北征兵不血刃即收取三州，竟比南征更易。但是新旧《五代史》都未记载和猜测柴荣北征的最终目的：是收复燕云十六州，还是要灭掉契丹的大辽国。哪个目标都要比进攻南唐艰难。笔者以为，柴荣的雄图中至少包括了收复燕云十六州，而当下与契丹交战要比日后容易很多。因此他搁置了两个软柿子：锦绣江南和宿敌北汉，直奔契丹。不亡一矢收复三州，古今罕见。也因为那本是汉地，守将亦为汉人。也可能事先就暗通款曲，此前后蜀投降的三州很可能也是这样。不然真是轻易得难以置信。但是瓦桥关降后第二天，"帝与诸将议攻幽州，诸将皆以为未可"。这太不可思议了，难道大军舟车鞍马大费周章，就是为了这区区三个州，何况至此未损一兵一卒。一定是拿下三关后得到了更多信息，出现了新的情况。可能性存于两边：己方有了软肋，最大的可能是柴荣身体已经不适；另一面则是契丹大兵来临。再解析柴荣雄心之成算。笔者以为，若意在收复燕云十六州，则胜算较大。在拿取三州后，契丹王述律谓其国人曰："此本汉地，今以还汉，又何惜耶。"（《新五代史》

卷73《四夷附录第二》）。若意在消灭契丹大辽国，则胜算较小或得不偿失。因为这时契丹即使不在全盛期，存亡之际必也是鱼死网破。即使柴荣大胜，过后如何统治契丹之地，岂不重蹈当年耶律德光在中原水土不服之覆辙。如果陷进契丹泥潭，柴荣的统一大梦将泡汤。

柴荣因身体原因终止北征，引出了一个并不小的、凸显其用兵特征的问题：为什么一定要御驾亲征。五代五十多年的征战历史中，就御驾亲征而言，无出其右。第二位当属后唐庄宗李存勖。存勖也好战成癖，但称帝后与后梁的几次大战，都被属下劝阻放弃亲征。后唐是靠着郭崇韬运筹帷幄，李嗣源摧城拔寨，灭了后梁。与后唐情形相反，柴荣几次大战，不亲征真的不行。登基伊始与北汉之战，柴荣不上阵将完败。第二次南征初不顺，重臣李谷回答柴荣：陛下亲征可胜。是柴荣麾下没有良将吗？不是，只一个赵匡胤即可证明。柴荣的士兵是精选的，能力赫然高于对手。故问题的关键是，将士用命与柴荣到场直接关联。后唐李氏靠义儿军解决这个问题，柴荣没有为之用命的将士，只好靠御驾亲征。但那是双刃剑。后人对柴荣短暂辉煌的战绩不吝赞誉，掩盖了其投入性命之豪赌的风险。谁也不能永远是幸运儿。柴荣成功的基础是将士精选与经济开源。其未竟的大梦，收复燕云十六州（赵匡胤也没有完成，甚至无此大梦）与统一南面七国，其实还有很长的路要走。我们无法判断，如其不死，个人英雄主义能在图谋霸业上推动他走多远。

六、赏钱

敝人是历史研究的素人。素人读史有专业人士没有的新鲜感。这感觉宝贵，因为带有个性。个人的感觉后面是各自不同的性格和知识结构。故笔者必须忠于感觉的提醒，将这几条史料及思考呈现给大家。若是笔者读到打了胜仗赏赐将士，会视为当然。获得了利益，出力者多半能分一杯羹，不然日后谁还出力。但出征前就要发钱，且在五代史中一再看到，就值得思考了。我们将之一一呈现，且略作注释和解析。

> 宰臣豆卢革率百官上表，以魏博军变，请出内府金帛优给将士。……皇后出宫中妆奁、银盆各二，并皇子满哥三人，谓宰臣曰："外人谓内府金宝无数，向者诸侯贡献旋供赐与，今宫中有者，妆奁、婴孺而已，可鬻之给军。"革等惶恐而退。……帝东出关，从驾兵二万五千，及复至汜水，已失万余骑。帝过罂子谷，道路险狭，每遇卫士执兵仗者，皆善言抚之曰："适报魏王继岌又进纳西川金银五十万，到京当尽给尔等。"军士对曰："陛下赐与大晚，人亦不感圣恩。"帝流涕而已。（《旧五代史》卷34《唐庄宗本纪八》）

后唐庄宗李存勖打下江山后，吃喝玩乐，耗尽资源。将士的待遇肯定是很可怜的。皇后又与太监勾结杀了功勋大臣郭崇韬，激起哗变。出兵镇反前，因国库没钱，宰相无奈才提出皇室及后宫掏钱赏赐将士，皇后吝啬到极点。庄宗在途中一再给兵士空头支票，兵士胆敢怼回，说明积怨之深。

> 义诚又累奏请行，帝召侍卫都将以下宣曰："……今据府库，悉以颁赐，卿等勉之。"乃出银绢钱厚赐于诸军。是时方事山陵，复有此赐，府藏为之一空，军士犹负赏物扬言于路曰："到凤翔更请一分。"其骄诞无畏如是。辛酉，

幸左藏库，视给将士金帛。（《旧五代史》卷 45《唐闵帝本纪》）

康义诚是投机的小人，他请行抗敌是想逃离沉船。笔者着意呈现的是，李从厚明白，动兵就要动钱给兵士。兵士也真的毫不客气。这互动说明此系当时惯例。

> 十七日，（李从珂）率居民家财以赏军士。是日，帝整众而东。（《旧五代史》卷 46《唐末帝本纪上》）

后唐李从珂被李从厚逼反，这对冤家都明白，出兵时的第一件事是"赏军士"。"率居民家财"，自己要率先掏钱，"居民"又是何人呢？是薛居正语焉不详，还是笔者理解力不逮，还请方家赐教。

> 高祖建义于太原，欲行颁赉于军士，以公帑不足，议率井邑，助成其事。后闻而谏曰："自晋高祖建义，及国家兴运，虽出于天意，亦土地人民福力同致耳，未能惠其众而欲夺其财，非新天子恤隐之理也。今后宫所积，宜悉以散之，设使不厚，人无怨言。"高祖改容曰："敬闻命矣"。遂停敛贷之议。后倾内府以助之，中外闻者，无不感悦。（《旧五代史》卷 140《李皇后传》）

刘知远起兵之时的第一件事与李从珂如出一辙，是颁赏军士。其夫人反对其"议率井邑"，说出至理，与上述刘皇后天壤之别，令刘知远及全体闻者折服感悦。

> 再荣以李崧、和凝携家在彼，令军士数百人环迫崧、凝，以求赏给，崧、凝各出家财与之。再荣欲害崧以利其财，前磁州刺史李谷谓再荣曰："公与诸将为契丹所掳，凌

辱万端，旦夕忧死。今日众力逐出蕃戎，镇民死者不下三
千人，岂独公等之功。才得生路，便拟杀一宰相，他日到
阙，傥有所问，何以为辞？"再荣默然。再荣又欲括率在城
居民家财，以给军士，李谷又譬解之，乃止。（《旧五代史》
卷160《白再荣传》）

白再荣是坏人，连契丹王耶律德光都看得清楚，杀得利索。其
敛财之心不在话下。但此刻他谋财是要赏给军士。这也凸显用
兵过程中的赏赐是军头不敢延迟之要务。

以上记载多是大战前赏钱。史书只记载大战，非大战出兵
的情形难得被记载。故我们无从确知一般战事的情形。笔者高
度怀疑帝王平时亏欠军饷，起兵时至少须补发军饷。

七、兵制的演化

上述种种均为特定兵制下的产物，而五代是中国古代兵制
演化中的一环。认识五代兵事可以帮助理解古代兵制的演化。
另一方面，离开了对古代兵制演化的认识，我们很难理解五代
诸种现象的内在逻辑。

雷海宗先生是最早讨论兵制的现代学者，其论述简明而精
当。笔者摘录其思想：

西周者与其他民族的封建时代没有大的差别，那时一
定是所有的贵族（士）男子都当兵，一般平民不当兵。

春秋时代虽已有平民当兵，但兵的主体仍是士族。所
以春秋时代的军队仍可说是贵族阶级的军队。……为传统
封建贵族的侠义精神所支配。男子都以当兵为职务，为荣

誉，为乐趣。不能当兵是莫大的羞耻。……军心的旺盛是无问题的。一般地说，当时的人毫无畏死的心理。……战争由贵族包办，多少具有一些游戏的性质。我们看《左传》中每次战争都有各种繁文缛节，杀戮并不甚多，战争并不以杀伤为事，也不以灭国为目的，只求维持国际势力的均衡。

战国时代……各国似乎都行军国主义，……国家设法鼓励每个男子去当兵。……战争的目的在乎攻灭对方，所以各国都极力奖励战杀，对俘虏甚至降卒往往大批地坑杀，以便早日达到消灭对方势力的地步。

秦代当初要将军队限于秦人，但事实上不免有很大的困难。内战虽已停止，边患并未消灭。戍边所发的都是社会所认为下流的人。……这是后代只有流民当兵，兵匪不分，军民相互仇视的变态局面的滥觞。同时良家子弟渐渐不愿当兵恐怕也是秦代不得不发流民的一个原因。……古代健全活泼的社会就被断送。

（秦末）各地起事的人虽都打着六国的旗号，……（但）军队都是个人的军队。军队的品格、纪律、战斗力等等都靠主帅一人。

汉初在理论上虽仍行征兵制，实际所行的已是募兵制。……汉代称这种制度为"更赋"（注：一月一更，是为卒更也。笔者后面评述府兵制时会进一步说到"更"），其中"更"的成分恐怕很少，"赋"的成分却极重要。（雷海宗，1935）

秦代建立了庞大的帝国，就有了戍边的问题。因其国运短暂，尚未体会其难处，摸索出路径。

> 汉初戍边的人以一年为期。……对边情方才熟悉，就又调回，新来的兵仍是生手……胡人游牧为生，往来不定，乘虚入寇，边兵防不胜防。……晁错见到这种种困难，于是想出了屯田的方法，专用囚犯与奴婢，不足用时再以厚利高爵招致良民。这些边兵兼营农业。（同上）

隋唐同样面临秦汉的戍边问题，并将汉代的屯田制发展成农兵合一的府兵制。方法是对农民编户，每户成丁算作二人，五户为一保，每保成丁十人，轮番服兵役，每番去两人，如果距离在五百里内一个月一轮转。每个成丁一年两次共两个月服兵役，加上路途共耗时四个月，其他时间在家务农。服役时衣食、轻武器自备。汉初的所谓"更赋"之"更"在唐代的府兵制中落实，即农民更替服役。如此国家节省了军队的开支。但是府兵制受到两大因素的冲击。其一是安史之乱。当时中央急需的大量兵源，不是府兵制所能满足。其二府兵制的基础是均田，随着田地日益集中，府兵制难以为继，被募兵制取代。以后虽然平定了安史之乱，各藩镇向朝廷称臣，但军政财权都落入藩镇中，中央的财政仅靠盐铁。即唐代的兵制演化是三段式：府兵制，募兵制，藩镇割据。后者当然也是募兵，但已经不是政府军，带有私人亲兵的性质。

宋代一方面沿袭募兵制，兵士都是终生职业军人，兵农合一的历史一去不复返。另一方面，吸取五代屡屡军变的教训，军队由朝廷养起来，军权牢牢地归属中央。宋太祖赵匡胤明言："可以利百代者，唯养兵也。方凶年饥岁，有叛民而无叛兵。"（转引自王曾瑜，2011，263）自此宋朝贯彻养兵的政策。但养兵负担之重，是赵匡胤始料不及。士兵成为职业军人，就彻底离开了农工商等一切营生，衣粮、武器装备、马匹由朝廷供给，养家、养老都靠军饷。故宋代军队非作战的换防，每有随军老小。有军籍而武艺太差、不能参战的兵士，军粮少给一些，故有"半分"的规矩。老龄或残疾者，军队也要养着，列为待遇较低的"剩员"。（王云裳，2013，234）曾任三司使的蔡襄说，"禁军月七十万，厢军约五十万，积兵之多，仰天子衣食，五代而上，上至秦汉无有也，祖宗以来无有也。"（《蔡重襄公集》，转引自王曾瑜，2011，446）如此朝廷必然支付不足。结果是军头拿着军饷去借贷、做生意，朝廷睁一只眼闭一只眼，乃至宋代军队的经营冠绝历代。这更直接导致了对士兵军饷的克扣。

宋代募兵还有个非常吊诡、费解的现象。一方面是它的养兵政策，从流民、灾民中招兵。另一方面招募后又要黥面。"招刺"、"刺配"、"刺涅"、"刺为民"的字眼不绝于宋代史册。中国历史上，宋代在若干层面上堪称文明程度较高的朝代，包括礼待士大夫阶层。而宋代竟然将乱世五代开启的士兵黥面普及到军中，这暴露了宋代统治的另一层面。黥面居然是似乎落后的元代统治者禁绝的。宋代在一定程度上是汉族的缩影：文明与野蛮集于一身，

以上我们以最粗的线条勾勒出中国兵制的演化。五代治军的特征是演化中的兵制的产物。要点如下。

其一，封建制的终结发生了兵源成分的剧变。春秋时代之前，"兵的主体是士族，所有的贵族男子都当兵，一般平民不当兵"。是战国时代的军国主义开启了人人都当兵的历史。战国与秦代终结了封建时代。秦与封建的差异，当然在于分封与集权的政治制度，但帝国的规模也大大地不同于此前的封建诸国。因为有了帝国，才有了诸多封建小国没有的远方边陲的防务，导致"良人不当兵"，遂使罪犯、流民等下等人成为戍边主要成

分。作为士兵，贵族与平民的心态天壤之别。贵族的从军是自愿的，他们参战不退缩，因为他们是这领地的主人，保卫自己领地的斗志是不需要动员的。平民的从军是被迫的，他们是在为别人打仗，其中本无自己的目的与利益。很多时候平民士兵的自身利益不在参战，而在逃生。这就是黥面从犯人走入士兵的原因。没有了原生的归属感和斗志，就必须打造，因为它在战时是至关重要的。打造的手段很多，诸如忠君、爱国。五代义儿军的产生即应对于此。封建邦国中是不缺乏归属感的，特别是其贵族们。集权的帝国导致归属感的缺乏。如果帝国中乡土依旧自治，社会中仍有江湖团伙，则那里尚存归属感。离开乡土被招募到帝国军队中的贫贱之徒，则是最无归属感的人。要求他们去为了茫然的目标流血拼命，是难乎其难的事情。故有黥面、义儿军这样的荒诞、异类事情的发生。

其二，唐宋之际兵农合一的府兵制被募兵制取代。从此大规模的职业士兵产生了，他们不再从事生产。军饷由主子开出，这军饷要养活士兵全家。看到宋朝军队的状况，比照前面"赏钱"一节的内容，可信五代正处在向募兵制、职业雇佣军转变的时期。军饷由主子开，开不出或克扣势必成为常常发生的事情。士兵是没有话语权的。他们唯一能做的就是消极作战，能发声的稀少时刻是临战之际。所以士兵才敢对帝王说："陛下赐与大晚，人亦不感圣恩"，"到凤翔更请一分"。离开了这样的背景，卑贱士兵的如此狂言是无法想象的。主子当然知道士兵所想。起兵时每每赏钱，说明了非战争期间是对不起士兵的。这赏钱在很大程度上是还债，不然这仗是没人肯出力的。唐代中晚期有"债帅"一词。募兵制时代，对士兵而言，从皇帝到军头常常都是他们的债帅。

八、斩首

新旧《五代史》讲述军战时，频繁出现"斩首"一词。被斩首者动辄成千上万，最多的是自朱温投靠唐朝至后梁灭亡时期。以下是《旧五代史》记载的这期间的全部"斩首"。

唐僖宗中和三年（883）十二月，帝领兵于鹿邑，与巢众相遇，纵兵击之，斩首二千余级，乃引兵入亳州，因是兼有谯郡之地。（《旧五代史》卷1《梁太祖本纪一》）

光启二年（886）十二月，宗权既得郑，益骄，帝遣裨将逻于金隄驿，与贼相遇，因击之，贼众大败，追至武阳桥，斩首千余级。（同上）

光启三年（887）四月辛亥，帝亲引兵攻秦贤（注：秦宗权部将）寨，将士踊跃争先，贼果不备，连拔四寨，斩首万余级，时贼众以为神助。（同上）

光启三年五月……齐攻贼寨，自寅至申，斩首二万余级。（同上；参阅《新五代史》卷1）

（889年之前）（赵）昶（注：朱温之将，与黄巢军战）擒贼将数人，斩首千余级。（《旧五代史》卷14《赵犨传》）

龙纪元年（889）正月，庞师古攻下宿迁县，进军于吕梁。时溥领军二万，晨压师古之军而阵，师古促战，败之，斩首二千余级。（《旧五代史》卷1《梁太祖本纪一》；参阅《新五代史·梁臣传第九》）

大顺二年（891）春正月，魏军屯于内黄。丙辰，帝与之接战，自内黄至永定桥，魏军五败，斩首万余级。（同上）

（王）师范遣其弟将兵围齐州。友宁引兵救之，青寇大

败，夺马四千蹄，斩首数千级。(《旧五代史》卷12《安王友宁传》；参阅《新五代史·朱友宁传》)

光化元年(898)四月，(葛从周)率师经略山东，时并帅以大军屯邢、洺，从周至钜鹿，与并军遇，大破之，并帅遁走。我军追袭至青山口，数日之内，邢、洺、磁三州连下，斩首二万级，获将吏一百五十人，即以从周兼领邢州留后。(《旧五代史》卷16《葛从周传》)

绍威嗣世之明年(899)正月……燕将刘守文、单可及与王师战于内黄，大败之，乘胜追蹑。会从周亦出军掩击，又败燕军，斩首三万余级。(《旧五代史》卷14《罗绍威传》；参阅《新五代史·梁臣传第九》)

光化三年(900)四月，(葛)从周逆战于乾宁军老鸦堤，大破燕军，斩首三万，获将佐马慎交已下百余人，夺马三千四。八月，并人攻邢、洺，从太祖破之。从周追袭至青山口，斩首五千级，获其将王郐郎、杨师悦等，得马千匹。(《旧五代史》卷16《葛从周传》；参阅《新五代史·葛从周传》)

光化三年(900)……大举，(张存敬)与葛从周连统诸军攻浮阳，树数十栅，围刘守文累月。时幽州刘仁恭举兵来援，存敬潜军击之于乾宁军南老鸦堤。是日，燕人大败，斩首五万级，生擒马慎交已下一百余人，获马万余蹄。(《旧五代史》卷20《张存敬传》。笔者疑与上条是同一次斩首，但二者数字有出入)

及庶人友珪篡位(913)……镇人、晋人侵魏之北鄙(注：叛朱友珪)，师厚率军至唐店，破之，斩首五千级，擒其都将三十余人。(《旧五代史》卷22《杨师厚传》)

唐僖宗中和三年（883）至朱友珪篡位（913），30 年中《旧五代史·梁书》记载斩首 12 次。书中"数千"笔者作 3 千计。光化三年的一次战事在两个列传中说及，一次记 3 万，一次记 5 万，笔者以 4 万计。如此，共计斩首 144000 人。以上（晋书）斩首的年代与以下（唐书）斩首的年代有交叉。因梁书中的杀人者多为朱梁军，唐书中的杀人者多为李唐军。故不按照年代前后混排。

　　光启元年（885）三月，幽州李可举、镇州王景崇连兵寇定州，节度使王处存求援于武皇（李克用）；武皇遣大将康君立、安老、薛可、郭啜率兵赴之。五月，镇人攻无极，武皇亲领兵救之。镇人退保新城，武皇攻之，斩首万余级，获马千匹。王处存亦败燕军于易州。（《旧五代史》卷 25《唐武皇本纪上》）

　　光启二年（886）九月，武皇遣昭义节度使李克修讨孟方立于邢州，大败方立之众于焦岗，斩首数千级。（同上）

　　文德元年（888）十月，邢州孟方立遣大将奚忠信将兵三万寇辽州，武皇大破之，斩首万级，生擒奚忠信。（同上）

　　大顺元年（890）六月，天子削夺武皇官爵，以张濬为招讨使，以京兆尹孙揆为副，华州韩建为行营都虞候，以汴帅为河东南面招讨使，幽州李匡威为河东北面招讨使，云州赫连铎为副。汴将朱友裕将兵屯晋、绛，时汴军已据潞州，又遣大将李谠等率军数万，急攻泽州，武皇遣李存孝自潞州将三千骑以援之。汴将邓季筠以一军犯阵，存孝追击，擒其都将十数人，获马千余匹。是夜，李谠收军而退，大军掩击至马牢关，斩首万余级。（同上）

　　景福元年（892）正月，镇州王镕恃燕人之援，率兵十余万攻邢州之尧山。武皇遣李存信将兵应援，李存孝素与存信不协，递相猜贰，留兵不进。武皇又遣李嗣勋、李存审将兵援之，大破燕、赵之众，斩首三万，收其军实。（《旧五代史》卷26《唐武皇本纪下》）

景福二年（893）春，大举以伐王镕，以其通好于李存孝也。二月，攻天长镇，旬日不下。王镕出师三万来援，武皇逆战于叱日岭下，镇人败，斩首万余级。（同上）

乾宁元年（894）十二月，李匡俦命大将率步骑六万救新州；武皇选精甲逆战，燕军大败，斩首万余级，生获将领百余人。（同上）

乾宁二年（895）十月丙戌，李存贞于梨园寨北遇贼军，斩首千余级。（同上）

天复元年（901）五月，汴军皆退。氏叔琮军出石会，周德威、李嗣昭以精骑五千蹑之，杀戮万计。（同上）

天复元年十一月，武皇遣李嗣昭率兵三千自沁州趋平阳，遇汴军于晋州北，斩首五百级。（同上）

天复二年（902）三月丁卯，朱友宁烧营而遁，周德威追至白壁关，俘斩万计，因收复慈、隰、汾等三州。（同上；参阅《新五代史·唐家人传第一：斩首数千级》）

天祐四年（907）五月……（李）思安引军将营于潞城，周德威以五千骑搏之，梁军大败，斩首千余级。（同上）

天祐六年（909）八月……《通鉴》引《庄宗实录》云：汴军至蒙坑，周德威逆战，败之，斩首三百级。（《旧五代史》卷27《唐庄宗本纪一》）

天祐八年（911）正月丁亥，周德威、史建瑭帅三千骑致师于柏乡，设伏于村坞间，遣三百骑直压其营。梁将怒，悉其军结阵而来，德威与之转战至高邑南，梁军列阵，横亘六七里。时帝军未成列，李存璋引诸军阵于野河之上，梁以五百人争桥，镇、定之师与血战，梁军败而复整者数四。帝与张承业登高观望，梁人戈矛如束，申令之后，嚣声若雷，王师进退有序，步骑严整，寂然无声。帝临阵誓众，人百其勇，短兵既接，无不奋力。梁有龙骧、神威、拱宸等军，皆武勇之士也，每一人铠仗，费数十万，装以组绣，饰以金银，人望而畏之。自巳及午，骑军接战，至晡，梁军欲抽退，尘埃涨天，德威周麾而呼曰："汴人走矣。"帝军齐噪以进，魏人收军渐退。李嗣源率亲军与史建瑭、安金全兼北部吐浑诸军冲阵夹攻，梁军大败，弃铠投仗之声，震动天地，龙骧、神威、神捷诸军，杀戮殆尽。自阵至柏乡数十里，僵尸枕籍，败旗折戟，所在蔽地。夜漏一鼓，帝军入柏乡，梁军辎重、帐幄、资财、奴仆，皆为帝军所有。梁将王景仁、韩勍、李思安等以数十骑夜遁。是役也，斩首二万级，获马三千匹，铠甲兵仗七万，辎车锅幕不可胜计。擒梁将陈思权以下二百八十五人。（同上；参阅《新五代史》卷5《唐本纪第五》）

天祐九年（912）五月乙卯朔，周德威大破燕军于羊头冈，擒大将单廷珪，斩首五千余级。（《旧五代史》卷28《唐庄宗本纪二》）

天祐九年十月癸未，帝自泽州路赴河中，遇梁将康怀英于平阳，破之，斩首千余级，追至白径岭。（同上）

天祐十六年（919）夏四月，梁将贺瑰围德胜南城，百道攻击，复以艨艟扼断津渡。……帝忧形于色，亲从都将王建及进曰："臣请效命。"乃以巨索连舟十艘，选效节勇士三百人，持斧被铠，鼓枻而进，至中流。梁楼船三层，蒙以牛革，悬板为楯。建及率持斧者入艨艟间，斩其竹笮，破其悬楯；又于上流取甖数百，用竹笮维之，积薪于上，灌以脂膏，火发亘空；又以巨舰载甲士，令乘烟鼓噪。梁之楼船断绁而下，沉溺者殆半。军既得渡，梁军乃退。命骑军追袭至濮阳，俘斩千计。（《旧五代史》卷29《唐庄宗本纪三》）

天祐十七年九月……进军距梁垒；梁人悉众以出，蒲人在南，王师在北。骑军既接，蒲人小却，李嗣昭以轻骑抗之，梁军奔溃，追斩二千余级。（同上）

天祐十八年（921）冬十月己未……梁军大至，帝御中军以御之。时李从珂伪为梁帜，奔入梁垒，斧其眺楼，持级而还。梁军愈恐，步兵渐至，李嗣源以铁骑三千乘之，梁军大败，俘斩二万计。（同上）

天祐十九年（922）春正月……帝至定州，王都迎谒。是夜，宿于开元寺。翌日，引军至望都，契丹逆战。帝身先士伍，驰击数四，敌退而结阵，帝之徒兵亦阵于水次。李嗣昭跃马奋击，敌众大溃，俘斩数千。（同上）

同光元年（923）冬十月……王彦章守中都。甲戌，帝攻之，中都素无城守，师既云合，梁众自溃。是日，擒梁将王彦章及都监张汉杰、赵廷隐、刘嗣彬、李知节、康文通、王山兴等将吏二百余人，斩馘二万，夺马千匹。（《旧五代史》卷30《庄宗本纪四》）

光启元年（885）至同光元年（923），38年中《旧五代史·唐书》卷1—6记载斩首22次，共计斩首178000人。

《旧五代史·梁书》与《旧五代史·唐书》的记载相加，唐

— 91 —

僖宗中和三年（883）至同光元年（923），40 年中斩首 34 次，共计斩首 322000 人。

如此规模的斩首引发笔者两个思考。其一，为什么要斩首。古今中外的战争中都少不了杀戮，但为什么五代时期基本上采用的方式都是斩首。其二，这数字的真实性如何。

雷海宗先生说：封建时代的战争中杀戮并不甚多。战国以后的战争中杀戮激增。斩首的历史一定极为古老。但大规模的斩首，刚好与大规模的杀戮同时发生，而斩首不是杀戮的便捷方式。为什么二者同步发生，这是战国时期产生的军功爵制所使然。封建制的渐渐瓦解与各国间的频繁军战，导致各国普遍实行军功爵制。"魏国实行军功爵制最早，所以战国初年魏以武力强大称雄一时，楚国吴起实行军功爵制以后数年之间……国力大涨。"（陈恩林，1989，363、367）而军功爵制被设计得最完善、实施得最彻底的是秦国的商鞅。秦国的军力也赖此雄视诸国。什么是军功爵制？就是以军功获取爵位、官职、田宅、食邑。以下是《商君书·境内》中摘录的五个段落：

> 爵自一级已下至小夫，命曰校、徒、操、出（注："出"字有的版本作"士"字。此四种角色及小夫，皆低级军士）；公爵自二级已上至不更，命曰卒（注：卒是高于校、徒、操的军职）。其战也，五人来薄为伍，一人羽而轻其四人，能人得一首则复。

这篇讲述军功爵的文字，开篇未几就谈到低级军士，足以说明军功爵之路容纳平民。但商鞅是博弈高手，在他的规则下求晋升，投机是行不通的。上文中第二句话颇有争议。当代多数学者认为"一人羽"是一人逃跑的意思。清代经学大师孙诒让则说"薄当为古簿字。羽当为死,轻就是刭。言同伍之中,一人死事,四人不能救,则受刑也"。最后一句则是唯一的将功赎罪的手段:斩获敌方首级一颗,可以抵消己方一人阵亡。(陈恩林,1989,265)即要获军功,五人组的杀敌必须超过自损。

> 能攻城围邑斩首八千已上,则盈论(注:达到了规定数额);野战斩首二千,则盈论;吏自操及校以上大将尽赏。

> 能得爵(有写作"甲"字的。注:即军官)首一者,赏爵一级,益田一顷,益宅九亩,一除庶子一人,乃得人兵官之吏。

> 其攻城围邑也……陷队(注:敢死队)之士,面十八人。陷队之士,知疾斗,不得斩首队五人(译:积极作战,每队斩获地方首级五枚),则陷队之士,人赐爵一级;死,则一人后(译:若战死,其后人继承其爵位)。

第一段落讲一支队伍达标则全部晋升,"自操及校"强调军功晋升包括低级军士。第二段落说,斩获敌方军官首级的个体,晋升一级且获得田亩、奴仆。第三段落讲攻城的敢死队,18人斩获敌方5人首级,则人人晋级。特别注明,若战死,其爵位由烈士后人继承。以上已经阐明凭首级获取爵位的规定。还有更为清晰的表达:

> 以战故,暴首三,乃校,三日,将军以不疑致士大夫劳爵(译:战争结束后,将首级公示三天,检查三天,长官对军功不存疑问后赏赐爵位)。

这段落说明战争结束时,验明首级后方赏赐军功。

这就是商鞅(公元前390—前338)炮制的军功爵制。它极大地提升了秦国的军力，且对周边和其后产生深远的影响。乃至法家的集大成者韩非（公元前280—前233）在《韩非子·定法》中说：

> 商君之法曰："斩一首者爵一级，欲为官者为五十石之官；斩二首者爵二级，欲为官者为百石之官。"官爵之迁与斩首之功相称也。

战国与秦代是中国封建制的终结时代。封建制是两级爵位。天子所颁：公侯伯子男。诸侯所颁：卿、大夫、士。它是血统继承，世代不变。军功爵制是第一个刺破它的新制度。军功制下，一个平民可以晋升到极高的地位。平民晋升的另一阶梯科举制，竟晚于军功爵制八百余年。军功爵制消解了封建等级制；科举制灭绝了封建贵族的复辟之梦。前者是攻坚战，后者是防卫战。一武一文，支撑着帝制。

雷海宗先生说封建时代"军心的旺盛是无问题的"。这很好理解，其军人都是贵族，他们在保卫自己的家园。底层人取代贵族武士后，君主与军头就一定焦虑兵士的斗志问题。商鞅荟萃了当时列国的经验，以其集大成的军功爵制破解了斗志的难题。同时，他开启了一发不止的斩首。斩首在封建时代就存在。一场战争结束后，常常拿敌方的首级祭献于宗庙。首级祭祀是习俗，但首级数量没有追求。商鞅以后的斩首则是拿给王或帝去邀功，因为求战功的人太多，故斩首的数量远超封建时代。

《商君书》与《韩非子》中出现的词汇都是"斩首"。"首级"一词的构造大约取自军功爵制，系"一首一级"之缩写。《词源》给出的最早出处是《三国志·魏书·国渊传》：

> （国渊的）破贼文书，旧以一为十，及渊上首级，如其

实数。太祖（注：即曹操）问其故，渊曰："夫征讨外寇，多其斩获之数者，欲以大武功，且示民听也。河间在封域之内，银等叛逆，虽克捷有功，渊窃耻之。"太祖大悦，迁魏郡太守。

国渊的这段话刚好引领我们讨论第二个话题：斩首数字的真实性。这段史料价值很高。其第一句中首次出现"首级"一词。后一句则告诉我们曹操与国渊对虚报斩首数字的看法。国渊回答曹操："夫征讨外寇，多其斩获之数者，欲以大武功，且示民听也"，表达出他清楚通常都多报，且理解其效用。国渊知道，曹操岂能不知道。曹操"问其故"，说明实报是稀罕的。

接下来说五代斩首数字的真实性。

《资治通鉴》云：光启二年十二月"杨复恭传檄关中，称'得朱玫首者，以静难节度使赏之'。"（卷256《唐纪》）此可说明，以首级晋爵的规矩还在使用。但《通鉴》对此要特别讲述，也令我们疑惑五代时期已经不是严格实施商鞅的"一首一级"，不然为什么要特别"传檄"。笔者以为，斩首奖赏的激励机制一定还在。但很可能有所演变。是不是斩获首级都晋级，在新旧《五代史》中看不到说明。但赏钱应该是一定的。不然杀死敌人就完事了，为什么要斩首呢？拿首级领赏，乃是千年一路传递下来的激励机制。

任何制度，最有效率的时段是其初期。实施中人们不疲倦地寻找漏洞，令其失去初期的效能。有考试就一定会有家教、复读、作弊；有选举就一定会有拉票、贿选、空头支票、表面文章。军功爵制也一定面临博弈，譬如虚报数字和以百姓的头颅冒充。以虚报欺骗低级军头是很难的，因为他们要亲自验收。更多的虚报应该是军头对朝廷，后者不可能去检验千万颗人头。

故史册中的斩首数字几乎一定是掺水的。

我们没有原始史料，宋代关于五代的史册也只有这几部。思考斩首数字所能做的，首先是比较这几部史书。从唐僖宗中和三年（883）至同光元年（923），40 年中《旧五代史》记载斩首 34 次，其中单次斩首的最高数字 50000，最低 300，不像编造。薛居正的措辞有的很实，如"斩首三万"，有的较虚，如"万计"、"千余"。笔者以为，其措辞不一，未必说明他草率，很可能是来自他目睹的原始资料的差异。这个时段中的斩首，《新五代史》记载了 6 次，《资治通鉴》记载了 9 次。《旧五代史》记载的次数与《新五代史》《资治通鉴》相差巨大，但后两者不多几次记载中的数字却大多与前者一致。《资治通鉴》的少数记载中的措辞是"杀获"，而不是"斩首"。欧阳修、司马光都读过《旧五代史》，故这种差异应是三位史家的判断不同所致。欧阳修、司马光认同《旧五代史》中几次斩首两三万的数字。一方面二位没有告诉读者他们判定的标准。另一方面，两三万是很大的数字。这 40 年中，既然有过如此规模的斩首，较小规模的斩首几乎一定数倍于大规模斩首的次数。很可能是，欧阳修、司马光疑惑薛居正叙述的很多次斩首中数字的根据、自己又拿不出有根据的数字，故采取了放弃记载的方式。我们今天所能知道的是，三位存在分歧的史学家都认可了几次两三万人的斩首，尽管不能排除他们三位也受到后梁、后唐军头的欺骗。

第三章
忠岂忘心

一、五代臣僚的生死去从

薛居正与欧阳修在史观上有同有异。对为后梁殉节的王彦章细致刻画、不吝赞词，体现了二人对忠臣的共识。对冯道的评述则可看出二人有同有异：

> 道之履行，郁有古人之风；道之宇量，深得大臣之礼。然而事四朝，相六帝，可得谓忠乎。夫一女二夫，人之不幸，况于再三者哉。所以饰终之典，不得谥为文贞、文忠者，盖谓此也。（《旧五代史》卷126《冯道传》）
>
> 予读冯道《长乐老叙》，见其自述以为荣，其可谓无廉耻者矣，则天下国家可从而知也。（《新五代史》卷54《冯道传》）

共识是忠臣从一。差异在于欧阳加重了道德判定的力度——"无廉耻者"；且由个案走向概观——"则天下国家可从而知也"，即冯道之无廉耻是时代的缩影。

二人写史方式的差异更大于评价人物。这当然也是史观差异所导致。每个史家都有自己的价值观，著述时都有道德判断。但其中有消极和积极之分。薛居正不将道德判断放在首位，他的道德评价散见、偶见于人物记叙中。欧阳修将社会伦理功能放在其著史的第一位，故其道德观统领和贯穿全书。但写史毕竟是叙事，细节的讲述必然在篇幅上大大压过道理的论说。故道德意图难以在每个段落中落实，只能靠全书的篇章结构去构建。薛居正的《旧五代史》相似于《三国志》，五个朝代一个个写：梁书、唐书、晋书……每个朝代，都是先写帝王本纪，后写臣僚列传。薛氏将服侍过两朝以上的臣僚列在其最后服侍的朝代中。比如赵凤服侍过刘守光、后梁和后唐三朝，列在唐臣中；冯道服侍过后唐、后晋、辽国、后汉、后周五朝，列在周臣中。欧阳修的《新五代史》效法《史记》，其最初的名称就是《五代史记》。其次序是：五个朝代十几个帝王的本纪，皇室家人传，臣僚传。其别出心裁，也不同于《史记》的是，根据自己的道德判定，将臣僚分为五档：一朝之臣传，死节传，死事传，一行传，杂传。

先说《一行传》。欧阳修在此传序文中说：

> 吾以谓自古忠臣义士多出于乱世，而怪当时可道者何少也，岂果无其人哉？虽曰干戈兴，学校废，而礼义衰，风俗隳坏，至于如此，然自古天下未尝无人也，吾意必有洁身自负之士，嫉世远去而不可见者。自古材贤有韫于中而不见于外，或穷居陋巷，委身草莽。……吾又以谓必有负材能，修节义，而沉沦于下，泯没而无闻者。求之传记，而乱世崩离，文字残缺，不可复得，然仅得者四五人而已。（《新五代史》卷34《一行传》）

从序言即可看出"一行传"逻辑上不通。他说"忠臣义士"出乱世，恨五代何其少。接着说必有"洁身自负之士"，且从出家人中找到了五位。但忠臣义士与洁身自负之士根本就不是一类人。前者投身现世，或效命君主或心忧天下，后者则远离尘世、独善其身。洁身自负、独善其身者不在欧阳修的"忠臣与贰臣"的两分法中。且洁身自负、独善其身的路径不限于出家，一心教书拒不出仕的人亦在其列。清代吴光耀在其《五代史记纂误续补》中引用十几部史册，指出还有近四十人当入《一行传》（张明华，2007，85）。写史当眼界宽阔，拘泥两分法将自闭视野。欧阳当然可以为洁身自负者立传，但既然立意褒贬"忠臣与贰臣"，就该聚焦出仕者，撇开遁世人，不能自乱阵脚。《一行传》共五人，都不属臣僚。撇开他们，才好讨论分为四个档次的臣僚。

臣僚中的最高档次是《死节传》。欧阳修在该传序文中说：

> "世乱识忠臣。"诚哉。五代之际，不可以为无人，吾得全节之士三人焉，作《死节传》。（《新五代史》卷32《死节传》）

三人为：王彦章、裴约、刘仁赡。欧阳修最为推崇的，堪称五代第一忠臣的是王彦章。据说欧阳为这篇传记，访到王彦章的孙子。但笔者比较新旧《五代史》，感觉《新五代史》增添的内容不多。另有三人：巩廷美、杨温、张宪，虽最终殉节，欧阳修不能排除他们之前有叛君嫌疑，故未入《死节传》。但是有一人欧阳修记述甚详，却也未入《死节传》——后梁宰相敬翔。

> 龙德三年夏，晋取郓州，梁人大恐，宰相敬翔顾事急，

以绳内靴中，入见末帝，泣曰："先帝取天下，不以臣为不肖，所谋无不用。今强敌未灭，陛下弃忽臣言，臣身不用，不如死。"乃引绳将自经。末帝使人止之，问所欲言。翔曰："事急矣，非彦章不可。"末帝乃召彦章为招讨使，以段凝为副。末帝问破敌之期，彦章对曰："三日。"（《新五代史》卷32《王彦章传》）

翔与李振俱为太祖所信任，庄宗入汴，诏赦梁群臣，李振喜谓翔曰："有诏洗涤，将朝新君。"邀翔欲俱入见。翔夜止高头车坊，将旦，左右报曰："崇政李公入朝矣。"翔叹曰："李振谬为丈夫矣。复何面目入梁建国门乎？"乃自经而卒。（《新五代史》卷21《敬翔传》）

敬翔带绳谏言的段子，《旧五代史》没有，欧阳修打捞到并放入《王彦章传》中。敬翔鞠躬尽瘁，自尽殉国。他与王彦章组成后梁的文武双杰。欧阳修如此重视忠臣，却视而不见，颇令笔者不解。或许恰如章学诚所言：欧阳修没有史才。

第二档次是《死事传》。欧阳修在序文中说："其初无卓然之节，而终以死人之事者，得十有五人焉，而战没者不得与也。"（《新五代史》卷33《死节传》）注释又说："不能立传者五人"，附在本纪和他人传记中。因为无法核对这五人，故笔者只分析《死事传》中列入的11人。阅后发现，其中5人侍奉过两朝。欧阳修将"侍奉两朝者"列入《杂传》。如此，死事者其实只有6人。其他5人应入《杂传》。

《一朝之臣传》。欧阳修在序文中说：

其仕不及于二代者，各以其国系之，作梁、唐、晋、汉、周臣传。其余仕非一代，不可以国系之者，作《杂

传》。夫入于杂，诚君子之所羞。而一代之臣，未必皆可贵也，览者详其善恶焉。（《新五代史》卷 21《梁臣传》）

此编名目上共 76 人，但正文中符存审之子符彦卿一字未提，故本编实有 75 人。据笔者查对《新五代史》（没有查对《旧五代史》，二者可能有差异，笔者攻欧阳之盾当用欧阳之矛），这编中有 22 人服侍过两朝或两朝以上。笔者无意对欧阳修苛刻。比如萧希甫，曾做后梁袁象先的掌书记和巡官，因"不乐"就逃到赵王王镕那里任参军，"尤不乐"，就削发为僧。后唐庄宗求天下隐士，做了唐臣。再比如王朴。初为后汉臣，"见将相交恶，知其必乱，乃去"。此与服侍后周有时间差。此二人在笔者统计中不放到 22 个"贰臣"中，因为二人的退出是独立的，与再入之间没有关系。余下 53 个"一臣"，可以分为四类：20 人卒于本朝，23 人在本朝被杀害，9 人死于与敌国交战中。

《杂传》中共 144 人。清朝人赵翼在《廿二史札记》中认为：氏叔琮、李彦威、李振、韦震四人只任梁朝，不该入《杂传》（转引自张明华，2007）。氏、李二人受朱温之命杀害了唐昭宗，过后又被朱温灭口杀掉。笔者以为，那时朱温还是唐臣，其时朱温属下也是唐臣，故他们是贰臣。李振有大功于朱温，但之前"事唐"，其后也想降后唐（前面关于敬翔的引文中提到）。只有韦震卒于后梁，是一臣。即，经笔者核查，《新五代史·杂传》中事两朝以上者 143 人。

《新五代史》有臣僚传 233 篇。根据《新五代史》的记载和欧阳修的标准，笔者对几类臣僚的数字做出修正，统计如下：

	人数(共计 233)	百分比
死节与死事者	10	4.2
侍奉过两朝及以上者	170	73.0
一朝内被外敌杀死者	9	3.9
一朝内被本朝人杀死者	23	9.9
一朝内病死老死者	21	9.0

综上，侍奉一朝且为之殉难者仅占 4.2%。侍奉两朝及以上者占 73.0%。后三类是侍奉一朝之臣，占 22.8%，他们确实没有臣服过两朝，不是所谓贰臣。但务必明白，道德存在的前提是选择的可能。贰臣行为多发生在朝代易主的时段中。焉知"一朝内卒者"，如果活到换代之时，必为死士而非贰臣。"一朝内被外敌杀死者"亦不可以看作换代时的死士。打仗勇敢者颇多，其中不乏日后之贰臣。被本朝人杀害的 23 人中，2 人死于败坏的小人，2 人死于同僚倾轧，9 人死于内乱，10 人死于帝王（或被杀或赐死）。死于帝王者 10 人，占全部"一臣"的近五分之一，比死于外敌（9 人）还要多 1 人。这是君臣话题中颇堪思考的事情。

还要说明，据统计，《新五代史》的臣僚列传比《旧五代史》少 213 人（张明华，2007）。故以上统计只是基于《新五代史》，约为五代时期全部臣僚的半数。欧阳修的删减，当然是因为他以为有些臣僚缺乏入史的价值。故笔者认为，以上统计或许可以透视出五代时期重要臣僚们遭逢换代时的行为选择。可以确定，未进入《新五代史》的 213 名臣僚中基本没有死士，因为欧阳修从自己过筛的史册（包括《旧五代史》）中只找出十余人。即载于五代史的 440 余名臣僚中，改朝换代时为君主殉身者至多十几个，不足 3%。另一方面，笔者猜想，未入五代期间全部臣僚侍奉两朝以上者比例，比《新五代史》中的比例，只高不低。因为若干研究者指出，欧阳修对史料选择性使用。而他可能愿意找到更多的忠臣。全部臣僚的统计，还待有心的研究者去完成。

二、五代帝王的招降纳叛

从以上统计看，五代朝廷中七成以上是侍奉过前朝的臣僚。这是臣僚的选择。但仅仅是他们的选择吗？帝王的态度和作用呢？笔者以为，五代开国帝王们对前朝臣僚的处置，及对重臣的选用，是认识五代帝王对大臣态度的两大标尺。帝王对前朝臣僚的态度影响他们的选择。而重臣更是帝王细心选择的，重臣的身份尤其可以透视出帝王的态度。

《五代会要》（编者王溥是后汉进士、任秘书郎，后周中书侍郎。入宋后根据五代各朝实录，于宋朝建国第二年即 961 年完成此书。早《旧五代史》12 年）记载，后梁朱温有宰相 8 人：韩建、张文蔚、杨涉、薛贻矩、于兢、张策、赵光逢、杜晓。除于兢（新旧《五代史》均无其传记，他在唐哀帝逊位朱温称帝这年出仕）外，6 人是地道的唐朝旧臣。韩建履历复杂，曾投奔黄巢部下秦宗权，叛秦归唐后任金吾将军。即有传记者中 7 人是贰臣。905 年朱温在滑州白马驿杀了 30 余唐臣。那是因为他们不能接受他称帝代唐，他绝无贰臣不用的心理障碍。相反他愿意招纳更多前朝重臣为他撑门面。这些宰相在其治下的作用很可能不及李振、敬翔（二人均做过崇政使，其权重甚至大于宰相），这也说明朝廷有里子面子两桩事情，前唐旧臣更适合打理面子的事情。

《五代会要》载，后唐庄宗曾有宰相5人：豆卢革、韦说、卢程、郭崇韬、赵光胤。卢是唐朝旧臣，豆曾服侍王处直。韦说出身不确。后梁臣僚在后唐继续为官的有：李琪、孔循、刘岳、朱友谦、赵在礼、景延广、龙敏等。刘守光的臣僚在后唐继续为官的有：冯道，元行钦，李岩，赵凤，赵德钧。名气小的当数倍于此。《旧五代史》描绘了庄宗李存勖攻破后梁都城后的情形：

> 己卯迟明，前军至汴城，嗣源令左右捉生攻封丘门，梁开封尹王瓒请以城降。俄而帝与大军继至，王瓒迎帝自大梁门入。梁朝文武官属于马前谒见，陈叙世代唐臣，陷在伪廷，今日再睹中兴，虽死无恨。帝谕之曰："朕二十年血战，盖为卿等家门无足忧矣，各复乃位。"……庚辰，帝御玄德殿，梁百官于朝堂待罪，诏释之。……己亥，宴勋臣于崇元殿，梁室故将咸预焉。帝酒酣，谓李嗣源曰："今日宴客，皆吾前日之劲敌，一旦同会，皆卿前锋之力也。"梁将霍彦威、戴思远等皆伏陛叩头，帝因赐御衣、酒器，尽欢而罢。（《旧五代史》卷30《唐庄宗纪第四》）

"梁朝文武官属……陈叙世代唐臣，陷在伪廷"，可以读出两层意味。其一，后梁朝廷中唐臣之多。其二，后唐声称继承唐朝衣钵，遂使后唐梁僚冒充唐臣者颇多。其实李存勖对属于哪个前朝，是唐抑或后梁，都不在乎。降臣未必不忠。曾为梁臣的元行钦甘为存勖殉身即为明证。孔循为庄宗搜刮税赋也是忠心耿耿，当然他也是忠臣可能是坏官的典型例证。

李嗣源称帝相当于一次"准改朝"。他先后有10个宰相。10人都曾是庄宗的臣僚，而事庄宗之前，郑珏、李愚、崔协曾为唐臣，刘昫曾事王处直，冯道曾事刘守光，赵凤曾事刘守光和后梁，豆卢革曾事王处直与后梁，韦说不确，只有两人自后唐开始其仕途。

《五代会要》载，后晋石敬瑭有过 5 位宰相。其中仕途自后晋开始的只桑维翰一人，李崧、赵莹曾事后唐，和凝曾事后梁、后唐，冯道曾事燕、后唐。石敬瑭入后唐都城后：

> 至晚，车驾入洛。唐兵解甲待罪，皆慰而舍之。帝止潜龙旧第，百官稍稍见焉。诏御史府促朝官入见，诏文武两班臣僚应事伪廷者并释罪。是日，百辟谢恩于宫门之外。甲申，车驾入内，御文明殿受朝贺，用唐礼乐。制："大赦天下，应中外诸色职掌官吏内曾有受伪命者，一切不问。伪庭贼臣张延朗、刘延皓、刘延朗等，并奸邪害物，贪猥弄权，罪既满盈，理难容贷。除此三人已行敕命指挥外，其有宰臣马裔孙、枢密使房皓、宣徽使李专美、河府节度使韩昭胤等四人，并令释放。……"（《旧五代史》卷76《晋高祖本纪二》）

全部后唐臣僚就是杀了 3 位，免职 4 位。以后又觉得对这 4 人处罚过重，又任命官职而后致仕，让他们有俸禄。后唐的其他臣僚均给官职。

《五代会要》载，后汉刘知远有过 4 位宰相。苏逢吉、苏禹珪的仕途自本朝始，宝贞固曾事后晋，李涛曾事后梁、后唐、后晋。刘知远临终前托付四位顾命大臣中的另外两位：史弘肇曾事后梁，郭威和他在刘知远麾下经历了后晋、后唐。以上 6 位重臣中有 3 位仕途非自追随刘知远开始。

《五代会要》载，后周郭威有过 7 位宰相。其中冯道、宝贞固、苏禹珪前面说过，均为贰臣。王峻履历杂乱，从后晋起寄人篱下，大概是从后汉开始为官。王溥后汉为官。范质和李谷都历仕后唐、后汉、后周。即郭威的 6 位宰相统统历仕两朝以上。

综上所述，五代改朝换代之际，新君与旧臣的结合是一拍即合的：新君上位急于招降纳叛，前朝臣僚纷纷弃旧从新。帝王都是实用主义者，他们不会拘泥忠君价值观而拒绝前朝臣僚，其一那会增加反叛，其二他的统治管理也需要旧臣。前朝君主何尝不如此。曹操因此接纳汉臣，司马氏因此接纳魏臣，隋唐君主亦是。多数臣僚当然也是务实的。除了做官他们难有其他饭碗，为何拒绝新君的接纳。中国人在思想方法上重历史案例，初唐名臣魏征是服侍过五位对立君主的臣僚。即便臣僚有道德操守，服侍两朝却没做伤天害理的事情就不会受良心谴责。如若君臣不做如是选择，朝廷如何运转，社会何来安定。故当事者的此种动机，也符合社会宏观上的均衡协调。只是不符合百年后一位宋代史家的价值观。笔者以为，形势比人强，比价值观强。但同时也认为，为君主殉节，从一而终，不是隋唐五代时期臣僚的价值观。兹事体大，笔者愿意梳理和简述"忠"观念的演变历史。对欧阳修史观的批评放在后面的叙述中。

三、孔子与孟子

很多学者考证过"忠"字的起源，笔者没有新得，恕不赘述。

《左传》中"忠"字出现了 70 次，应该是空前的。但远未聚焦在君臣关系上，其重心在与人、与家、与社稷的关系，即人的广义的品德上面。也不赘述。笔者从最大地影响了中国政治文化的孔子开始。

"忠"字在《论语》中出现过 18 次。其中 15 次针对的是人的品格，面向的是一般性人际关系，无涉君臣。如下：

> 曾子曰："吾日三省吾身：为人谋而不忠乎？与朋友交而不信乎？传不习乎？"（《论语·学而》）
>
> 曾子曰："夫子之道，忠恕而已矣。"（《论语·里仁》）
>
> 子曰："十室之邑，必有忠信如丘者焉，不如丘之好学也。"（《论语·公冶长》）
>
> 主忠信。（《论语·子罕》，注："忠信"二字在论语中共出现四次，笔者理解指待人处世的品质，非确定针对谁。）
>
> 季康子问："使民敬、忠以劝，如之何？"子曰："临之以庄则敬，孝慈则忠，举善而教不能则劝。"（《论语·为政》。注：两次出现的"忠"是"尽心"的意思）
>
> 子以四教：文、行、忠、信。（《论语·述而》）
>
> 子贡问友。子曰："忠告而善道之，不可则止，毋自辱焉。"（《论语·颜渊》）
>
> 樊迟问仁。子曰："居处恭，执事敬，与人忠；虽之夷狄，不可弃也。"（《论语·子路》）
>
> 子曰："爱之，能勿劳乎？忠焉，能勿诲乎？"（《论语·宪问》）
>
> 子张问行。子曰："言忠信，行笃敬，虽蛮貊之邦行矣；言不忠信，行不笃敬，虽州里行乎哉？"（《论语·卫灵公》）
>
> 孔子曰："君子有九思：视思明，听思聪，色思温，貌

思恭，言思忠，事思敬，疑思问，忿思难，见得思义。"
（《论语·季氏》）

"忠"字的18次使用中，只有3次说的是君臣关系：

> 子张问政。子曰："居之无倦，行之以忠。"（《论语·颜渊》）

这段话虽然对象是君臣关系，但与前面泛论"忠"与"忠信"无异。

> 子张问曰："令尹子文三仕为令尹，无喜色；三已之，无愠色。旧令尹之政，必以告新令尹。何如?"子曰："忠矣。"曰："仁矣乎?"曰："未知，焉得仁?"（《论语·公冶长》）

这句话特别耐人寻味。其中显然可以看出，孔子将"仁"看得高于"忠"。有些解经家将"仁"解释为"忠恕"，照此，"忠"只是"仁"的一半。何况这是对"仁"的比较简化的解释。针对君臣关系时孔子第三次说到"忠"，是从君臣互动、对等的角度出发的，虽然说的比较含蓄。

> 定公问："君使臣，臣事君，如之何?"孔子对曰："君使臣以礼，臣事君以忠。"（《论语·八佾》）

这观点被孟子继承发扬，以因果关系的方式鲜明地表达：

> 君之视臣如手足，则臣视君如腹心；君之视臣如犬马，则臣视君如国人；君之视臣如土芥，则臣视君如寇雠。（《孟子·离娄下》）

孔子还有另一个间接涉及君臣关系的重要观点——"天下有道则见，无道则隐（《论语·泰伯》）"，被孟子明确无误地指向出仕与否：

> 古之人未尝不欲仕也，又恶不由其道。不由其道而往
> 者，与钻穴隙之类也。（《孟子·滕文公下》）

孟子由此一发不止，将天理、人君、民、社稷，划分得一清
二白：

> 有天爵者，有人爵者。仁义忠信，乐善不倦，此天爵
> 也；公卿大夫，此人爵也。（《孟子·告子上》。注：孟子的
> 意思，忠是天理，非人臣对君主之道。）

> 民为贵，社稷次之，君为轻。（《孟子·尽心下》）

武王伐纣是讨论君臣之道时常令后人闪烁其词的超难案例。"子
谓《韶》：尽美矣，又尽善也。谓《武》：尽美矣，未尽善也。"
（《论语·八佾》）《韶》、《武》是颂扬尧舜和周武王的两个乐
曲。说《韶》尽善尽美，《武》未尽善也，是因为在孔子看来，
武王曾经臣属于纣王，凭武力取而代之不妥。而纣王毕竟是暴
君，故孔子对歌颂武王的乐曲只弱弱地批评"未尽善"。正是对
武王伐纣的评价，显示出在论述君臣关系上，孟子超越了孔子，
尊崇道而非君：

> 齐宣王问曰："汤放桀，武王伐纣，有诸?"孟子对曰：
> "于传有之。"曰："臣弑其君，可乎?"曰："贼仁者谓之
> 贼，贼义者谓之残，残贼之人谓之一夫。闻诛一夫纣矣，
> 未闻弑君也。"（《孟子·梁惠王下》）

我们以上穷尽了《论语》中带"忠"字的语录，其重心无
疑在于泛论个人在处理人际关系中的品德，以"忠"论君臣关
系的很少，且强调了对等的、互动的关系。

孟子是子思（孔子的嫡孙）的学生的学生。孟子直言："乃所愿，则学孔子也。"（《孟子·公孙丑上》）那么孟子为什么要将孔子含蓄的表达发挥到极致，须知在人际关系的实践与论述中分寸都是关键。笔者以为，小半是孟子性格所致，大半是"此一时也彼一时也"的形势使然。孔子（公元前 551—前 479）是春秋时代的人。孟子（公元前 372—前 289）是战国时代的人。说中国封建的历史终结于秦始皇之中央集权是不错的。始皇无疑改变了中国政治制度，但其帝制不是飞来峰。春秋战国时代孕育着巨大革命性。战国七雄每一国度中，封建制都不同程度地被君主专制取代。齐国君主就曾称帝。因而秦始皇以郡县终结封建，以官僚任免代替世卿世禄，不过是将战国时代已趋常态的国内制度扩大到华夏的一统版图中。君主制下的臣僚与封建制下的区别是：俸禄不封地，任命不世袭。在这演化中，臣僚地位下降，君主气焰上升。孟子刚好处于君臣关系微妙变化的时期。他不能接受，且不认为这是好的变化。他以春秋开放时代思想家的身份，对皇权发出第一波抵挡。一千余年后，忠臣理论的宣扬者仍未放过对孟子的批判。

四、荀卿与韩非

荀卿（约公元前 311—前 238）与韩非（约公元前 280—前 233）有师生之谊。荀卿是先秦儒家思想之殿军。韩非是先秦法家思想之集大成者。二人整体思想当然不同，但对待"忠"的观念，却颇有相似之处。

"忠"字在《荀子》中出现 72 次，在《韩非子》中出现 96 次（参阅孔祥安，2018，127、141。但后代很多学者认为

《韩非子》中一些文章不是韩非所写），大大多于此前诸子的著作。且在二人的著作中，"忠"的重心从《左传》、《论语》泛论人际交往，向专论君臣关系转移。《荀子》讨论"忠"，还为前者留有一席之地，但书中已为"臣道"专辟一章。《韩非子》的重心几乎完全在后者，书中"忠臣"出现17次，"奸臣"28次。二人的这种转向，一方面是变迁的社会形势所使然。战国列强的激烈交锋，导致社会生活中政治关系凸显，而政治关系的关键是君臣关系。君主与臣僚都渴望在彼此如何相处上得到指点，这种需求呼唤思想家的出场。另一方面，二人的转向，成为"忠"字演化史中不可逆的拐点，从此其意义收缩。自然，这依旧是帝制覆盖社会政治生活所使然。二人的相似还有一点，后面再说。先述二人的思想。

> 请问为人臣？曰：以礼侍君，忠顺而不懈。（《荀子·君道》）

> 从命而利君谓之顺，从命而不利君谓之谄，逆命而利君谓之忠，逆命而不利君谓之篡。（《荀子·臣道》）

将人臣的品德概括为忠与顺，堪称别具一格。荀卿将顺与逆同利君与不利君，交叉排列，得到四种形态。不利君主的都不是臣僚该做的。利于君主的行为，则要根据君主的主张，有顺逆两种选择。顺不待言，而忠只在臣与君主意见不合时才表现出来。而最终，君与臣，谁决定了"治"的获得呢，荀卿说：

> 君子者，治之原也。（《荀子·君道》。注：此处君子是君主的意思）

如是，为走入正道，从而"利于君"，臣有如下四种选择：

大臣父兄，有能进言于君，用则可，不用则去，谓之谏。有能进言于君，用则可，不用则死，谓之争。有能比知同力，率群臣百吏而相与强君挢君，君虽不安，不能不听，遂以解国之大患，除国之大害，成于尊君安国，谓之辅。有能抗君之命，窃君之重，反君之事，以安国之危，除君之辱，功伐足以成国之大利，谓之拂。谏争辅拂之人，社稷之臣也，国君之宝也。……伊尹箕子可谓谏矣，比干子胥可谓争矣，平原君之于赵可谓辅矣，信陵君之于魏可谓拂矣。传曰："从道不从君。"此之谓也。（《荀子·臣道》）

第一种谏，"用则可，不用则去"。意思是不是与孔孟的"有道则见，无道则隐"相仿佛？荀子给出的例子是"伊尹、箕子"便证明了不是孔孟"无道则隐"的意思。因为伊尹、箕子都没有隐退。伊尹是以慢功渐渐感化了少主太甲；箕子则被纣王囚禁，且他自己没有逃走的意思。故荀子"不用则去"的意思应该是：不能说服就作罢。第二种争，"用则可，不用则死"，例子是比干与伍子胥。荀子所举例的谏臣与争臣中，二死一囚，可见他是在宣扬臣僚要为君主牺牲。第三、四种辅、拂，给出的案例都是不能复制的。平原君、信陵君都是王的兄弟，身份与正在来临的帝制时代臣僚的身份大为不同。帝制时代的臣僚做不出平原君、信陵君的举动，做出了要杀头的。且这四种选择是递进的，谏不行争，争不行辅、拂。而臣僚的辅、拂在帝制下没有实施的空间，就只剩下谏、争，不用则死。

荀卿说"逆命而利君谓之忠"，就定义而论并非没有意义。可是政治实践中臣僚几乎无法完成"逆命而利"。且忠未实现，臣还丧了命。荀子的论述没有找到出路，令人疑惑忠的意义何在。

再看韩非对忠与臣的论述：

> 故人臣毋称尧舜之贤，毋誉汤、武之伐，毋言烈士之高，尽力守法，专心于事主者为忠臣。（《韩非子·忠孝》）

> 贤者之为人臣，北面委质（注：献身），无有二心；朝廷不敢辞贱（注：不推辞下贱事务），军旅不敢辞难；顺上之为，从主之法，虚心以待令而无是非也。故有口不以私言，有目不以私视，而上尽制之（注：主上统领）。为人臣者，譬之若手，上以修头，下以修足；清暖寒热，不得不救；镆铘傅体，不敢弗搏（注：刀剑近身，不敢不拼）。……今夫轻爵禄，易去亡，以择其主，臣不谓廉。诈说逆法，倍主强谏，臣不谓忠。……离俗隐居，而以诈非上（注：非议君主），臣不谓义。（《韩非子·有度》）

> 臣之所闻曰："臣事君，子事父，妻事夫。三者顺则天下治，三者逆则天下乱，此天下之常道也。"明王贤臣而弗易也（注：明君贤臣都不变更上述原则），则人主虽不肖，臣不敢侵也。（《韩非子·忠孝》）

上面第一段话体现了法家的厚今薄古务实，提出忠臣就是"专心事主"。孔子的"忠"多指人际关系中的"尽心"。"专心事主"，几乎就是以寻常道德对待君主。但第二段话提出了臣僚须具备的不同寻常关系的品性：无有二心。第三段话将君臣与父子、夫妻关系并列为三项"天下之常道"。无二心，三常道，在忠臣观的确立上有里程碑的意义。以韩非的智力，当然明白只说忠臣该如何是不够的，还要雄辩地阐述忠臣发挥积极作用的条件。忠臣面对的挑战当然是昏君与乱主，他说：

> 乱主在上，则人臣去公义行私心。故君臣异心，君以

计畜臣，臣以计事君，君臣之交，计也。害身而利国，臣弗为也；害国而利臣，君不为也。臣之情，害身无利；君之情，害国无亲。君臣也者，以计合者也。（译：君臣关系是凭算计结合起来的）。至夫临难必死，尽智竭力，为法为之。（译：至于臣遇难拼死，竭心尽力，是法造成的。）（《韩非子·饰邪》）

韩非与荀卿都是"人性本恶"论者。韩非的特点是彻底。故他说，至少在面临乱君时，"害身而利国，臣弗为也"。这差不多颠覆了荀卿的"不用则死之争"。韩非以为，臣为君竭心尽力要靠法来保证和促进。乱的根源及忠的缺席、无效的最大原因常常就是君主，韩非依旧以法自圆其说：

明主使法择人，不自举也。使法量功，不自度也。能者不可弊（注：埋没），败者不可饰（注：掩饰），誉者不能进（注：靠夸耀不会晋升），非者弗能退（注：遭诽谤不会罢免），则君臣之间明辩而易治，故主雠（注：运用的意思）法则可也。（《韩非子·有度》）

其实是难以自圆其说的。因为，其一法有不能覆盖或指南的领域或问题，不然立法后大家可以休息。其二，臣僚遭遇的昏君，常常是不遵守法则的君主。

韩非还有一段话常常被引用：

为人臣不忠当死，言而不当亦当死。（《韩非子·初见秦》）

这话是韩非面见秦王政的开场白。固然"当死"并非针对所有人臣，而是自我表白：若我的主张不是忠言且得当，就处死我。

看看当年孟子的派头。他拒绝上朝见齐王时说："将大有为之君，必有所不召之臣，欲有谋焉，则就之。"（《孟子·公孙丑下》）。后代一些研究者怀疑《初见秦》不是韩非，而是张仪、范雎、蔡泽、荀卿、吕不韦所写。但这些人都是与韩非同时代的人。故《初见秦》反映出对君王的殊异于孟子的态度。他们安在韩非头上，要么不以为不妥，要么刻意糟蹋韩非，那倒说明当时尚有士人在君王前保持尊严。

综上所述，荀卿与韩非是忠臣观的奠基者。二者都陷入了无法跳出的悖论：忠是治国法宝，它在最需要它的时候是无效的。

五、贾谊，董仲舒，司马迁

开创帝制的秦王朝当然要鼓吹忠臣，实践忠君。但因其短命，实践尚未深入，也无顶级思想家。故我们跳过秦，讨论"忠"在继承帝制的汉朝的演化。

汉取代秦后，朝野都在讨伐批判暴秦。这之中最耀眼的思想家是贾谊（公元前200—前168）。

> 闻之于政也，民无不为本也。国以为本，君以为本，吏以为本。故国以民为安危，君以民为威侮，吏以民为贵贱。……夫民者，唯君者有之，为人臣者，助君理之。故夫为人臣者，以富乐民为功，以贫苦民为罪。故君以知贤为明，吏以爱民为忠。……夫民者，万世之本也，不可欺。（《新书·大政上》）

这是孟子"民为重，君为轻"一百年后的满血复活，且在经历了暴秦的铁血后得以更透彻的表达，并提出：问题的症结不在臣而在君：

> 故君能为善，则吏必能为善矣。吏能为善，则民必能为善矣。故民之不善也，失之者吏也；故民之善者，吏之功也。故吏之不善也，失之者君也；故吏之善者，君之功也。（《新书·大政下》）

> 君乡善于此，则佚佚然协民皆乡善于彼矣，犹景之象形也。君为恶于此，则喧喧然协民皆为恶于彼矣，犹响之应声也。（《新书·大政上》）

既而，贾谊以君臣相互选择、臣有去留自由，完成了他对"忠臣伦理"的完整论述：

> 故国者有不幸，而无明君。君明也，则国无不幸而无贤士矣。故自古而至于今，泽有无水，国无无士，故士易得而难求也，易致而难留也。故求士而不以道，周遍境内不能得一人焉；故求士而以道，则国中多有之，此之谓士易得而难求也。故待士而以敬，则士必居矣；待士而不以道，则士必去矣，此之谓士易致而难留也。（《新书·大政下》）

贾谊对"忠"的论述，正当其时，却又不合时宜。反省暴秦，当有这样的言论。而汉朝走向帝制皇权的趋势，无视贾谊的民本论是大概率的事情。甚至贾谊遇到汉代最开明的文帝，遭遇都是"不问苍生问鬼神"。若他活到景帝、武帝时，命运殊不乐观。汉朝毕竟是帝制的第二次尝试。刘邦立朝不久，迫于压力分封藩王。后剪除了异姓王，刘姓藩王的谋反却此起彼伏，公元前 154 年的吴楚七国之乱是其高峰。董仲舒（公元前 179—

前 104）躬逢其时，他是景帝时的博士（官方讲授儒家经典的教师），武帝时任官。武帝刘彻为追求大一统，接受了董仲舒"独尊儒术"的建议。董氏的《春秋繁露》更是为帝国提供意识形态，"忠君"是其重要组成部分：

> 心止于一中者，谓之忠；持二中者，谓之患。……君子贱二而贵一。（《春秋繁露·天道无二》）

> 孝子之行，忠臣之义，皆法于地也。地事天也，犹下事上。……事君也，若土敬天。（《春秋繁露·阳尊阴卑》）

他先从字形，或可说训诂上，论述"从一"之合理，"从二"之祸害。继而拔高，从汉代风靡一时的五行说，论述"忠君"之天经地义。这里似乎攀扯到了天道，但下面则完全沦落到世故：

> 忠臣不显谏，欲其由君出也。书（注：《尚书》）曰：尔有嘉谋嘉猷（注：猷，计划、谋略的意思），则入告尔君于内，尔乃顺之于外，曰：斯谋斯猷，惟我君之德。此为人臣之法也。古之良大夫，其事君皆若是。（《春秋繁露·竹林》）

私心存此伎俩或可理解。将之写入书册，广告士林，则是败坏世风，诱导恶劣的君臣交往方式。

笔者说，汉代皇权与藩王的冲突，其大一统的追求，是忠君思想的社会环境，绝不是说一定产生董仲舒。早董仲舒二十余年的贾谊，亲眼目睹了一次次同姓藩王谋反。且他的国策中包括削藩，却丝毫没有董仲舒的"忠臣"思想。若严格地划分，藩王与朝臣是两个范畴中的角色。故同在帝制下，二者提出了截然不同的君臣观。但刘彻认可董仲舒的忠君思想，遂成其为主导意识形态，且影响深远。

　　讲汉代忠君思想绕不过司马迁的。在司马迁处有两点必说。其一李陵案，其二《史记》的基调。《汉书·李广苏建传》记载：

> 　　群臣皆罪陵，上以问太史公司马迁，迁盛言："陵事亲孝，与士信，常奋不顾身以殉国家之急。其素所畜积也，有国士之风。……且陵提步卒不满五千，深入戎马之地，抑数万之师，虏救死扶伤不暇，悉举引弓之民共攻围之。转斗千里，矢尽道穷，士张空拳，冒白刃，北首争死敌，得人之死力，虽古名将不过也。身虽陷败，然其所摧败亦足暴于天下。彼之不死，宜欲得当以报汉也。"

司马迁目睹刘彻对李家三代忠义之将的薄情：追究单于逃脱的责任，逼迫李广自刎；李广的儿子李敢（李陵的叔叔）愤愤不平打了卫青，被其外甥霍去病当着刘彻面射死；这次李陵出征，不给骑兵，援军渎职，李陵以五千人敌数万人，却要问罪。司马迁答武帝问询后竟处宫刑。且将李陵家人满门抄斩。这一案例可以透视当时的忠臣观。笔者以为，这案例证明那时还没有形成败军之将必须殉国的观念，不然刘彻没必要问询群臣，司马迁也断乎不敢辩护。《汉书》还记载着，多年后李陵摆酒送苏武归汉，苏武在答诗中云：骨肉缘枝叶，结交亦相因。苏武尚且如此，可信那时士大夫中不乏对战败不死持宽容态度者。

　　再说《史记》。司马迁为李陵辩护，反映出他不认可僵化的忠臣观。他因此遭到宫刑，必定让他远比常人更深刻地认识君臣关系。于是我们看到《史记》中，作者对"义"投入的篇幅和情感，大大高于"忠"。例如侯嬴与信陵君，荆轲与太子丹等诸多案例。后者不是君王，前者没有"忠"的义务。前者何以为死士？情感互动的结果，士为知己者死。这反衬出此情在君臣关系中的匮乏。例如，景帝对待周亚夫，武帝对待李家三代。这两个案例没有印证孟子的后半句，却印证了前半句：君之视臣如犬马，君之视臣如土芥。如此皇权生态下，一个史家还能侈谈忠臣吗？司马迁以其名垂千古的"谤书"挑战韩非、董仲舒的君臣伦理。

六、东晋、初唐的忠臣观

汉代君臣联手打造的忠臣观，到晋代竟然衰微得一塌糊涂。

南梁史家萧子显在其《南齐书·列传》中评说自晋朝至宋、齐之世风演变："君臣之节，徒致虚名。贵仕素资，皆由门庆，平流进取，坐至公卿（注：以上十六字的意思是做高官的资本来自家世，平平常常就可晋升到公卿），则知殉国之感无因，保家之念宜切。"清人赵翼说："六朝忠臣无殉节者"。庾信事南梁、西魏、北周三朝，颜之推事南梁、西魏、北周、北齐、隋五朝。侍奉数朝者的名单肯定可以拉到很长。拒绝侍奉二朝者，绝少但也有。《晋书》载，后赵开国君主石勒（274—333）攻陷魏郡邺城，择人作邺城太守。张宾推荐赵彭：

> 勒于是征彭，署为魏郡太守。彭至，入见泣而辞曰："臣往策名晋室，食其禄矣，犬马恋主切不敢忘。……复事二姓，臣志所不为。……若赐臣余年，全臣一介之愿者，明公大造之惠也。"勒默然。张宾进曰："自将军神旗所经，衣冠之士靡不变节，未有能以大义进退者。至如此贤。……君臣相知此亦足成将军不世之高，何必吏之。"勒大悦曰："右侯之言得孤心矣。"于是赐安车驷马，养以卿

禄。(《晋书》卷 104《石勒上》)

这是一段美谈。但其所言"将军神旗所经，衣冠之士靡不变节"倒反证了赵翼的论断。笔者无力对东晋南北朝时期全部臣僚的去从做出统计，而举出再多的个案意义都是有限的。故臣僚的行为不再多说，且看言论。西晋竹林七贤等士人冲破礼教的言行，广为人知。礼教的核心就是三纲，三纲之首是君臣。而这时期"非君"的言论，放到整个古代思想史中都是罕见的。其中最突出的是阮籍与《抱朴子》中鲍生的言论：

> 盖无君而庶物定，无臣而万事理。……君立而虐兴，臣设而贼生。坐制礼法，束缚下民。欺愚诳拙，藏智自神。强者睽视而凌暴，弱者憔悴而事人。……李牧(注：战国时期赵国将军，被赵君杀)功而身死，伯宗(注：晋国士大夫被君主逼死)忠而世绝……汝又焉得挟金玉万亿，只奉君上，而全妻子乎？(《大人先生传》)

> 夫强者凌弱，则弱者服之矣；智者诈愚，则愚者事之矣。服之，故君臣之道起焉；事之，故力寡之民制焉。……此皆有君之所致也。(《抱朴子·外篇·诘鲍》)

一个时代的思想与行为不可能是相互绝然独立的。这样极端的言论，旁证着忠君观在社会实践中的衰微。

我们做个跳跃，离开分治短命的南北朝，看大一统唐代的君臣观。唐太宗李世民在贞观二十二年(648)为其太子李治写了《帝范》。无独有偶，武则天在垂拱元年(685)写出《臣轨》。二者是我们认识唐代帝王思想的绝好根据。

> (臣之谏言)其义可观，不责其辩；其理可用，不责其文。……臣无隔情于上，君能遍照于下。(《帝范·纳谏》)

砥躬砺行，莫尚于忠言。（《帝范·去谗》）

两段话都是讲帝王该如何对待臣的逆耳谏言的。太宗的态度与董仲舒的"忠臣不显谏"大相异趣。其言论的逻辑推理是：帝王若"责其辩，责其文"，则将导致"臣隔情于上"。那么反过来说，"臣不显谏"难道不也会导致君臣"隔情"吗？如是，太宗是不会喜欢董仲舒提倡的忠臣作风的。

再看武则天的说法：

盖闻古之忠臣事其君也，尽心焉，尽力焉。……夫事君者以忠正为基，忠正者以慈惠为本。故为臣不能慈惠于百姓而曰忠正于其君者，斯非至忠也。……不去小忠，则大忠不至。……小忠，大忠之贼也。（《臣轨·至忠》）

有道即和同，无道即离贰。（《臣轨·守道》）

（孔子）《家语》曰：……臣从君命，奚讵（注：未必的意思）为忠。（《臣轨·匡谏》）

"忠，尽心，尽力"，就是《左传》《论语》从人际关系上论述忠的意思。"忠正者以慈惠于百姓为本"，就是忠与孟子的民本思想的结合。小忠和大忠讲述得不是很清晰，但大忠应该是前面说的爱民。小忠可否理解为不爱民的忠君呢？有可能，因为她还引用孔子的话：从君命未必就是忠。这些论述令人惊讶。既而她论述君臣与父子、国与家的关系：

故臣之事君，犹子之事父。父子虽至亲，犹未若君臣之同体也。……古人所谓"共其安危，同其休戚"者，岂不信欤。（《臣轨·同体》）

欲尊其亲，必先尊于君；欲安其家，必先安于国。故古之忠臣，先其君而后其亲，先其国而后其家。何则？君

者，亲之本也，亲非君而不存；国者，家之基也，家非国
而不立。（《臣轨·至忠》）

这段论述则似与民本的论述不在一个层次上。为父母守丧的习
俗始于西周。《论语·阳货》说："子曰：子生三年，然后免于
父母之怀。夫三年之丧，天下之通丧也。"魏晋时代的《陈情
表》是天下名篇，表达其为祖母守制不能出仕。孝在忠的前面，
自古皆然，唐朝岂能外在。武则天何以发出这样离谱的论断？
笔者以为是她痛感魏晋六朝门阀遗风犹在，帝王要与门阀争夺
臣僚的忠心，令她发出了不合分寸的言论。

接下来再看唐初的君臣关系：

> 或有言征（注：即魏征）阿党（注：徇私枉法）亲戚
> 者，帝使御史大夫温彦博案验无状。彦博奏曰："征为人
> 臣，须存形迹，不能远避嫌疑，遂招此谤，虽情在无私，
> 亦有可责。"帝令彦博让征，且曰："自今后不得不存形
> 迹。"他日，征入奏曰："臣闻君臣协契，义同一体。不存
> 公道，唯事形迹，若君臣上下，同遵此路，则邦之兴丧，
> 或未可知。"帝瞿然改容曰："吾已悔之。"征再拜曰："愿
> 陛下使臣为良臣，勿使臣为忠臣。"帝曰："忠、良有异
> 乎？"征曰："良臣，稷、契、咎陶（注：即皋陶，舜之贤
> 臣）是也。忠臣，龙逢、比干是也。良臣使身获美名，君
> 受显号，子孙传世，福禄无疆。忠臣身受诛夷，君陷大恶，
> 家国并丧，空有其名。以此而言，相去远矣。"帝深纳其
> 言，赐绢五百匹。（《旧唐书》卷71《魏征传》）

> （魏征言）虽臣之事君无二志，至于去就之节，当缘恩
> 之厚薄，然则为人主者，安可以无礼于下哉？（《贞观政要》

卷 3《*君臣鉴戒*》）

魏征当面以良臣说颠覆忠臣观，且太宗首肯。凡此可以从言论、行为，双线坐实唐代的君臣关系，殊异于刘彻与董仲舒的忠臣观。

该如何解释这一变化？一言以蔽之，这时期皇权的衰落是其主因。

在自公元前二世纪以后的近两千年的世界历史中，封建制是主导的政治权力形态。原因是帝制的建立和持续都更为艰难，依赖更多的条件。因而帝制皇权自建立起，就面临封建制复辟的挑战。秦王朝的短命，使我们无法看到它抵御复辟的对策。自汉代至南北朝，我们可以清晰地看到封建复辟的两条路径。其一，藩王向皇帝的挑战。这集中地体现在汉初，于吴楚七国之乱达到巅峰。帝王通过镇压后的制度性削藩，大致解决了这个问题。其二，皇权政治自身产生出的异己力量，即新型的贵族。皇权以官吏取代各级封建主，帮助他完成对普天下的统治。官吏的不断产生成为帝制运转与持续的关键之一，这是与皇位继替并驾齐驱的大事体。汉代选择了察举制。举荐是其关键，举荐的主要内容是以孝为核心的道德。其中两大问题慢慢浮现。其一，士子竭力让世人看到自己的孝道，遂造就虚伪。其二，高官的家族相互举荐对方的子弟，最终导致官位被豪门垄断，豪门持续百年便是不弱于昔日诸侯的新型贵族。两个显在现象之外，还有一个潜在的心理，士子得以上位的关键是举主，举荐前后他都要感恩和效忠举主，这就抢夺或分割了君王要独占的"忠心"。

曹操目睹察举制的弊端，在东汉灭亡后，他在其治下搞"举才唯能"。但没有找到制度化手段。曹操死后，曹丕匆忙取代汉室称帝。他出于多种动机——新主新气象，去除又想避免伤害旧臣，拿出了九品官人法，以此筛选留任的官员，并持续作为魏朝的选官制度。它与察举制的区别是，其一，在郡设"中正"专职，取代汉代地方官兼职，向朝廷推荐人才；其二，淡化了汉代举荐的道德色彩。就借重举荐而言，九品官人法与察举制大同小异。短命的曹魏推出的制度，竟然在西晋、东晋、宋、齐、梁、陈六个朝代，实行了三百六十年。其后果尽人皆知——造就出门阀巨族。晋室的南渡，促成了王室与门阀力量的此消彼长。东晋初期朝野皆传"王与马共天下"。马系皇室司马氏，而王导家族为当时第一望族。门阀因世代为官，兼有了官位、经济实力和文化素养。东晋时期清谈与书法在贵族中盛行，非无足轻重，它们是贵族的符号与品位的标识。且在南朝期间，皇室是短命的，门阀有积累几百年的实力和名声，故在中国两千余年帝制历史中，形成了几百年的皇权低落、贵族崛起的时代。故前述《南齐书》言：大族"殉国之感无因，保家之念宜切"。《晋书卷94》有言："及杨后废，养因游太学，升堂叹曰：'建斯堂也，将何为乎？每览国家赦书，谋反大逆皆赦，至于杀祖父母、父母不赦者，以为王法所不容也'。"此皆为皇权、族权此消彼长之写照。在此期间，官员在更大程度上依赖家族，而非皇帝。忠臣观念因此衰微。宫崎市定说：

> 如果君权进一步衰落，那么，贵族制或许就会进一步发展为割据性的封建制度。当时的社会确实存在着朝封建制度转变的倾向。从三国到唐代，微弱却一直存续的封建食邑制，不正叙述着这方面的消息？或许认为这是一个本质上应该出现封建制的社会。（1956，329）

　　皇权终于找到了续命的秘方：科举制。笔者以为，如果找不到科举制，要么是皇权让位给封建，要么是持续的"王与马共天下"。但是九品官人制造就了强大的门阀，形成了牢固的利益链，要在南朝以科举制取代九品官人法，殊难和平转轨，因为它严重侵犯了门阀贵族的利益。这口子只能开自北朝。科举的萌芽起于梁武帝，隋文帝确立皇位后全面实施科举制。梁武帝和隋文帝都是完全不受察举制和九品官人制羁绊、不处在士族包围之中的皇帝。李世民接过科举制度，将其完善，要点是"投牒自荐"。就打击"举主—门阀"而言，无异于釜底抽薪。

　　科举取代举荐，改变了官员的产生机制。举子们依靠自己的科考成绩，而不是凭借家族和举主，成为官员。皇权借此夺回了士子们获取官位的感恩和忠诚。故每逢王朝更迭，新帝登基后马上要做的就是恢复科考，靠其笼络人心。科举制起于北朝皇帝，顺理成章。但统一南朝后可以行得通，因为它虽然中断了士族入仕的直通车，并未终止他们的前程，贵族挟持经济文化上的力量，在科考中仍旧占据一定优势。故宫崎说得到位："科举制度堪称结束贵族制度的安魂曲。"（1956，371）游戏规则已经大变，平民子弟也有了走入仕途的可能。但是借平民入仕削弱门阀士族需要时间。它是安魂曲，也正在于它是贵族可以接受的温柔的革命。

　　接下来的问题是，唐代完成了大一统皇权，何以没有重回汉武帝—董仲舒的君臣观？笔者以为，这是唐太宗深刻反省隋朝短命、清醒认识当下生态所使然。宫崎市定说：

　　　　允许长官不按律条规定鞭打属官，这是隋文帝思想中最不能同贵族制度相容之处，隋朝失天下贵族之心亦源于此。正面与贵族对立，仅此一点就足以让隋朝面临灭亡的危险。后世的史学家把隋朝灭亡的原因全部归咎于第二代炀帝的暴政，但我以为其根源在更深层的地方。如同待士不以礼所代表的隋朝政治的落后性，以及激进的改革，才是造成隋朝灭亡的真正原因。（1956，340）

对隋朝王室的了解超过李家的不多。李渊的父亲李昞是北周御史大夫、柱国大将军，袭封唐国公。李渊与杨广是表兄弟，二人都是北周柱国将军、鲜卑人独孤信的外孙子。作为最近距离的旁观者，李家父子目睹贵族集团对隋朝的政策与作风的厌恶，以及打高句丽失败后贵族的反叛。隋炀帝劣迹累累的重要原因是其王朝短命。如果隋朝享寿二百年，杨广的历史会写成另一番模样。李唐王朝一定会往杨广头上大泼脏水，以衬托取而代之的合法性。而腐败奢靡是惯用的"脏水"。但与此同时，隋朝短命的原因，一定是李家深入持久的话题。他们一方面从内心希望贵族缩头自律，另一方面在行为上礼待贵族与臣僚。隋朝得罪贵族阶层的教训，李家会深刻吸取，但这番道理却无意写进史册，不让贵族阶层接过这话荏，要求自身的利益和尊严。即我来给，你别要，笔者以为这是太宗深思熟虑后的策略。

还有第二层原因，即唐代的社会生态。门阀贵族的势力还在，科举的作用是慢性的。最生动的例证就是皇族与老贵族的家格判定。贞观初期，太宗命宰相高士廉编纂《氏族志》。初稿中崔氏被列天下第一名族，皇室李氏列为第四。太宗愤怒，要求皇族排第一，外戚之族第二，崔氏贬到第三。贞观十二年（638）《氏族志》定稿，收入293姓，1651家，分九等。太宗意在通过编纂《氏族志》，提升庶族官员的身份，降低老贵族的家格。不能说毫无效果。但是直到开成初年，文宗欲以公主降士族，谓宰相曰："民间修昏姻不计官品而上阀阅，我家二百年天子，顾不及崔、卢耶?"(《新唐书·杜中立传》)这足以说明门阀势力的顽固。当然除了以上两个原因，李唐王朝开明的君臣观与立国者李世民的个性直接关联。

七、宋代君臣合铸忠臣观

如同李世民是从隋朝速亡中思考其治国，赵匡胤是从反省晚唐五代中完成其决策的。贰臣现象是朝代频繁更迭的后果，而非其原因。故赵匡胤的决策是：杯酒释兵权，文人治国。对五代臣僚品德的褒贬，是宋代第三四代皇帝开启，由史家完成和提升强化的。开国君主通常能看到要害。相比之下，很多史家看不到权力稳固之根本。

为宋代建立忠臣观的首推欧阳修。他是在反省和书写五代史中，阐发其忠臣观的。他的反省中存在的大问题，铸造了他的片面、单向、偏执的忠臣观。那问题就是他没有认清五代频繁易主的根本原因。那原因在君主。其一，君主没有及早确定储君，比如朱温、李嗣源。其二，君主率先威胁到其下的握有重兵的军头，比如李存勖、李从厚、李从珂、刘承祐。与君主的愚昧相比，臣僚的忠诚对王朝稳定的作用是微弱的。分不清作用之大小，不敢将问题要害指向君主，是欧阳修推出偏执的忠臣观的原因。他以为抓住了王朝得以长治久安的关键，且不遗余力地强化，所谓从一，所谓死节。笔者前面已经摆出了他的主要论点，并且用统计数字颠覆了他的"一臣一杂传"建构。

宋代与欧阳修一道营造忠臣意识形态的是同为史学家的司马光（1019—1086）。司马光的忠臣观与欧阳修相似，故笔者只述其独到之处。

司马光说："为人臣者，策名委质（注：委质含献礼、献身两意，此为后者），有死无贰。"（《资治通鉴》卷220《唐纪三十六》）"策名委质"、"无贰"均系古语。他将"死与无贰"并峙，将忠臣观推向极端化。

司马光说："自三代既亡，风化之美，未有若东汉之盛者也"，正是宣扬死节。本章前述，东汉做官靠举荐，举荐凭持道德，故造就了道德上作秀与强化的罕见合一，其中充斥着不顾效果的自我表现。事实上，东汉士阶层与王朝几乎是一同覆灭的。故司马光的论断，与太宗认可的、魏征做良臣不要忠臣的说法，相差十万八千里。

要营造极端的忠臣观是绕不过孟子的。司马光正是北宋"疑孟派"的代表人物。孟子不见齐王，因其无德、无齿（非长者），且礼节不到。司马光搬出孔子见庸君、周公背负幼君，批判孟子。

与两位不接地气的学者不同的是，兼为重臣与思想家的王安石（1021—1086）。他说：

> 论者或以为事君使之左则左，使之右则右，害有至于死而不敢避，劳有至于病而不敢辞者，人臣之义也。某窃以为不然。上之使人也，既因其材力之所宜，形势之所安，则使之左而左，使之右而右，可也。上之使人也，不因其材力之所宜，形势之所安，上将无以报吾君，下将无以慰吾亲，然且左右惟所使，则是无义无命，而苟悦之为可也。害有至于死而不敢避者，义无所避之也；劳有至于病而不敢辞者，义无所辞之也。（《上曾参政书》）

《续资治通鉴长编》记述王安石与宋神宗的对话：

> 上因叹人臣多不忠信。安石曰："陛下勿怪人臣不忠信
> 也。……陛下能为尧、舜、禹、汤、文、武所为，即群臣
> 自当同心同德，若与汉元帝、唐德宗同道，即不须怪人臣
> 多乖戾不忠信也。"（卷239）

须知，这不是写文章，是与帝王的对话。王安石坐言起行均见
先秦风范，不愧为孟子的忠实传人。

王安石的存在证明宋代政治还是宽松的，但欧阳修与司马
光打造的忠臣观是主流。这之中发生决定性作用的当然是君主
的需求与偏好。宋真宗在景德二年（1005）命臣下编修宋代最
大的一部书《册府元龟》，声称目的是："区别善恶，垂之后世，
俾君臣父子有所鉴戒。"忠臣观在一部书中所占篇幅之大，恐无
出其右。景德四年（1007）宋真宗对辅臣说："冯道历事四朝十
帝，依阿顺旨，以避患难，为臣如此，不可以训也。"（《续资治
通鉴长编》卷65）宋代前三代君主的上位要么篡逆，要么悖理。
或许这是真宗杜绝此戏重演的举措。（参阅路育松，2008）真宗
之子仁宗继承其父的意志。

> （皇祐三年，即1051）乙巳，冯道曾孙舜卿上道官诰二
> 十通，乞录用。帝（注：宋仁宗）谓辅臣曰："道相四朝，
> 而偷生苟禄，无可旌之节；所上官诰，其给还之。"（同上）

《册府元龟》成书于大中祥符六年（1013），《新五代史》动
笔至完稿在1036—1053年。《资治通鉴》的编写起止于1067—
1086年。从时间上说，欧阳修和司马光会受到《册府元龟》的
影响。最大影响之处可能正是君臣观。赵匡胤身为后周臣僚而
篡夺皇位，不忠莫过于此。有鉴于此，欧阳修和司马光即使真
的以为忠臣是王朝稳定的第一要务，原本也不便在写史时大谈

忠臣观。他俩是看清了真宗、仁宗两代皇帝的意志后，才各自完成其贯穿忠臣观的史册。

《册府元龟》虽然没有明确君与社稷孰轻孰重，毕竟说到了公忠、国家、社稷。南宋时期朱熹在讨论忠的时候，虽然讲到君臣父子是天理，但更强调忠的重心在个人修养。与它们相比，《新五代史》、《资治通鉴》对忠臣的论述远为狭窄和极端。以后宋元两朝的君主们都看中《新五代史》中的君臣观，遂令其取代《旧五代史》成为正统史籍，后者出局乃至消失。《资治通鉴》更以其鲜明的帮助统治的功能和宏观纵览的视野，成为君臣朝野的必读书。乃至，这两部史书中的君臣观，超越了宋代讨论该问题的其他观点，深远地影响了后代，铸造着愚忠。

八、明末清初的悖论与反思

忠臣观是帝王——至少是达不到李世民格局的帝王——所需要的。董仲舒、欧阳修急帝王之所需，至少是急他们以为的王朝之所需，打造着忠臣观。但一支思想要融入百千臣僚心中，乃至决定他们的行为，需要时间。明末清初之际，是我们判断忠臣观是否收到效果的时候了。笔者想到判断的两个根据。其一是臣僚们在江山易主时的行为：殉节的人数与贰臣的人数。其二从其文章、诗赋看他们的思想和情感。

张岱（1597—约1679）崇祯年间参加乡试不第而未入仕。在其《石匮书后集》中说："闯贼陷京师，百官报名投顺者四千余人。而捐躯殉节效子车之义者，不及三十。"

计六奇（1622—约1687）在其《明季北略》（写于1663—1671）中说："臣子殉难，仅北都二十余人。"

两说的殉节人数接近。1775、1776 年，即一百年后，弘历两次命大臣统计编写明季殉节诸臣，成书《钦定胜朝殉节诸臣录》，书中殉节人数 3600 余人。此数字与张、计二人之说差距过大。原因恐怕不仅是统计详疏之分，更有殉节定义之别。黄宗义认为，要区别殉节与遇难。殉节当为亡国、破城后自尽，或被俘后拒不投降而被杀。遇难之义较宽，包括战死者，因为战斗即为你死我活，如果战败且未死，战后他未必放弃生存，即使他在战斗中英勇。因为定义差异与统计艰难，笔者以为，我们已经无法搞清明末殉节人数。

有学者说：明末殉节人数高于历代，并举南宋殉节 130 人以证（以上引自何冠彪，1997，第 2 章）。但笔者以为两朝殉节数字都存在上述问题，因此不能坐实明代殉节人数高于历代。

另一数字比较清楚，就是所谓贰臣。1644 年 4 月 25 日李自成军入京城。26 日宣布："文武百官悉到府报名……敢有抗违逆命者斩之。"第二天来了三千余名官员。29 日再来，当场被录用 92 人。可以认为，参加早朝的大多数准备作贰臣的。两次早朝中，李自成一方极为粗鲁，并最终处决了 46 位明朝官员。（参阅魏斐德，1985，第四章；白一瑾，2010，41）一方面威胁必须赴早朝，另一方面录用的人少，故不好确证明朝官员中多少人愿意效命大顺。满族入城后，摄政王多尔衮承诺："汝曹勿畏，吾不杀一人，令各官照旧供职。"对明朝官员采取一揽子全包的政策，且不追究历史问题，不管与满清打过仗还是投降过大顺，一概不究。遂使京城内的多数官员接受了清政权的委任。顺治二年吴达的奏折中提到"目今一切举用人员，悉取材于明季。"（白一瑾，2010，69、7、89）

明代官员殉节数量之小，降清数量之庞大，可以证明自汉代与宋代开始宣扬的忠臣观，收效甚微。但是还有另一个层面，不可忽视。

明末清初拒绝出仕的士人比例很小，但是绝对数字不小，且他们影响很大。比如王夫之、顾炎武、黄遵宪、傅山，等等。这现象应该居历代之首。另一个观察忠臣观作用的视角，是从诗文透视明臣降清后的精神世界。

诗人吴梅村与洪承畴同为降清贰臣，他写洪承畴之《松山哀》，其哀也是自己的心境：

> 还忆往时旧部曲，喟然叹息摧心肝。

他出仕清朝只两年便隐退，但懊悔终生。下面第一首诗的"淮王"暗指南明朝廷，他后悔自己身为南明鸡犬却未随它升天。第二首是其死前绝命诗，明亡到其离世的"廿载"，他看作"忍死偷生"。

> 浮生所欠止一死，尘世无緣识九还。我本淮王旧鸡犬，不随仙去落人间。

> 忍死偷生廿载余，而今罪孽怎消除？受恩欠债须填补，纵比鸿毛也不如。

钱谦益在其诗作中以大明孤臣自居。李商隐诗云：嫦娥应悔偷灵药，碧海青天夜夜心。钱用此典述自己的心境：

> 忍看末运三辰促，苦恨孤臣一死迟。惆怅杜鹃非越鸟，南枝无复旧君思。

> 望断关河非汉帜，吹残日月是胡笳。嫦娥老大无归处，独倚银轮哭桂花。

吕留良，顺治十年，即其二十五岁时应试为诸生，后隐居乃至削发为僧。他为这次应考，懊悔终生：

> 谁教失脚下渔矶，心迹年年处处违。雅集图中衣帽改，党人碑里姓名非。

> 苟全始信谈何易，饿死今知事最微。醒便行吟埋亦可，无惭尺布裹头归。（注：第一句意为水边湿鞋）

读周亮工的平生，要比上述三人，更令笔者扼腕叹息。晚年他与友人谈及当年任明朝青州海防道，守潍县与清军死战，解衣示箭疮，说：若使周某当时遂死，岂不与日月争光哉。去世前两年，他亲手烧掉自己的全部诗作和刊板。他效命两朝，都是忠心耿耿，鞠躬尽瘁。他是贰臣，也是地道的忠臣。

清初，太多的明朝降臣，沉浸在自我谴责的忧郁心情中。（参阅白一瑾，2010）这说明汉宋两朝打造的忠臣观，已进入到士子的内心，成为明代社会舆论的主流。在江山易主之时，不能令他们从一和死节，却造成了他们的分裂人格，对自己的选择悔恨自责。忠臣观鲜有积极的作用，实有消极的效果。

忠臣观含两大内容：从一和死节。后者是实践忠臣观之极致。遭逢明清鼎革之剧变，清初思想家们纷纷发声讨论死节。王夫之说：

> 唯唐之君臣，不倡死社稷之邪说，沮卷土重来之计；故维系人心者，亦不仅在慷慨淋漓之一诏也。（《读通鉴论》卷24《德宗》）

顾炎武在《与李中孚书》中说：

> 死生于度外，鄙意未以为然。天下之事，有杀身以成仁者；有可以死，可以无死，而死之不足以成我仁者。子

曰："吾未见蹈仁而死者也。"圣人何以能不蹈仁而死？时止则止，时行则行，而不胶于一。……苟执一不移，则为荀息之忠，尾生之信（注：传说春秋之际一位男子名尾生，与一女子约定桥边相会，久等不来。水涨，尾生抱桥柱而死），不然，或至并其斤斤者而失之，非所望于通人矣。（顾炎武，2014，80）

在关于死节的众多言论中，明亡之时尚无功名的陈确（1604—1677）所撰《死节论》当执牛耳。

呜呼，死节岂易言哉。死合于义之为节，不然，则囝死耳，非节也。人不可囝生，亦不可囝死。……三代以前，何无死节者？非无死节也，无非死节者，故不以死节称之。三代以后，何多死节者？非多死节也，无真死节者，故争以死节市也。……子曰：志士仁人无求生以害仁，有舍身以成仁。孟子曰：生我所欲也，义我所欲也，二者不可兼得，则舍生取义。皆推极言之。故义可兼取，则生有不必舍；仁未能成功，而身亦不必杀也。……孟子亦言：可以死，可以无死，死伤勇（译：轻易赴死是有损勇德。战国时代刺客轻生，孟子以此言戒之）。……殷之三仁……比干之死，纣杀之耳。使纣不杀……古今谈节义者，必以夷齐为称首。……然二子之义只在穷饿，节如是止矣，不必沾沾一死之为快也。……子长好奇（译：司马迁好作奇文），猥云饿死，遂使学古之士信孔子不如信子长，不亦悲乎。夫以二子之义，即悠游西山之下，竟以寿终，已大节凛然，照耀千古，何必死。……凡言饿者，只是穷困之辞。孔子称夷齐，与齐景之千驷相提而论，可知只是贫耳。……孟

— 134 —

子谓七十非肉不饱，不饱谓之馁。夷齐之饿，不肉食之谓也。……如真饿死，则死大于饿，不但当称其饿也。论孟（译：论语、孟子）并亟称夷齐，不一及死。……推求义蕴，二子平生尽于此矣。……武始伐纣，则二子者已皆皤皤期耋之年。天下而无不死之人，夷齐安得独不死，只不是饿死耳。自此义不明，而后世好名之士益复纷然……趋死如鹜，曾不之悔。凡子殉父，妻殉夫，士殉友，罔顾是非，唯一死之为快者，不可胜数也……甲申以来，死者尤重，岂曰不义，然非义之义，大人勿为。且人之贤与不肖，生平俱在。故孔子谓：不知生焉知死。今士动称末后一著（注：当时很多士人视死为成全个人道德的最后一著），遂使奸盗优倡同登节义……真可痛也。……古人求其实，今人求其名。人心之淳漓，风俗之隆替，由斯别矣。然则今之所谓死节者皆非与？曰是不同。有死事，有死义，有死名，有死愤，有不得不死，有不必死而死。而以无愧于古人，则百人之中亦未易一二见也。忠矣，可谓仁乎？……果成仁矣，虽不杀身，吾必以节许之。未成仁，虽杀身，吾不敢以节许之。……子之言节，顾不甚便于天下苟生者耶？曰：君子且不可苟死，况可苟生。不苟贫贱死，况苟富贵生。君子之于生，无所苟而已。

因这篇短文太过精彩，容笔者用白话简述其意。死得没道理就是白白去死，这是断乎不可的。三代以后死节者多的原因是以生命换名声。孔孟关于舍身与成仁取义的论述是极而言之，可以理解为：有时生存和仁义可以共存，不必舍身；有时求不到仁，也就不必舍身。殷之三仁守节而死的故事对后世影响甚大。但是，比干是被杀的，不是自己的选择。孔子只说伯夷、叔齐他们饿，没说饿死。孟子说非肉不饱，不饱即饿，是清贫的意思。即伯夷叔齐为了气节，告别了钟鸣鼎食，甘愿过隐居清苦的生活，这已经光耀千古，没有死的道理，也没有死的发生。是司马迁将"饿"说成"饿死"，误导后人两千年。古人重实在，今人重名声。人贤与否，平生俱在，何必以死证明。你能成仁，不死我也要称赞。你不能成仁，舍身我也不会称赞。

陈确此文，能在道理上辨析孔孟之说，在小学上匡正司马迁，堪称胆识非凡。黄宗羲赋诗称赞该文，为其撰写墓志铭三易其稿，足见陈确思想令黄氏几度思量。当时与后世都有人说：他的观点是为自己没有殉节做辩护。但是他在南明福王未亡时就说："有不死而不愧者，有虽死而犹愧者"，足见这思想在他头脑中早就盘旋。（转引自何冠彪，1997，241）我们为什么要说他的行为决定了他的理念，而不是他的理念影响了他的行为呢。

晚于以上四位，在清代中举做官的唐甄继续反思死节观，他说：

> 君子之道，先爱其身，不立乱朝，不事暗君。……大命既倾，人不能支。……君子有三死：身死而大乱定，身死而国存，身死而君安。（《潜书·有为》）

至此应该说，清人反思死节观还是到位的。那么，与之并行，甚至为其基础的"从一而终"的君臣观呢？非常可惜，几乎没有思想家愿意开门见山、大张旗鼓地为之辩护。出仕的好官自知多说无益，只想以自己经世济民的作为洗刷污名。而拒不出仕的士人，意在彰显气节，难为贰臣行为辩护。我们只能见到只言片语："出未必尽非，而处未必尽是"（此陈确语，转

引自赵园1999，321。注：当时语境中，"出"即出仕，"处"是
拒绝出仕。）若当时的思想家为贰臣中的好官做出充分的辩护，
推翻对贰臣的一概污名化，对后世健康君臣观的形成可能会有
不小的积极影响。因为这种观点未成气候，弘历方可轻易下诏
编辑《贰臣传》，诏曰：

> 因思我朝开创之初，明末诸臣望风归附。……盖开创
> 大一统之规模，自不得不加之录用，以靖人心，以明顺逆。
> 今事后凭情而论，若而人者皆以胜国臣僚，乃遭际时艰，
> 不能为其主临危受命，辄复畏死幸生，忝颜降附，岂得复
> 谓之完人。……若既降复叛之李建泰、金声桓，及降附后
> 潜肆诋毁之钱谦益辈，尤反侧奸邪，更不是比于人类矣。
> 朕思此等大节有亏之人，不能念其建有勋绩，谅于生前；
> 亦不能因其尚有后人，原于既死。今为准情酌理，自应于
> 国史内另立《贰臣传》一门……此实乃朕大中至正之心，
> 为万世臣子植纲常。

《贰臣传》按照弘历的政治观，分为甲乙两卷，共收入157人。
这举措双重标准，恶劣之极。大批贰臣的产生，是清代君主与
明末臣僚的共谋。该时摄政王大呼：一个不杀，照旧供职。为
何共谋行为只一方道德有亏。下此诏是乾隆四十一年（1776），
距清军入京120余年。当年的贰臣已经全部离世。这批人使用
完毕，卸磨后可以污名他们了。又是120余年后，乃有谭嗣同
之《仁学》（1897），彻底批驳《贰臣传》：

> 若夫山林幽贞之士，固犹在室之处女也。而必胁之出
> 仕，不出仕则诛，是挟刀刃搂处女而乱之也。既乱之，又
> 诟其不贞，暴其失节，至为贰臣传以辱之。是岂惟辱其人

哉，又阴以吓天下后世，使不敢背去。……终知奸之不胜防，则标著其不当从己之罪，以威其余。夫在弱女子，亦诚无如之何，而不能不任其所为耳。奈何四万万智勇材力之人，彼乃娼妓畜之。不第不敢微不平于心，益且诩诩然曰："忠臣忠臣。"古之所谓忠乃尔愚乎？

从一而终，死节，愚忠，是帝王之所需。但之前的主要打造者是董仲舒、欧阳修等臣子文人，帝王一直坐观其成，而此番弘历亲自上阵，为忠臣观完成最后一笔，祭出关键词：贰臣。"贰臣"一词源于《左传》，但其后鲜见于文献。是弘历挟持皇权的势能，将之光大。本章讲述之前各朝代时，也使用了该词，但其实当时的史册中鲜见其词。笔者是为着措辞简洁，而拿过弘历后开始流行的词汇。自弘历打造贰臣观，至谭嗣同开启批判，贰臣观在两个甲子中，已经深深地植入中国人的价值观。

九、小结

"忠"在《论语》中意指"尽心"，针对广泛的人际关系。这是好品德、好词汇，所谓"为人谋而不忠乎"。这字眼在帝制时代，渐渐地移植到、最终主要用于君臣关系。

孔子、孟子对后来的"愚忠"不负任何责任。他们以为，君臣关系良否是互动的结果。士人在去留上有选择的自由。春秋之际，封建政治文化礼崩乐坏，士人在择主上享有空前的自由。孔子是保守主义者，向往周公的时代。但是在士的去留自由上，他显然喜欢春秋的生态。孟子更将士人的尊严提升到皇权时代难以想象的高度。故为日后打造忠臣观的文人，和朱元璋这样的皇帝，所不容。

　　将曾经主要针对人际关系的"尽心"用于君臣关系，是很好的事情。但为忠臣观注入死节和从一而终，则是彻头彻尾的败笔。

　　提出以死殉节，其实是在向人的本性、人的基因挑战。它是必败无疑的。如果宣扬死节，能够大面积实现，则这个民族有灭种之虞。因为物种不灭的第一保障，是基因赋予个体的求生避死之欲望。一个违背人的最基本属性的文化，可能在少数人身上得逞，绝不可能在多数人那里落实。

　　从一而终，与死节相似，是脱离现实的道德观。魏晋南北朝、五代、明末清初的历史一再证明，江山易主时大量发生的是贰臣现象，而不是从一而终。开国君主，必要招降纳叛。国家亡了，臣何必从一而终。它合乎双赢，合乎大家利益，即合乎古人所说的"道"，天下太平之道。

　　如果将从一而终与死节从"忠"与"忠臣"的含义中去除，还其"尽心"的原意，则忠臣的观念将返璞归真。我们将不再以两分法——是否死节或从一，去评判臣僚。不尽心的官，即便一死，也不是忠臣。而贰臣中从来不乏真正的忠臣。其实在忠臣的观念被污染之前人们就是这么看的。魏征即为明证。他不是贰臣吗？不是忠臣吗？冯道如是也。

　　在亡国的原因中，臣僚不忠，通常排不上第一、第二。即使某个朝代臣僚不忠成为亡国的重要原因，那多半也是帝王倒行逆施或伤害臣僚所致。

　　开国君主不可能对前朝臣僚讲死节和从一而终。后来的君主为什么喜欢从一而终的说教？笔者能想到的原因有三。其一，他们最惧怕丢掉江山，因恐惧心理扭曲了心态，他们错误地理解如何保江山，以为臣僚不忠是第一败因。其二，提倡"忠"

时，将平实的尽心，提升到无法落实的从一而终。其三，他们喜欢臣僚的顺从，以高调的从一去说教寻常的顺从。追求他人顺从可以说是人的劣根性，但不幸它确实是人性的组成部分。君主克服这劣根性，要靠理性，要从思考唐太宗如何克服它入手。

为什么一些顶级文人会出场打造从一而终，甚至死节观？可能这说法本身就有问题，他们未必是顶级。欧阳修长于文字，但同代不少人认为他根本没有史才，不是顶级思想家。诸多学者在打造不同的思想观点，而哪个脱颖而出是帝王的选择。至于这些未必顶级的文人为什么提出忠臣观，背后有复杂的、殊难猜测的心理。但他们未必是马屁精，多数马屁精没有这么大的创造力。我以为主要原因，绝不是全部，是他们误解了古今之变，以为臣僚忠贞是第一要素。其实它不是第一，也不是第二。

帝制皇权打造的忠臣观，以外在的从一和死节，取代尽心。这变异有似骆宾王句"忠岂忘心"，故本章以之冠名。

第四章
列国时代

　　何为正统、谁为正统，是中国社会中弥久常新的问题。古代的史家之间、近世以来的史学界，貌似是争论的第一重镇。其实不然。这争论首先发生在问鼎者之间，而后才漫布于史家，即便后者的言论多于前者。前者又分为两支。其一是当事者，譬如曹操与刘备，朱梁与后唐，均称自己为正统，对方为篡逆。其二是后代君主，譬如郭威与赵匡胤，他们明白，定性前朝正伪关乎人们如何看待本朝。史家亦分为两支。其一是帝王的代言人，或帝王思想的揣摩者。其二是独立的认知者。下面的讨论兼及四者。五代时期的正统争议首先发生于五代君主间，故笔者的讨论从这里开启。

一、五代时期的正伪之争

　　五代人安重荣的那句话流传深远："天子，兵强马壮者当为之，宁有种耶。"（《旧五代史》卷98《安重荣传》）其实，他这么说是因为他没有坐上皇位，不曾面临坐江山的问题。若坐上皇位，他一定改说冠冕堂皇的话语。因为在皇权维持中，众人认可才事半功倍。

安重荣说的道理朱温岂能不知。且朱温是最蔑视规矩的人。他打听到禅让要有名为"九锡"之繁琐程序，极为厌烦。曾想拒绝，最终是粗鲁地简化程序后，走上禅让之路。

> 是时惟河东、凤翔、淮南称"天祐"，西川称"天复"年号；余皆禀梁正朔，称臣奉贡。蜀王（王建）与弘农王（淮南杨渥）移檄诸道云，欲与岐王（凤翔李茂贞）、晋王（河东李克用）会兵兴复唐室，卒无应者。蜀王乃谋称帝，下教谕统内吏民；又遗晋王书云："请各帝一方，俟朱温既平，乃访唐宗室立之，退归藩服。"（《资治通鉴》卷266《后梁纪一》）

实力不济的邦国暂且承认其正统。比如刘守光，即刻承认其正朔，但不久立国称帝，说明此前的举动是伺机观望的谋略。而拥有实力的四邦：李克用、王建、李茂贞、杨渥，都不承认其正朔。尤其是王建和李克用。王建当即称帝，分庭抗礼。李家自晋王时期直到后唐终结，其发布的诏书中，自始至终称之"伪梁"。朱温在世时，李家父子没有称帝，依旧使用大唐的年号，故朱温只能称之为贼寇，无从攻其正朔。

后晋、后汉、后周，都承认后唐的正统，都继承后唐"伪梁"之说。这合乎情理，石敬瑭、刘知远、郭威都曾效命后唐，与后梁交战。只是潞王李从珂是石敬瑭推翻的，他不能承认从珂的正统。如此一路下来称后梁为"伪朝"，直至后周郭威在世的最后一年变了风向，诏云：

> 梁室受命，奄有中原，当历数之有归，亦神器之所在。

潞王践阼，承绍唐基，累年司牧于生灵，诸夏奉承于正朔。
庄宗克复，以朱氏为伪朝；晋祖统临，以清泰为伪号。所
宜追正，庶协通规。今后不得名梁朝为伪朝，潞王为伪主。
（《册府元龟》卷96）

这种话语转变，无疑需要当时的朝臣去揣摩，后世的学者去解
释。刘浦江（2017，39）认为，时过境迁，彼时的正闰之争已
无意义，周太祖有意淡化这个问题。罗亮（2022，253）认为，
年代推移，臣僚们对此不再敏感，周祖希望成为超越前四代的
新王朝，此影响到宋人史观。笔者则以为，这争议在当时还未
丧失意义和敏感。郭威本人就是敏感的，他很可能以为，重复
朱温、李从珂篡权之说，将诱发人们联想到本朝的出身。笔者
同意罗亮说"影响到了宋人的史观"，但以为是在笔者所说的这
个意义上。

二、宋人五代观的变化

将907—960年诸强林立的纷乱历史概括成"五代"，是非
同寻常的，竟一锤定音，直到今日。是谁，于何时完成了这一
概括？刘浦江说：最早见于建隆年间（960—963）宰相范质汇
编的五代实录，名之曰《五代通录》。他接着又说到王溥于乾德
元年（963）编纂的《五代会要》。笔者以为，两书难分先后，
几乎是同时编纂和完成的。不排除二人在定名"五代"时的商
议和共谋。

范质（911—964），后唐进士，曾任后周的两朝宰相，及兵
部侍郎、副枢密使，宋朝初年宰相。王溥（922—982），后汉进
士，历任周太祖、世宗、恭帝、宋太祖四朝宰相。以二位的身

份，不可能不明白郭威下旨"不得名梁朝为伪朝，潞王为伪主"的心思或意图，甚至不排除参与了策划与撰旨。赵匡胤是以相似于郭威的方式获取皇位的。人同此心，赵匡胤的心理范质、王溥心知肚明。《五代通录》《五代会要》都是写给皇帝以借鉴前朝、制定国策的。故其命名不会不经赵匡胤首肯。

宋太祖开宝六年（973）四月，薛居正奉敕监修《五代史》，一年半后完成。该书遗失了部分内容，但是其编排体例中，将梁唐晋汉周十四帝（包括未称帝的李克用）的传记列为"本纪"，充分表达了他对五朝正统之认可。这当然也是太祖赵匡胤的认可。

景德二年（1005），宋真宗赵恒（968—1022）命王钦若（962—1025，宋真宗、仁宗时任宰相）、杨亿等十八人一同编修历代君臣事迹，命名《册府元龟》，1013年成书。该书将唐晋汉周四朝列入帝王部，将后梁列入闰位部。仁宗天圣元年（1023）颁行《崇天历》。这部新历法不取朱梁的年号，代之以后唐沿用的天祐年号。两作品中的变化应该不是史家与司天的自选动作，而是皇帝意旨的落实。五代只有五十余年的历史，而宋代至《崇天历》颁布之时，已享国六十三年。君主高看本朝贬低前朝，是个人本能，也是王朝的需要。生长于太平年月的宋代第三、四代君臣，回看动乱的五代，会不期然地产生居高临下的蔑视，对此自然会有所表示。但初期的表达有些蹩脚，不合逻辑。在正统性上，五朝之间有那么大的差距吗，单独贬低朱梁合适吗？

对这一矛盾体会最深的是欧阳修（1007—1072）。他的《新五代史》写了18年（1036—1053）。其中最纠结的应该是朱梁，最终他还是将之列在本纪。他说：

　　呜呼，天下之恶梁久矣。自后唐以来，皆以为伪也。
至予论次五代，独不伪梁，而议者或讥予大失《春秋》之
旨。……予应之曰："是《春秋》之志尔。鲁桓公弑隐公而
自立者，宣公弑子赤而自立者，郑厉公逐世子忽而自立者，
卫公孙剽逐其君衎而自立者，圣人于《春秋》皆不绝其为
君。此予所以不伪梁者，用《春秋》之法也。"……"夫欲
著其罪于后世，在乎不没其实。其实尝为君矣，书其为君。
其实篡也，书其篡。各传其实，而使后世信之。……能知
《春秋》之此意，然后知予不伪梁之旨也。"（《新五代史》
卷2《梁太祖下》）

　　五代君臣朝野的历史观依然在演进中。自东汉至宋初，五
行五德说盛行。大唐是土德，金德继之。宋人一直认为本朝是
"金德"。五代刚好是五行之一轮。若五代都作正统看，则后梁
与大宋同为金德。若正统中剔除后梁，排列下来宋就不是金德
了。984 年，布衣赵垂庆提出：宋越过五代，上承大唐。
1020 年谢绛（994—1039，六部侍郎）明确提出：从正统系列中
"下黜五代"。稍后"五季"一词浮出水面，以取代"五代"。毕
竟，"代"是史学的传统词汇，隐含正统。如是，五行与道德就
统一了。稍后五德说衰微，但道德判断依旧支撑着宋人在正统
系列中摈弃五代。欧阳修也已进入这一认知，至和二年
（1055）他完成了对自己当年《正统论》（1044）的修改（原七
论，删改为三篇），摆脱了自己的矛盾纠结：

　　五代之得国者，皆贼乱之君也。而独伪梁而黜之者，
因恶梁者之私论也。……夫梁固不得为正统，而唐晋汉周
何以得之？今皆黜之。

　　凡为正统之论者，皆欲相承而不绝。至其断而不属，则猥以假人而续之，是以其论曲而不通也。夫居天下之正，合天下于一，斯正统矣。……则正统有时而绝也。唯有绝而有续，然后是非公，予夺当，而正统明。（载于饶宗颐，2015，113—119）

　　此中关键是提出了"正统有绝有续"，"假人而续之"是卑劣的。

　　欧阳修 1055 年写出修订版《正统论》之前，幸亏已经完成了其《新五代史》。不然，将梁唐晋汉周之正统及其纪年一总下黜，其《新五代史》中的年代将难以标注。难道 907—959 年都沿用大唐天复年号吗？《中国历史纪年表》（万国鼎编，万斯年、陈梦家补订）一书中，战国部分的年代借助了西历。如若不然，对编者、读者都是一团乱麻，苦不堪言。

　　以编年体撰写长时段的《资治通鉴》，迫使司马光以长线的目光审视历史，故看到了正统论的困境，及史家为乱世纪年的难题：

　　是以三代之前，海内诸侯，何啻万国，有民人、社稷者，通谓之君。合万国而君者，立法度，班号令，而天下莫敢违者，乃谓之王。王德既衰，强大之国能帅诸侯以尊天子者，则谓之霸。故自古天下无道，诸侯力争，或旷世无王者，固亦多矣。……是以正闰之论，自古及今，未有能通其义，确然使人不可移夺者也。……然天下离析之际，不可无岁、时、月、日以识事之先后。据汉传于魏而晋受之，晋传于宋以至于陈而隋取之，唐传于梁以至于周而大宋承之，故不得不取魏、宋、齐、梁、陈、后梁、后唐、

后晋、后汉、后周年号，以纪诸国之事，非尊此而卑彼，有正闰之辨也。（《资治通鉴》卷69《魏纪》）

（本节材料多取自刘浦江，2017，35—60）。

三、正朔，皇权，纪年法

讲正统之时，常常提到的词汇是正朔与正闰。

何为正朔？朔是每月初一的意思。新帝继位之际要"封禅、改正朔，易服色"。其中的"正朔"通常被人解释为"历法"。笔者以为不够精准。古人限于天文认知，要不断修订以合天时，后周王朴的《钦天历》实行了7年，继之的宋代《应天历》实行了18年。历法与天时不符才修正，其颁布与皇帝继位并不同步。历法是纪年的知识基础。"改正朔"不是改历法，是改纪年，即开始新的纪年。朔即初一，与"新"颇为切合。

何为正闰？闰是历法中的一年与地球绕太阳一周的差数，原本是纯牌的天文术语。引申为"偏、副、伪"的意思。故正闰就是正与偏、正与副、正与伪。

与正统关系最近的这两个词汇，均源自天文、历法、编年，揭示出后者与正统的不解之缘。中国是史官出现最早、史官文化最发达的民族。其早期的历史就是君王的历史，而写史离不开纪年。古代君王宣讲其正统的永恒话语是：王位天授。故上天、正统、编年，三位一体。

据说岁星（木星）纪年法、岁太纪年法，是最早的纪年法。木星绕太阳一圈是12年。但笔者以为称二者是最早的历法比较恰当。它们不含精准的小刻度，比如年与月。故难作纪年法。

天干地支即便不是最早的，也是较早的纪年法。甲骨文中的证据说明，殷代已经使用。《说文解字》将天干地支中的很多字解释为时令运转中自然界中出现的征候。翁文波（1993）以为，其中很多字是殷代的部落姓氏。笔者以为，都有道理。当时所记就是部落首领的大事及年代。干支纪年法的绝妙是可以记录年月日时。缺陷是，循环周期短。上古朝代偏偏又长。商代超过 550 年，西周 257 年。在一个数百年的时段中，干支纪年不具唯一性，容易混淆两个人物、两个事件。东汉元和二年（85）朝廷下令推行干支纪年。故这把"小尺子"附着在已经推行的王位纪年法上，方得其所。

王位纪年法，在殷代已见雏形。记录方式简洁。比如，西周共和元年，写作隐公元年，指鲁隐公在位的第一个整年；桓公二年，是指齐桓公在位的第二个整年。清朝人洪颐煊在其《春秋天子比颁历说》中说："春秋列国未尝用周天子正朔，周天子亦未尝颁历于诸侯也。"（转引自辛德勇，2013，41）即诸侯王在其辖内自己纪年。封建的特征在纪年上鲜明地体现出来。这特征一直持续到汉武帝刘彻。

年号纪年法取代王位纪年法，竟是"改元"诱发的。古人纪年的第一年，不称一年，而称元年。所谓"改元"就是中止正在使用的纪年，起用另一元年，重新纪年。清人赵翼说："古者天子诸侯皆终身一元，无所谓改元者。"极少出现的改元，其实是诸侯王成为天子后，将侯年改为王年，那是遵从封建制的成规。其实并非真正的天子改元。

直到汉代，才真正发生了帝王改元。文帝改元一次，景帝改元两次。改元就是，不管已经数到几了，从头开始数。故后代史家将文帝在位的 23 年分为前元 16 年和后元 7 年。景帝则分为前元、中元、后元。年号还未出现。武帝刘彻的频繁改元前

无古人，先是六年一改，后是四年一改，共十余次。最初一如
文帝、景帝那般，但改元多了，"前中后"不够用，前缀一二三
四不成吗？

> 其后三年，有司言元（注：起始之年）宜以天瑞命（注：
> 以吉祥词命名），不宜以一二数。一元曰建元，二元以长星曰
> 元光，三元以郊得一角兽曰元狩云。（《史记·封禅书》）

武帝的年号是这样产生的。其前三个年号是有司补上的。
以后再改元，就当即为新年号命名了。如此，汉武帝创立了中
国历史上前所未有的皇帝年号。意义更大的是，继之而来的年
号纪年法，如武帝建元三年（公元前 138），太初四年（公元前
93）。辛德勇说：

> 这些诸侯王的纪年方式，在形式上与汉天子并没有任何
> 区别，从而也就无法体现出天子惟我独尊的威严。皇帝使用
> 年号纪年之后，诸侯王纪年，往往会并称帝年与王年，如汉
> 宣帝时之鲁孝王石刻，记云"五凤（注：汉宣帝年号之
> 一）二年，鲁卅四年六月四日成"。……俱已尊卑分明，秩序
> 井然。凸显大汉天子凌驾于诸侯王之上的神圣地位，这也应
> 当是汉武帝最终启用年号纪年的内在深层原因。（2013，41）

如前所述，其实"年号"的出台不是武帝的预先设计，他
只是不断改元，动机源自其"尤敬鬼神之祀"（司马迁语）的性
格，即改元是因为他格外迷信天命。"年号"是改元几次后，有
司出的主意。武帝一直在打压诸侯王，"诸侯王纪年，并称帝年
与王年"是他所乐见。但笔者怀疑武帝能预先料到年号会诱导
诸侯纪年时"并称"。辛文亦未探讨为何年号之后"并称"发
生。若确有这样的因果关系，笔者猜想，可能是因为诸侯、臣

僚可以直书年号，无避讳帝王姓名之忌。

诸侯纪年时的并称，还只是诸侯与帝王在纪年上此消彼长的中间阶段。随着皇权坐大，封建势力日益萎缩，诸侯纪年几乎销声匿迹，年号纪年法立于一尊。

赵翼称年号纪年法"朝野上下俱便于记载，实为万世不易之良法"。笔者不明，他是在什么意义上这么说。若如笔者所说，绕开了避讳，倒确实是便利了。除此之外，它与王位纪年法何异？差异可能在于，王位纪年法之"王"兼容天子与诸侯王，而年号纪年法其实是"皇位纪年法"。但皇位纪年法立于一尊，不是"年号"之小技所致，而是封建与诸侯渐渐退出历史舞台的结果。

大一统帝制的建立，是凭借太多因素之偶然，是世界历史上之稀有。年号纪年法，即皇权纪年法，虽排不上一二，也当列其中。纪年的后面是历法。历法关联着上天之奥秘。故年号纪年法达成了帝王（即正统）、上天、纪年的三位一体。它完成于武帝之时，即公元前 100 年。以后在史家的笔下，只有过短暂的偏离，即《三国志》中汉献帝之后，魏蜀吴各自纪年。《晋书》中北朝纪年虽多样，但后代是以南朝为正统的，南朝依旧是一统的年号纪年法。

历史演至宋代。帝王为了国运长久，当然要打造本朝之正统。而史家，已经深深地陷入路径依赖，他们愿意将刚刚过去的半个世纪，归纳成适于年号纪年法的历史。

四、重审五代之"代"

宋代人对正统的反思者多为朝臣。他们的身份决定了他们言说的巨大局限性。他们不可能去质疑宋代政权的由来合乎正统与否。对与宋代相似的很多朝代的正统性也不能放言。明末与清末才有了一批不侍奉朝廷的思想者，故思路变宽。

明末史家从"代"的角度质疑"五代论"。严衍（1575—1645）在其《资治通鉴补》中说：

> 七雄分据，改称前列国……五代迭兴，改称后列国。

王夫之在其《读通鉴论·五代篇》中说：

> 称五代者，宋人之辞也。夫何足以称代哉？……刘守光、孟知祥、刘龑、王延政、马希萼、董昌志相若也，恶相均也，纭纭者皆帝皆王，而何取于五人，私之以称代邪？初无君天下之志，天下亦无君之之心，燎原之火，旋起旋灰，代也云乎哉？……宋之得天下也不正，推柴氏以为所自受，因而之，许朱温以代唐，而五代之名立焉。……天祐以后，建隆以前，谓之战国焉允矣。

清末人章太炎（1935）认同"列国说"，以为"正统殊可不问"：

> 史家载笔，直书其事，其义自见，本不必以一二字为褒贬。书法固当规定，正统殊可不问，所谓不过假年号以记事耳。《通鉴》视未成一统之局，与列国相等。

笔者以为，称该时期为"列国、战国"远比"五代"恰当。比较二者，"列国"的称呼更好，因为区分开了"战国"。尊重大家的习惯，历史上的"战国"不便更名。若"五代"改称"战国"，还要缀上"前、后"，好生啰嗦。

梁启超开启了近代对正统的彻底批判和全新思考，他在《论正统》（1902）一文中说：

　　中国史家之谬，未有过于言正统者也。……苟论正统，吾敢翻数千年之案而昌言曰：自周秦以后，无一朝能当此名者也。……宋之篡周宅汴，与晋之篡魏宅许者同源。……彼五人者，所掠之地，不及禹域二十分之一，所享之祚，合计仅五十二年，而顾可以圣仁神武某祖某皇帝之名奉之乎？其奉之也，则自宋人始也。宋之得天下也不正，推柴氏以为所自受，因而溯之，许朱温以代唐，而五代之名立焉。其正五代也，凡亦以正宋也。

　　所谓正统者，如是如是。而其所据为理论以衡量夫正不正者，约有六事：一曰，以得地之多寡而定其正不正也。凡混一宇内者，无论其为何等人，而皆奉之以正。……二曰，以据位之久暂而定其正不正也。虽混一宇内，而享之不久者，皆谓之不正，如项羽、王莽等是。三曰，以前代之血胤为正而其余皆为伪也。如蜀汉、东晋、南宋等是。四曰，以前代之旧都所在为正而其余皆为伪也。……五曰，以后代之所承者所自出者为正而其余为伪也。如因唐而正隋，因宋而正周等是。六曰，以中国种族为正而其余为伪也。……此六者互相矛盾，通于此则窒于彼，通于彼则窒于此。（梁任安，1903，105—109）

以上六条标准的表述并不周严。第二条是一票否定，似乎不存疑义；但为何不反着说，比如享国一百年以上方为正统，恐怕是不好定量。其他五条中，只有第一条似乎是一票肯定，但前文说过"自周秦以后，无一朝能当此名者"，故可以理解为梁说中不含一票肯定之原则。而不必符合多条，仅要求兼备第一条与第三条，就没有一个朝代堪称正统。西汉、唐、明，血统不符。蜀汉、东晋、南宋，不能"混一宇内"。

放到近代的"理性的审判台前"，符合严格正统标准的朝代是没有的。我们所能做的，不过是为一个时代取一个恰如其分的名称。如严衍、王夫之所说，"代"是不成立的，叫列国、战国还差不多。今人大多忘了古训"名不正言不顺"，很少再纠结"五代"的称呼。幸亏当下还有严修（2006）继续前人的这一思考：

> 五代十国，准确一些说，应该称为"六代十一国"。……十国之外还应该加上契丹（辽）国，共为十一国。……大辽政权存在的时间虽然短暂，只有短短的 6 个月，但它却是真真实实存在过。因此，五代宜称六代，即，梁、唐、晋、辽、汉、周。

为什么不说五代十一国，或六代十国呢？笔者理解，他的意思可能是，辽的前身是契丹国，辽退出中原后该国依旧存在，故其一肩双挑代与国。这尚可自圆。可是他并没有解答严衍、王夫之所说"代"不成立的质疑。这实际上是五代与十国的关系问题，为什么五国可称"代"，十国只称"国"呢？

我们不妨先列出诸国的关键数据。比较这些数据，或许可以更清晰地看到其间的异同，为我们猜想宋朝初年的君主何以命名"五代"，提供较为扎实的铺垫。

下页表中"起止年"取自万国鼎编《中国历史纪年表》。吴以下诸国的起始年份，有个实际独立和正式立国的时间差。编者取实际独立之年，有其道理，亦表明"列国"局面的形成早于朱梁正式取代大唐的 907 年。这个时间差晋、汉、周不含，但是在朱梁、后唐那里也存在。补上这个时间差，朱梁国的实际存在不足三十年，李晋—后唐的实际存在四十年出头。即，论

国名	起止年，历时年	州数	面积（方公里）	人口	传代	都城	称帝否
梁	907—923，16	78			2	开封	是
唐	923—936，13	123			4	洛阳	是
晋	936—946，10	109			2	洛阳	是
契丹辽	907—1125，218	16＋（其原有不在统计之列）			9	临潢	是
汉	947—950，4	106			2	洛阳	是
周	951—960，9	118	1042034	4836765	3	洛阳	是
吴	892—937，46	29			5	扬州	是
南唐	937—975，39	21	297724	3076865	3	金陵	是
吴越	893—978，86	13	137053	2555615	5	杭州	
闽	897—946，50	5			5	福州	是
南汉	905—971，67	47	459277	812865	4	广州	是
楚	896—951，56	10			6	长沙	
荆南	907—963，57	3	39472	702440	5	江陵	是
前蜀	891—925，35	46			2	成都	是
后蜀	925—965，41	46	360738	2613945	2	成都	是
北汉	951—979，29	10	63963	162830	4	太原	是
总计		268	2710533	15947365			

享国之长久，"五代"各国显然低于"十国"。原因浅显之至。六十余年中，中原的皇权易手三四次，蜀地仅分为前后两段，吴越、南汉则一姓贯之。

各国"州数"取自《新五代史职方考》。"面积"与"人口"取自《五代十国经济史》（杜文玉，2011，第一章）。疆域、人口都在流变之中。各国的州数未必是同一年，故951年（后周立国）以后诸国州数相加，比全国总数268州略多。杜氏的资料来自宋代，宋的来源大约是五代晚期。这期间南方人口更多，有北方战事频繁导致人口南迁的原因，早期、中期，恐南北人口差距没有这么大。但统计中的些许变化，无碍我们做出大致的比较和分析。后周的州数占全国州数的44%，国土面积占全国38%，人口占全国30%。南唐、吴越、后蜀，三国中任意两国人口之和，都多于后周。

然而在《旧五代史》中五代部分共132卷，十国与外国（契丹等）部分共7卷。《新五代史》中五代部分共57卷，十国与四夷部分共14卷。厚此薄彼的原因是正统观。划分二者的核心词是代与国。

代者，朝代也。在列国林立的时代，可以将一个国土面积占全国38%、人口占30%、享国之年并不久长的国家，称为朝代吗？显然，将公元十世纪前半叶的中国称为"列国时代"更恰当。为什么宋代君臣要名之曰"五代"？

笔者猜想，可能是三个因素导致宋人的选择。其一，北方继替的五国之规模毕竟大于南方任意一国。若当时最大的一国在南方，"五代"之谋划未必存在。它是个影响考量的因素，但远非全部，前文已述。其二，被称为"五代"的五国，大致呈继替之态。朱梁与李晋共存三十年，令继替稍欠完美。很可能是这种继替关系给了宋代君主想象的空间：帝王的大位，经梁唐晋汉周，传承到宋。其三，宋脱胎于后周。如果宋曾并肩存在于十六国中，不管它是五强中的一强，还是十国中的一国，它问鼎后大约都不会尊称其中的五国为"五代"。因为它以为十六之中唯有它赫然崛起，它不会刻意为它下面的十五国分出轩轾。如是它当然就要另编故事了。猜测新故事的主线将是，大宋如何于列国之中，励精图治，壮大崛起，一统天下。

五、小结

笔者认同梁启超的思想，历史上没有哪个王朝符合严格意义上的正统。"五代"是个案例。它告诉我们，正统是皇权为讲述自身合法性而做出的编造。过程中话语的转变和调整，是因为初期的定调未必完美，且王朝不同阶段中帝王的感受和策略是不同的。为皇权服务的史家，虽然披着道德至上的外衣，其话语制造中的自选空间是不大的。

调和事实记录与道德判断，是史学中的难题。正统论有两个支点。其一是帝王要讲故事。其二是史家的道德判断，它在史家中是颇有继承性的。道德判断其实在古今史学中都很难完全缺席。也大可不必缺席，道德依旧是今天很多史家入席的动力。但道德判断走向正统论是史学的悲剧。因为一旦作者为对象戴上正统的冠冕，就抑制了事实的描述。即始于道德，终于丧失道德。

社会与文化的演绎，从来都离不开技术。此处笔者是将纪年法看作技术的。中国的史家早就开始了皇位纪年法。纪年法与皇权年号之偶合，很可能对他们产生双重影响。其一是更感皇权之伟大。其二是路径依赖，面对列国，要树立正统，以之纪年。恰在宋代初叶，西历公元纪年法出现了。如果在薛居正、欧阳修写五代史之时，中国人建立了近似的纪年法，比如以孔子诞生为元年的一以贯之的纪年法，会不会稍许松动史家的正统观念呢？愿与诸位一同思考。

第五章
乱世君子

读五代史，最令笔者惊讶的是精彩纷呈的人格。此殊异于读前的想象。其引发的思考留待后面，先为大家呈现感动了笔者的各色人格。

一、孙鹤（生卒年不详）

讲一个好人却要从一个坏人说起，因为缠绕一起。这个好人仅存的少许历史，是写在新旧五代史这个坏人的列传中的。众多读者心目中，乱世五代坏人甚多，其中招牌人物是朱温。笔者曾对朋友说：朱温不是最坏。问谁最坏，笔者以为刘守光、庄宗后刘氏、张彦泽、郭允明，都比朱温有过之。五代以坏人众多著称，笔者无意复述众多坏人。为了讲一个好人，略述一个坏人刘守光。

其父刘仁恭最早服侍幽州节度使李可举，仁恭以挖地道攻城闻名，绰号"刘窟头"。可举死，二子争位，仁恭失势后投奔李克用。他游说李克用攻陷幽州，并留守在此。后与李克用反反复复。逐渐占据数州，与其子刘守文都成为节度使。刘守光追随父兄，长了本事，膨胀了野心和欲望。《旧五代史》记载相似："仁恭有嬖妾曰罗氏，美姿色，其子守光烝之，事泄，仁恭怒，笞守光，谪而不齿。"（卷135《刘守光传》）"烝"的一个语意指娶父亲或兄长的妻妾。《左传》中有"烝"，注曰：上淫曰烝。显然，"烝"字已经一肩双挑对上辈女子之娶与淫。后朱温的军队攻幽州。刘守光击退了朱军，转而攻取其父仁恭栖身的大安山，囚禁其父。沧州的兄长守文闻信，请契丹帮助讨伐守光。守文仁义，看契丹军得势时高喊：勿杀吾弟。不料自己被守光擒获。

守文被擒后，"沧州宾佐孙鹤、吕兖已推守文子延祚为帅"（同上）。宾佐非官职，能于危难时助成权力继承的孙鹤，当是一级官吏。恐薛居正不详其职。守光围困沧州百余日，城内粮尽，人相食。"延祚力穷，以城降于守光"。《旧五代史》说：

> （吕琦）父兖，沧州节度判官，累至检校右庶子。刘守光攻陷沧州，琦父兖被擒，族之。琦时年十五，为吏追摄，将就戮焉。有赵玉者，幽、蓟之义士也，久游于兖之门下，见琦临危，乃绐谓监者曰："此子某之同气（注：同胞兄弟）也，幸无滥焉。"监者信之，即引之俱去。行一舍，琦困于徒步，以足病告，玉负之而行，逾数百里，因变姓名，乞食于路，乃免其祸。（《旧五代史》卷92《吕琦传》）

同书两处矛盾：降与攻陷。《新五代史》也说降。为什么而后吕兖被灭门而孙鹤活下来，史册无载。笔者猜想，可能是围城谈判时吕兖立场强硬。史册亦无载延祚死活，笔者猜想，投降前承诺了不杀。《旧五代史》说延祚降后守文"寻亦遇害"，《新五代史》说守文被擒后"既而杀之"。曾命悬一线的吕琦过后颇成气候，此处不表。

降后的孙鹤成了守光的宾佐，先后进谏三次：

> 由此益骄……守光身衣赭黄，谓其将吏曰："我衣此而南面，可以帝天下乎？"孙鹤切谏以为不可（接此处《旧五代史》云：守光不悦）。梁攻赵，赵王王镕求救于守光，孙鹤曰："今赵无罪，而梁伐之，诸侯救赵之兵，先至者霸，臣恐燕军未出，而晋已先破梁矣，此不可失之时也。"守光曰："赵王尝与我盟而背之，今急乃来归我；且两虎方斗，可待之，吾当为卞庄子也。"遂不出兵。（《新五代史》卷39《刘守光传》）

李克用出兵伐梁助赵，拔了头筹。周边势力兵老师疲之际，刘守光有生事苗头。为防范他，几股势力相约给他"尚父"的称号。愚钝无知的刘守光最初得意，询问方知尚父殊非君主。

> 怒曰："我为尚父，谁当帝者乎？且今天下四分五裂，大者称帝，小者称王，我以二千里之燕，独不能帝一方乎？"乃械梁、晋使者下狱，置斧锧于其庭，令曰："敢谏者死。"孙鹤进曰："沧州之败，臣蒙王不杀之恩，今日之事，不敢不谏。"守光怒，推之伏锧，令军士割而啖之。鹤呼曰："不出百日，大兵当至。"命窒其口而醢之。守光遂以梁乾化元年（911）八月自号大燕皇帝。（同上）

翌年刘守光被灭。刑前丑态百出，先委罪于部将李小喜，后又哀求免死，乃至妻妾都骂他："事已至此，生复何为，愿先死。"

薛居正称孙鹤"骨鲠方略之士也"，当之无愧。惜乎孙鹤在刘守文亡前的行迹湮没无闻，连其生卒年都不知。除了"推守文子延祚为帅"，他很可能还参与了沧州投降的谈判。故可以判断，他是智者。且是知恩图报者。城破后被留用，故以为说谏言才是报答。骨鲠，谋略，报恩，三位一体，难得。

二、赵凤 (约885—935)

旧新《五代史》对赵凤均有大量记载，出入不大。

> 赵凤，幽州人也，少以儒学知名。燕王刘守光时，悉黥燕人以为兵，凤惧，因髡为僧，依燕王弟守奇自匿。守奇奔梁，梁以守奇为博州刺史，凤为其判官。守奇卒，凤去为郓州节度判官。晋取郓州，庄宗闻凤名，得之喜，以为扈銮学士。庄宗即位，拜凤中书舍人、翰林学士。(《新五代史》卷28《赵凤传》)

刘氏父子在燕地大肆黥面之事在天祐三年（906）。能逃避黥面，说明赵凤的自尊与机智。孙鹤、韩延徽、冯道、龙敏，也都服侍过刘守光。这四人的传记中均无黥面之事，且均未提供他们入职的年份。笔者猜想，可能黥面是一时之作，以后因抵触而作罢，至少不殃及文官。那四位可能是黥面事件之后入职，故与赵凤失之交臂。

> 凤性豁达，轻财重义，凡士友以穷厄告者，必倾其资而饷之，人士以此多之也。(《旧五代史》卷67《赵凤传》)

这是薛居正对赵凤的评语。读罢赵凤传，似觉薛氏并未概况出他自己讲述的赵凤。且举其四端。其一，端正礼仪：

> 庄宗及刘皇后幸河南尹张全义第，酒酣，命皇后拜全

> 义为父。明日，遣宦者命学士作笺上全义，以父事之，凤
> 上书极言其不可。（《新五代史》卷 28《赵凤传》）

其二，匡正是非。该时安重诲权倾一时，明宗都奈何不得。重
诲谋害任圜后，君臣不语，唯赵凤不平：

> 凤哭谓安重诲曰："任圜，义士也，肯造逆谋以雠君父
> 乎？如此滥刑，何以安国。"重诲笑而不责。（《旧五代史》
> 卷 67《赵凤传》）

而安重诲失势后墙倒众人推，又是唯有赵凤为其鸣不平，导致
明宗以为他是朋党，外放作节度使。其三，巧对术士。

> 明宗即位之明年，一日，谓侍臣曰："方士周玄豹，昔
> 曾言朕诸事有征，可诏北京津置赴阙。"赵凤奏曰："袁、
> 许之事，玄豹所长者，以陛下贵不可言，今既验矣，余无
> 可问。若诏赴阙下，则奔竞之徒，争问吉凶，恐近于妖
> 惑。"乃止。令以金帛厚赐之，授光禄卿致仕。（《旧五代
> 史》卷 71《周玄豹传》）

> 有僧游西域，得佛牙以献，明宗以示大臣。凤言："世
> 传佛牙水火不能伤，请验其真伪。"因以斧斫之，应手而
> 碎。是时，宫中施物已及数千，因凤碎之乃止。（《新五代
> 史》卷 28《赵凤传》）

其四，对亡命之君：

> 及闵帝蒙尘于卫州，凤集宾佐军校，垂涕曰："主上播
> 迁，渡河而北，吾辈安坐不赴奔问，于礼可乎？"军校曰：
> "唯公所使。"将行，闻闵帝遇弑而止。（《旧五代史》卷
> 67《赵凤传》）

如此敢言、睿智，可信五代有君子，有人才。

三、韩延徽

本章人物入选，在人格，不在功名权位。但即使就后者论，韩延徽亦属一级历史人物。惜乎对他的最初记载少而又少。其后多为转抄。笔者首先想做的是，按照时间顺序，删节一些重复，呈现史家们对他的记载。

后汉高祖实录（刘知远，947—948 年在位，实录应该写于该时）延徽传云："天祐（901—904）中连帅刘守光攻中山不利，欲结北戎，遣延徽将命入虏。"这段话载于《资治通鉴·后梁纪四》中之考异。"考异"为最初编撰中舍弃不用的材料，后来胡三省又将之附在《资治通鉴》文中。但放在贞明二年（916）的段落中，显然不对，914 年刘仁恭父子就被杀。欧阳修的助手刘恕以为，实录记载的遣延徽入契丹之时间有误，应该是乾化元年（911）守光攻易定之后的事情，但并无显据。韩赴契丹可能是 911 或 912 年。关键在于，实录中这句话是关于韩延徽的最早记载。

关于韩延徽的第二次记载，是 961 年成书的《五代会要》卷 29《契丹》中的一句话："（耶律阿保机）僭称帝号，以妻述律氏为皇后，燕人韩延徽为宰相。"

五代最重要史册当属薛居正 973 年完成的《旧五代史》。薛氏有可能没看到后汉高祖实录，但《五代会要》他一定见到了。费解的是，《旧五代史》中没有韩延徽一个字。且薛居正撰写刘守光、李存勖、冯道、耶律阿保机时，都会发现韩延徽其人。众所周知《旧五代史》遗失多卷，故有遗失的可能。但也有没写的可能，因为所存诸公的列传中没有韩延徽一个字，遗失何以如此干净。

1053 年成书的欧阳修著《新五代史》中，韩延徽仅见于《四夷附录》中，无本人传记，但已属第一次大段讲述。内容大致如下：

> 当阿保机时，有韩延徽者，幽州人也，为刘守光参军，守光遣延徽聘于契丹。延徽见阿保机不拜，阿保机怒，留之不遣，使牧羊马。久之，知其材，召与语，奇之，遂用以为谋主。阿保机攻党项、室韦，服诸小国，皆延徽谋也。延徽后逃归，事庄宗，庄宗客将王缄谮（注：诬告的意思）之，延徽惧，求归幽州省其母。行过常山，匿王德明家。居数月，德明问其所向，延徽曰："吾欲复走契丹。"德明以为不可，延徽曰："阿保机失我，如丧两目而折手足，今复得我，必喜。"乃复走契丹。阿保机见之，果大喜，以谓自天而下。阿保机僭号，以延徽为相，号"政事令"，契丹谓之"崇文令公"，后卒于虏（注：即契丹之地。《新五代史》卷 72《四夷附录第一》）

1084 年成书的《资治通鉴》中载有韩延徽。我们删节与《新五代史》重复处，仅录其独家文字：

> 初，燕人苦刘守光残虐，军士多归于契丹。及守光被围于幽州，其北边士民多为契丹所掠，契丹日益强大。契丹王阿保机自称皇帝，国人谓之天皇王，以妻述律氏为皇后，置百官。

> 刘守光末年衰困，遣参军韩延徽求援于契丹。考异曰：汉高祖实录延徽传云："天祐中连帅刘守光攻中山不利，欲

结北戎，遣延徽将命入虏。"刘恕以为刘守光据幽州后未尝攻定州，惟唐光化三年汴将张存敬拔瀛、莫，攻定州，刘仁恭遣守光救定州，为存敬所败，恐是此时，仁恭方为幽帅，非守光也。按刘仁恭父子强盛之时常陵暴契丹，岂肯遣使与之相结。乾化元年守光攻易定，王处直求救于晋，故晋王遣周德威伐之，其遣延徽结契丹盖在此时。然事无显据，故但云衰困，附于此。

延徽始教契丹建牙开府，筑城郭，立市里，以处汉人，使各有配偶，垦艺荒田。由是汉人各安生业，逃亡者益少。契丹威服诸国，延徽有助焉。顷之，延徽逃奔晋阳。晋王欲置之幕府，掌书记王缄疾之。延徽不自安，求东归省母。

既省母，遂复入契丹。契丹主闻其至，大喜，如自天而下，拊其背曰："向者何往？"延徽曰："思母，欲告归，恐不听，故私归耳。"契丹主待之益厚。及称帝，以延徽为相，累迁至中书令。晋王遣使至契丹，延徽寓书于晋王，叙所以北去之意，且曰："非不恋英主，非不思故乡，所以不留，正惧王缄之谗耳。"因以老母为托，且曰："延徽在此，契丹必不南牧。"故终同光之世，契丹不深入为寇，延徽之力也。按：庄宗之世，契丹围周德威，救张文礼，曷尝不欲深入为寇哉。晋之兵力方强，能折其锋耳，岂延徽之力邪。(《资治通鉴》卷269)

《契丹国志》，淳熙七年（1180）叶隆礼奉上，也有研究者说是元人撰写，托名南宋人叶隆礼。该书有"韩延徽传"。笔者录其同上述不相重复者：

韩延徽，幽州人也。仕刘守光为幕府参军，守光与六镇构怨，自称燕帝，延徽谏之不从，守光置斧质于庭，曰："敢谏者斩。"孙鹤力谏，守光杀之。延徽以幕府之旧，且素重之，得全。

守光末年衰困，卢龙巡属皆入于晋，遣延徽求援于契丹。……太祖召延徽语，悦之，遂以为谋主，举动访焉。延徽始教太祖建牙开府，筑城郭，立市里，以处汉人，使各有配偶，垦艺荒田。由是汉人各安生业，逃亡者益少。契丹威服诸国，延徽有助焉。

顷之，延徽逃奔晋王，晋王欲置之幕府，掌书记王缄疾之，延徽不自安，求东归省母。……既省母，遂复入契丹。……太祖待之益厚。及称帝，以延徽为相，累迁至中书令。

后，太宗援石晋，得幽、燕，会同称制，以延徽兼枢密使、同平章事。后数年，延徽卒于契丹。(《契丹国志·韩延徽传》)

再后关于韩延徽的记载见于1344年完成的《辽史》：

韩延徽，字藏明，幽州安次人。父梦殷，累官蓟、儒、顺三州刺史。延徽少英，燕帅刘仁恭奇之，召为幽都府文学、平州录事参军，同冯道祗候院，授幽州观察度支使。后守光为帅，延徽来聘(注：指赴契丹)。太祖怒其不屈，留之。……召与语，合上意，立命参军事。攻党项、室韦，服诸部落，延徽之筹居多。乃请树城郭，分市里，以居汉人之降者。又为定配偶，教垦艺，以生养之。以故逃亡者少。……(归后唐返回契丹)上大悦，赐名曰匣列。"匣列"，辽言复来也。即命为守政事令、崇文馆大学士，中外事悉令参决。天赞四年，从征渤海，大諲譔乞降。既而复叛，与诸将破其城，以功拜左仆射。又与康默记攻长岭府，拔之。师还，太祖崩，哀动左右。太宗朝，封鲁国公，仍为政事令。使晋还，改南京三司使。世宗朝，迁南府宰相，建政事省，设张理具，称尽力吏。天禄五年六月，河东使请行册礼，帝诏延徽定其制，延徽奏一遵太宗册晋帝礼，从之。应历中，致仕。子德枢镇东平，诏许每岁东归省。九年卒，年七十八。上闻震悼，赠尚书令，葬幽州之鲁郭，世为崇文令公。（《辽史·韩延徽传》）

　　夫赋税之制，自太祖任韩延徽，始制国用。（《辽史·食货志》）

众幕僚中刘守光选中韩延徽出使契丹，除了外交能力，可能因为韩通契丹语，在幽州此不乏其人。

笔者猜想，孙鹤、韩延徽、冯道、龙敏，四位才华出众的年轻人在互动中完成各自的心智成长与生存选择。孙鹤的命运惊呆了三人，冯道因一句真话而入狱，达成了三人逃逸的共识。冯道"寻为人所救免"，救援者恐少不了韩、龙两兄弟。冯道出狱后旋即逃亡太原。龙敏则"避地浮阳（注：古县或郡，在今河北沧县附近），渡河而南。"就在两兄弟出走前后，韩延徽领旨赴契丹，可说正中下怀。乃至刘守光亡前再没回来。回来时中原已经是后唐的天下。笔者判断，他这趟在契丹滞留应该有三四年，不然做不成那么多事情。偷着跑回来，恐怕因为此时他还想过汉人的生活。在汉地的第二个朝代中听差，让延徽完成了一个比较：中土更险恶，胡地好生存。于是义无反顾地重回契丹。他给庄宗的信，笔者相信。"延徽在此，契丹必不南牧"，不必当真。母亲和好友冯道都在后唐，与庄宗和睦对大家都好。说这样的话，符合他的智商情商。完成了定居胡地的选择，说明他有超强的适应力，不拘泥民族情结。后者有助于我们透视五代人的民族观，及游走两边之难易。

横出一笔。韩延徽离后唐再赴契丹，系因王缄排挤。《旧五代史》没有韩延徽却有王缄的小传。王与韩同为幽州人，且都侍奉过刘仁恭，后又侍奉后唐。擒仁恭父子后，"庄宗命缄为露布，观其旨趣。缄起草无所辞避，义士以此少之。"（《旧五代史》卷60《王缄传》）由此可以窥见：王缄刻薄，而多数五代人崇尚厚道。

接下来讨论韩延徽的事功。他对阿保机的帮助竟然除了文治，还有武功。以上史料已经呈现，不赘。其主要贡献当然是文治。其一是解决阿保机的一个老大难。《资治通鉴》说："燕人苦刘守光残虐，军士多归于契丹。及守光被围于幽州，其北边士民多为契丹所掠。"（卷269《后梁纪四》）这些史实新旧《五代史》也多处呈现。汉民的进入对契丹统治者是利益，也是难题。安置得当，他们是生产力；处置不当，他们是流民、灾民。有了韩延徽的出谋划策，"使各有配偶，垦艺荒田"，才有了农人家庭立足胡地，胡汉接壤地带的安宁。新型的管理也是契丹统治者希望学习的。韩延徽帮助他们"建牙开府，筑城郭，立市里"。这对于游牧民族是划时代的。他是耶律阿保机的首席智囊，官职政事令。"太宗（耶律德光）朝，封鲁国公，仍为政事令。使晋还（注：一度出使后晋，惜史书无载细节），改南京（注：辽国陪都，今北京西南）三司使。世宗朝，迁南府宰相。"（《辽史·韩延徽传》）阿保机离世后，韩延徽虽仍在任，地位作用应该不同，调任陪都即为证明。耶律德光应石敬瑭邀请挥师南下，可以不依靠韩延徽。以后灭后晋，立大辽国于中土，不可以没有一位得力的汉人襄助。当时韩延徽在何处呢？

韩延徽儿子韩德枢亦在契丹为官。韩延徽卒，"上闻震悼，赠尚书令，葬幽州之鲁郭，世为崇文令公。"（《辽史·韩延徽传》）鲁郭位于大辽南京，即今北京丰台区鲁谷，大约即八宝山。自20世纪80年代始，在此地发现了韩延徽家族大约十代人的墓地。从最古老的子孙繁衍的角度看，韩延徽也是成功者。

韩延徽的人格在中国历史上都堪称独特。他与庾信、洪承畴不同，二者是被迫的，延徽是自愿的。更与同时代投靠契丹的赵德钧、赵延寿父子不同，他们希望耶律德光扶持他们做中原的皇帝。延徽则是选择做契丹的大臣。韩延徽兼有国际视野和个体主义价值观。

四、张承业 (846—922)

895年唐将王行瑜图谋废黜昭宗，李克用勤王讨伐王行瑜。昭宗派宦官张承业串联克用，后留作监军。监军是唐朝皇帝派宦官监督军头的职务，但唐末权力自皇帝向节度使转移。监军们看在眼里，渐从监督转向协作。张李合作融洽。此时昭宗为逃避朝中叛逆，拟奔赴李克用老巢太原，指承业迎驾。后改主意去了华州。这影响了其后的历史，给了朱温挟天子以令诸侯的机会。903年宰相崔胤勾结朱温，击败了宫廷斗争中长期占优的宦官。杀了朝中七百余名宦官，并下旨各地诛杀宦官，宦中要角就是监军，恐怕要交送首级的。李克用将张承业藏到斛律寺，以罪犯首级替代。昭宗崩，张承业复为监军。

李克用去世前将儿子李存勖（23岁）托命给弟克宁与张承业（69岁）。李存勖看到其父义子甚多，均年长于己，有军功有部曲，有些怯阵，便将权力托付给叔叔克宁。不期克宁在存颢等挑唆下有心取而代之。消息走漏，存勖母子求助承业。承业果断斩除了李克宁、李存颢等。李存勖方执掌大权。以后存勖事承业为兄长，称之"七哥"。而承业长存勖 39 岁，甚至长克用 9 岁。以后李存勖，

> 与梁战河上十余年，军国之事，皆委承业，承业亦尽心不懈。凡所以畜积金粟，收市兵马，劝课农桑，而成庄宗之业者，承业之功为多。自贞简太后、韩德妃、伊淑妃及诸公子在晋阳者，承业一切以法绳之，权贵皆敛手畏承业。（《新五代史》卷 38《张承业传》）

军事上张承业亦有少许要紧谏言，操持内政则是第一人。以上所述已包罗万象，依旧在概况中疏漏了一项，就是帮助存勖网罗人才。其启用冯道，完全不在乎术士之言。以后承业与存勖冲突于两端。其一，

> 庄宗岁时还晋阳宫省太后，须钱蒲博（注：赌博）、给伶官，尝置酒于泉府，庄宗酣饮，命兴圣宫使李继岌为承业起舞，既竟，承业出宝带、币马奉之。庄宗指钱积谓承业曰："和哥无钱使，七哥与此一积，宝马非殊惠也。"承业谢曰："郎君歌舞，承业自出己俸钱。此钱是大王库物，准拟支赡三军，不敢以公物为私礼也。"庄宗不悦，使酒侵承业。承业曰："臣老敕使。非为子孙之谋，惜钱为大王基业，王若自要散施，何访老夫，不过财尽兵散，一事无成。"（案：《通鉴》作王自取用之，何问仆为。）庄宗怒，顾元行钦曰："取剑来。"承业引庄宗衣，泣而言曰："仆荷先王遗顾，誓为本朝诛汴贼，为王惜库物，斩承业首，死

亦无愧于先王，今日请死。"阎宝解承业手，令退。承业诟
宝曰："党朱温逆贼，未尝有一言效忠，而敢依阿谄附。"
挥拳踣之。太后闻庄宗酒失，急召入。庄宗性至孝，闻太
后召，叩头谢承业曰："吾杯酒之间，忤于七哥，太后必怪
吾。七哥为吾痛饮两卮分谤，可乎？"庄宗连饮四钟，劝承
业，竟不饮。庄宗归官，太后使人谓承业曰："小儿忤特
进，已笞矣，可归第。"翌日，太后与庄宗俱幸其第，慰劳
之。自是私谒几绝。（《旧五代史》卷72《张承业》）

其二，

> 庄宗已诺诸将即皇帝位。承业方卧病，闻之，自太原
> 肩舆至魏（注：乘轿子，大约六百里地），谏曰："大王父
> 子与梁血战三十年，本欲雪家国之雠，而复唐之社稷。今
> 元凶未灭，而遽以尊名自居，非王父子之初心，且失天下
> 望，不可。"庄宗谢曰："此诸将之所欲也。"……承业知不
> 可谏，乃仰天大哭曰："吾王自取之。误老奴矣。"肩舆归
> 太原，不食而卒，年七十七。（《新五代史》卷38《张承
> 业传》）

《新五代史》中最令人称道的文字是"宦者传"。言及张承业
时云：

> 五代文章陋矣，而史官之职废于丧乱，传记小说多失
> 其传，故其事迹，终始不完，而杂以讹缪。至于英豪奋起，
> 战争胜败，国家兴废之际，岂无谋臣之略，辩士之谈？而
> 文字不足以发之，遂使泯然无传于后世。然独张承业事卓
> 卓在人耳目，至今故老犹能道之。其论议可谓杰然钦。殆
> 非宦者之言也。（同上）

欧阳修文采斐然，但非史才。且一切历史都是当代史。对张承业的人格，今人当有今人的理解。

张承业人格的最大特征是什么？忠君。而这正是欧阳修史学的基石。他慨叹五代忠臣稀少，他勉力为之，撰写了《死节传》与《死事传》。两传共计也没有几个人。却放着张承业，不入此二传。何故？张承业乃宦人也。宦官不是官，不是人臣吗？他显然认为不是，他不将宦人看作人，而是看作祸根。"自古宦者乱人之国，其源深于女祸。……宦者之为祸，虽欲悔悟，而势有不得而去也。"（《新五代史》卷38《宦者传》）他脍炙人口的《宦者传》结构就有矛盾。立论宦官为祸，不选为祸的宦者，却选两个至善的宦者。另一宦官为张居翰，也是唐昭宗的监军。诛杀宦官时被刘仁恭保护。魏城军变时，庄宗怕蜀降将王衍背叛，下诏书杀之，诏书云"诛衍一行"。居翰以为杀降不祥，将"一行"改为"一家"，挽救了蜀国降者千余人。如此立论就不要如此选人，如此选人就不好如此立论。对宦官的一般性歧视，使得欧阳修无法正确地安置这两位宦者。

张承业是宦官，也是忠臣，这是没有疑问的。作为忠臣，张承业的作为，没有几个非宦者的官吏堪与比肩。

但是，张承业的忠君是盲目的、一厢情愿的愚忠。笔者以为，若不含愚忠，忠君的行为都是无法贯彻到底的。孔子说："为人谋而不忠乎？"人与人的关系是"忠"的本源、基石。答应朋友的事情就该完成，不难为自己吗？不合适你可以不答应嘛。主仆的关系则不同于人与人的一般关系。因为仆人已经被买断，但主人不发昏的可能性较高，因此仆人执行主人的要求又不违背良知的可能性依旧很大。皇帝与普通的主人大为不同。极少受到制约，使得皇帝的行为有太大的任意性。因而君臣不同于常人关系，为臣之忠不含几分愚几无可能。

张承业的忠君先后有两个对象。先是自唐僖宗光启中（约887年）开始做唐室宦官，此时黄巢起事已经九年。他对皇室的忠诚受到两种考验。他亲眼目睹唐室的衰微，复兴几无可能。当然也可以不受影响，忠贞之臣可以殉道嘛。但后一考验更严酷，就是903年下旨诛杀各地宦官，这是经过皇帝之手的诏书。一个被追杀者如何继续他的忠诚呢？受到李克用保护后，张承业开始侍奉晋王李克用、李存勖。对待唐室与晋王可以是一种忠诚吗？说辞上可以自圆。李家父子一直坚称致力于复兴唐室，在朱温称帝后，王建邀请一同称帝时，李克用依旧是这一说辞。可是其一，张承业是目睹李克用885—895年与唐僖宗、昭宗冲突，乃至进犯京师的。其二，唐室与诸枭雄此消彼长，多年后张承业还能相信一支枭雄志在复兴已不复存在的唐室吗？笔者不是说张承业对唐室的忠诚不能一以贯之，只是说这其中颇多盲目和一厢情愿。不能说这是以今人的思想看待古人，不然何以太多的五代人不选择从一而终。

而张承业不仅感动了五代人，也感动了后人、今人。笔者以为，其动人处有三。其一忠君，虽然笔者不以为然。其二孔子所说为人谋而不忠乎，他将之做到极致。其三也是笔者最钦佩的，是身为宦官，为主人做事时坚守自己的信念和尊严，没有一丝的媚态。笔者相信，张承业的持久的魅力在后两者。

五、郭崇韬

郭崇韬，代州雁门人。初侍奉李克修。克修卒，侍奉李克用、李存勖。

本章十个人物中只有郭崇韬是将才。而这不是选择他的原因，选择他是因为他的将才之外的品性。但也要少许说说将才。李克用麾下将才颇多。在与朱温对峙的十余年间，最突出的三位是周德威、李嗣源和郭崇韬。在实战层次上周德威可能属第一。"胆气智数皆过人，久在云中，谙熟边事，望烟尘之警，悬知兵事。"（《旧五代史》卷56《周德威传》）在宏观把握和战机判断上，郭崇韬可能超过德威。李嗣源实战上可能超过郭崇韬，战机判断上不好说。因为他是李克用的义子，年龄、战功都远高过李存勖。李存勖对义兄多有警惕，故嗣源刻意收敛，较少主动献策。郭崇韬没有这层顾虑，且性格使然，他大概是李存勖麾下出主意、提意见最多的人，兼及战事内外。

凭战功立身者皆依赖运气。三人中李嗣源是福将，正常情况下义子没有继承皇位的可能，嗣源不费一刀一枪坐上大位。周德威运气最坏。胡柳坡李嗣源坚持出击，德威出发前无奈地对儿子说："吾不知其死所矣。"郭崇韬的运气曾经最好，结局却最悲剧。923年冬梁唐两军对峙大河两岸时，双方疲惫。李嗣源天性好战，忽悠他出战不难。问题是后唐唯郭崇韬以为当下是最佳战机。李嗣源大受鼓舞，连司天的话都不顾，几天时间就打垮后梁。破城的是李嗣源，运筹的是郭崇韬，灭晋后李存勖赐二人铁券。入洛阳后崇韬面对降将的行贿与周围的非议：

> 崇韬素廉，自从入洛，始受四方赂遗，故人子弟或以为言，崇韬曰："吾位兼将相，禄赐巨万，岂少此邪？今藩镇诸侯，多梁旧将，皆主上斩祛射钩之人也。今一切拒之，岂无反侧？且藏于私家，何异公帑？"明年，天子有事南郊，乃悉献其所藏，以佐赏给。（《新五代史》卷24《郭崇

韬传》)

由此可见郭崇韬对李存勖忠心耿耿且用心良苦。大战的决策能有几番，崇韬的忠心更多体现在他的直言劝谏。李存勖迷戏曲，他喜爱的戏子周匝被后梁掠去。

> 后灭梁入汴，周匝谒于马前，庄宗得之喜甚，赐以金帛，劳其良苦。周匝对曰："身陷仇人，而得不死以生者，教坊使陈俊、内园栽接使储德源之力也。愿乞二州以报此两人。"庄宗皆许以为刺史。郭崇韬谏曰："陛下所与共取天下者，皆英豪忠勇之士。今大功始就，封赏未及于一人，而先以伶人为刺史，恐失天下心。不可。"因格其命。逾年，而伶人屡以为言，庄宗谓崇韬曰："吾已许周匝矣，使吾惭见此三人。公言虽正，然当为我屈意行之。"卒以俊为景州刺史、德源为宪州刺史。(《新五代史》卷37《伶官传》)

河南县令罗贯秉公执法，得罪权贵，经刘皇后请托到李存勖。存勖赴太后葬礼的路上因路泥桥塌而受阻。此路段正在河南县内。故将罗贯下狱，传旨杀之。崇韬谏曰：

> "贯罪无佗，桥道不修，法不当死。"庄宗怒曰："太后灵驾将发，天子车舆往来，桥道不修，卿言无罪，是朋党也。"崇韬曰："贯虽有罪，当具狱行法于有司。陛下以万乘之尊，怒一县令，使天下之人，言陛下用法不公，臣等之过也。"庄宗曰："贯，公所爱，任公裁决。"因起入宫，崇韬随之，论不已。庄宗自阖殿门，崇韬不得入。贯卒见杀。(《新五代史》卷24《郭崇韬传》)

庄宗欲建一楼避暑，

宦官曰："郭崇韬眉头不伸，常为租庸惜财用，陛下虽欲有作，其可得乎？"庄宗乃使人问……崇韬对曰："陛下昔以天下为心，今以一身为意，艰难逸豫，为虑不同，其势自然也。愿陛下无忘创业之难，常如河上（注：喻与朱晋交战时），则可使繁暑坐变清凉。"庄宗默然。终遣允平起楼，崇韬果切谏。宦官曰："崇韬之第，无异皇居，安知陛下之热。"由是谗间愈入。（同上）

仅以上三则毕见郭崇韬之直言，恐后唐一时无两。但看官需留意，三次均未果。而灭梁后郭崇韬虽权倾一时，起于宦官的谗言也日甚一日。崇韬感到危机，问诸子及门人故吏，是否该退隐。子弟们出策：辞职难成却可以提出以塞谗人之口，做利民大事建立清誉，请立宠妃刘氏为皇后以悦皇帝。功成身退是皇权下为臣之铁律。而郭氏子弟门生的主张是再立新功以抗谗言。郭崇韬本性上就是进取之人，便放弃了隐退之念。而请立刘氏，亦十足败招也，因刘氏人品久为人知。昔日她与嫡夫人争宠，耻为寒门女。某日存勖告她其父来了，她陡然变色：我离乡父亲死于兵荒，鞭打此冒名者。那真的是她父亲。刘氏显然不是知恩图报者。那么请立她为太后与她日后加害崇韬能有因果关系吗？只有坏处没有好处。这与大功思退一个道理。这等坏人岂能情愿有个大恩人总在面前，又是国家重臣。明智如冯道者，断乎不趟这摊浑水。

亲子与门生的建议加强了崇韬的进取心。这时朝廷正讨论伐蜀大计。时为兵马总管的李嗣源本该任统帅。崇韬心存再立新功，便说李嗣源需防范北面契丹，这次该让太子继岌建功。李存勖还真的从了崇韬的意愿，命他辅佐不谙军事的太子去伐蜀。伐蜀之行给了他的死敌宦官们可乘之机。

郭崇韬与宦官的冲突由来已久。初时他与宦官张居翰同为枢密使，居翰退让崇韬，乃至辞退。以后的宦官中再难找张居翰这样的善人。若居翰一直在位，很可能没有崇韬后来的悲剧。接着崇韬又排挤走继张居翰做枢密使的宦官马绍宏。马恨得咬牙根。伐蜀途中，

> （崇韬）从容白继岌曰："蜀平之后，王为太子，待千秋万岁，神器在手，宜尽去宦官，优礼士族，不唯疏斥阉寺，骟马亦不可复乘。"由是内则伶官巷伯（注：宦官的意思），怒目切齿；外则旧僚宿将，戟手痛心。（《旧五代史》卷57《郭崇韬传》）

继而皇帝派宦人中官来蜀传旨，崇韬竟然不去迎接。宦官们倒郭的谋划开始了。他们状告皇帝和皇后：伐蜀缴获的财富、美女大多归了郭氏父子，郭崇韬有当蜀王的野心，有危及继岌安全的可能。庄宗听后大怒，指派宦人马彦珪赴蜀窥虚实，并说若崇韬班师回朝作罢，若不归就办了他。马彦珪挑唆后，太后再求庄宗，帝说未见虚实怎么能下手。《旧五代史》说太后便写了手书（《新五代史》说伪造了皇帝诏书），令杀崇韬。马向继岌出示皇后手书，继岌说郭是伐蜀功臣，无皇帝诏书不行。马说帝有口信，此事外溢不得了。继岌少不更事：后唐的天下是你们父子的，大事岂能他人定夺。一念之差，丢了自己未来的皇位。郭崇韬被杀。其五子，在蜀两子随父丧命，在洛阳、魏州、太原的三子也分别被杀。获得铁券的后唐第一功臣便如此殒命。未几，庄宗又听宦官谗言，杀了另一位铁券持有者朱友谦（庄宗还曾赐其姓名：李继麟）。无端杀功臣的庄宗尽失军心，旋即在魏州兵变中丢了天下。李嗣源称帝后曾就铁券与群

臣有过一番对话：

> 帝谓侍臣曰："古铁券如何？"赵凤对曰："帝王誓文，许其子子孙孙长享爵禄。"帝曰："先朝所赐，惟朕与郭崇韬、李继麟（注：原名朱友谦）三人尔，崇韬、继麟寻已族灭，朕之危疑，虑在旦夕。"于是嗟叹久之。赵凤曰："帝王执信，故不必铭金镂石矣。"（《旧五代史》卷39《唐明宗纪五》）

郭崇韬的悲剧是四人共谋：李存勖是不称职的帝王。如果不是众宦官与皇后吃透了这个顽主帝王疏于政务，岂敢如此造次。皇后刘氏是极端自私的坏人。但这二人只是共谋的配角。主角是宦官们和郭崇韬。唐代最后九个皇帝，七个是宦官所立，两个是宦官所杀。唐朝宦官群体吃透了宫廷权力斗争的奥秘。白头宫宦在，闲坐说玄宗。身为宦官想不知道这些都不可能。而唐朝覆灭之前，宦官几乎被斩杀殆尽。他们深知当下的生存来之不易。当他们听到一个位高权重者公然厉声："太子神器在手，宜尽去宦官"，他们会凝聚全身心，团结全体宦官，与之鱼死网破。

再说郭崇韬。其最大悲剧成因是他自己。他感到高处不胜寒时策略不一，想退隐却前行，如此必然招致更大风险。在他的认知系统中，宦官群体几乎是个盲点。他不知道他们在唐朝呼风唤雨、在唐末风声鹤唳的历史，不知道他们有不可思议的权术与力量。不然他就是想灭宦官，也不能明说。

就是说，郭崇韬的死是偶然的。不是四因合一，不会有这样的结局。他谏言直率生猛并未惹事，其实要比他的悲剧更反映后唐的政治生态。那时大臣是可以提出不同意见的，即使皇帝不听从，也不会带来杀身之祸。

六、李愚（? —935）

李愚"自称赵郡平棘西祖之后"。赵郡李氏（别名平棘李氏）系战国名将、赵国丞相李牧奠基，汉唐一等望族。李愚曾在沧州官府任文案。丁忧后到长安。正逢昭宗被禁，李愚写雄文劝唐将韩建勤王。韩礼待他却不敢用。薛居正评价李愚：历志端庄，风神峻整，非礼不言，行不苟且。其人身有古风，我行我素，故行走浊世中，一身故事。

朱温白马之祸时，李愚避地山东。后梁末帝时被荐入职。

> 衡王（友谅）入朝，重臣李振辈皆致拜（注：传统礼仪分跪、拜、叩、揖），惟愚长揖。末帝（友贞）让之曰："衡王，朕之兄。朕犹致拜，崇政使李振等皆拜，尔何傲耶。"对曰："陛下以家人礼兄，振等私臣也。臣居朝列，与王无素，安敢诣事。"（《旧五代史》卷67《李愚传》）

对答精妙，胆识绝尘。如此行事，恐五十余年五代历史中无第二人。礼尚不能逾，法更不能违。晋州节度使华温琪在任违法，有民讼其侵占民财，华氏伏罪。末帝以先朝之臣，不忍加法，愚坚按其罪。最终末帝折中："为尔君者，不亦难乎。其华温琪所受赃，宜官给代还所讼之家。"且李愚不是不能治事的书呆子。

> 伐蜀，辟愚都统判官。蜀道阻险，议者以谓宜缓师待变而进，招讨使郭崇韬以决于愚，愚曰："王衍荒怠，乱国之政，其人厌之。乘其仓卒，击其无备，其利在速，不可

— 179 —

缓也。"崇韬以为然，而所至迎降，遂以灭蜀。初，军行至宝鸡，招讨判官陈乂称疾请留，愚厉声曰："陈乂见利则进，知难则止。今大军涉险，人心易摇，正可斩之以徇。"由是军中无敢言留者。（《新五代史》卷54《李愚传》）

其廉洁与冯道堪有一比：

愚为相，不治第宅，借延宾馆以居。愚有疾，明宗遣宦官视之，见其败毯敝席，四壁萧然，明宗嗟叹，命以供帐物赐之。（同上）

平庸君主很难赏识其人品，知晓其用场：

愍帝即位，有意于治，数召学士，问以时事，而以愚为迂，未尝有所问。废帝亦谓愚等无所事，常目宰相曰："此粥饭僧尔。"以谓饱食终日，而无所用心也。（同上）

其非礼勿言之操守，古板执著的性格，毕现于潞王从珂逼近都城、闵帝从厚亡命卫州之际。二人的阅历、才能、军力、人脉都决定了胜负已成定局。

潞王自凤翔拥大军赴阙，唐闵帝奔于卫州，宰相冯道、李愚集百官于天宫寺，将出迎潞王。……（卢）导与舍人张昭先至，冯道请（卢）导草劝进笺，（卢）导曰："潞王入朝，郊迎可也；若劝进之事，安可造次。且潞王与主上，皆太后之子，或废或立，当从教令，安得不禀策母后，率尔而行。"冯道曰："凡事要务实，劝进其可已乎？"导曰："今主上蒙尘在外，遽以大位劝人，若潞王守道，以忠义见责，未审何词以对。不如率群臣诣宫门，取太后进止，即去就善矣。"道未及对，会京城巡检安从进报曰："潞王至

矣，安得具僚无班。"即纷然而去。是日，潞王未至，冯道
等止于上阳门外，又令导草劝进笺，导执之如初。李愚曰：
"舍人之言是也，吾辈信罪人矣。"（卢）导之守正也如是。
（《旧五代史》卷 92《卢导传》）

冯道何尝不是讲礼法的人，但他重实际，不教
条。卢导与李愚，则遵从礼法到了拘泥的程度。但其时何年？权力风水轮般转换的五代。形势比人强，故多数士子看风使舵，沦为机会主义者。向新君输诚之黄金时刻，竟有李愚、卢导存在，当提醒我们：五代的机会主义者肯定是输给今人的。

七、桑维翰 (898—947)

桑维翰，洛阳人。后唐同光（923—925）年间进士。后任河阳节度使石敬瑭的幕僚。死于晋亡之年。虽仕途跨越两朝，实为服侍一姓两帝。

其人异相，性格强悍，处世方正，气象宏大。且看史家记载：

少时所居，恒有魑魅，家人咸畏之，维翰往往被窃其衣，撮其巾栉，而未尝改容。（《旧五代史》卷 89《桑维翰传》）

为人丑怪，身短而面长，常临鉴以自奇曰："七尺之身，不如一尺之面。"慨然有志于公辅（译：有宰相之志）。初举进士，主司恶其姓，以"桑""丧"同音。人有劝其不必举进士，可以从佗求仕者，维翰慨然，乃著《日出扶桑赋》以见志。（《新五代史》卷 29《桑维翰传》）

后晋立国，桑维翰任宰相。石敬瑭赴夷门时，范延光、张从宾反叛，张兵迫近都城，

> 人心恟恟。时有人候于维翰者，维翰从容谈论，怡怡如也，时皆服其度量。（《旧五代史》卷89《桑维翰传》）

契丹破城，后晋危亡之际，

> （叛将张彦泽投靠契丹）领众突入开封府，弓矢乱发，且问："桑维翰安在？"维翰闻之，乃厉声曰："吾为大臣，使国家如此，其死宜矣。张彦泽安得无礼。"乃升厅安坐，数之曰："汝有何功，带使相已临方面，当国家危急，不能尽犬马之力以为报效，一旦背叛，助契丹作威为贼，汝心安乎？"彦泽睹其词气慨然，股栗不敢仰视，退曰："吾不知桑维翰何人，今日之下，威棱犹如此，其再可见耶。"是夜，令壮士就府缢杀之。当维翰之缢也，犹瞋目直视，嘘其气再三，每一嘘皆有火出，其光赫然，三嘘之外，火尽灭，就视则奄然矣。（《旧五代史》卷89《桑维翰传》，注引《五代史补》）

其气象已为五代中罕见。更令浅薄者难以想象的是，如此强人竟是历久污名的契丹引入者，及出帝石重贵时的铁杆主和派。

石敬瑭拒绝潞王李从珂调令时，问询将佐，举座漠然，只有桑维翰、刘知远二人赞成。遂派遣桑维翰出使契丹。不期耶律德光答应后，又冒出赵德钧请求德光立他为中原王。石敬瑭急忙派维翰二度出使。桑维翰力陈：

> "赵北平（注：赵德钧）父子不忠不信，畏大国之强，

且素蓄异志，按兵观变，非以死徇国之人，何足可畏，而信其诞妄之辞，贪毫末之利，弃垂成之功乎。且使晋得天下，将竭中国之财以奉大国，岂此小利之比乎。……皇帝以信义救人之急，四海之人俱属耳目，奈何二三其命，使大义不终，臣窃为皇帝不取也。"跪于帐前，自旦之暮，涕泣争之。契丹主乃从之，指帐前石谓德钧使者曰："我已许石郎，此石烂，可改矣。"（《旧五代史》卷89《桑维翰传》，注引《旧五代史考异》）

求人之际自然谦卑低调，但以桑维翰之品格，不可能下贱猥琐。不诉诸文字的民族，观色察言的本领远超汉人。笔者相信，耶律德光抉择时桑维翰的气象发挥了作用。

石敬瑭在世时，与契丹关系一向和睦。但石氏内心并非平静如水。其时吐浑人被契丹所迫欲投奔后晋，敬瑭维护与契丹关系不允。兵强马壮的镇州节度使安重荣接纳了吐浑后，请石敬瑭与契丹绝好。石敬瑭似乎有些犹豫。桑维翰得知后，深怕石敬瑭反复，密奏长文"契丹不可与争者七"，雄辩且斐然，故《旧五代史·桑维翰传》全载。兹摘录少许：

契丹数年来最强盛，侵伐邻国，吞灭诸蕃，救援河东，功成师克。……今土地广而人民众，戎器备而战马多。此未可与争者一也。……（中原）秋夏虽稔，而帑廪无余；黎庶虽安，而贫散益甚；戈甲虽备，而锻砺未精；士马虽多，而训练未至。此未可与争者二也。……兵者凶器也，战者危事也，苟议轻举，安得万全。……愿陛下思社稷之大计，采将相之善谋，勿听樊哙之空言，宜纳娄敬（注：刘邦的谋士）之逆耳。

> （石敬瑭阅后）传密旨于维翰曰："朕比以北面事之，
> 烦懑不快，今省所奏，释然如醒。朕计已决，卿可无忧。"
> （《旧五代史》卷89《桑维翰传》）

由石敬瑭之回复可知，他联姻契丹后一直不爽，或因虑及名声，但读罢奏文"释然如醒"。因此可以认为，桑维翰是后晋和睦契丹的精神领袖。石敬瑭尚且有过犹豫，没有人格力量岂能坚持主和。

二世石重贵远没有石敬瑭的厚道。破城后德光传旨太后和二世，要桑维翰和景延广二人来见他。石重贵怕德光穷究两国交恶过程，知晓桑维翰主和，显出自己主战，密旨张彦泽杀桑维翰。张彦泽要做，动机则在财富。

相比维翰死时的坦然悲壮，主战派景延广逊色太多。

> （耶律德光）责延广曰："致南北失欢，良由尔也。"……延广始以他语抗对，（乔）荣乃出其文以质之，延广顿为所屈。每服一事，则受牙筹一茎，此契丹法也。延广受至八茎，但以面伏地，契丹遂咄之，命锁延广臂，将送之北土。是日，至于陈桥民家草舍，延广惧燔灼之害，至夜分伺守者怠，则引手自扼其吭，寻卒焉。（《旧五代史》卷88《景延广传》）

后晋分明亡于对抗契丹，身为君主却要杀死良臣以掩盖自己。明明自己一直主战，敌手面前还要歪曲狡辩以求苟活。唯当初的主和者慷慨赴死。倒是契丹皇帝听到桑维翰自缢后慨叹："何苦自缢，我无心要你的命"。四人品性迥异，昭然在目。

《旧五代史·桑维翰传》说：桑维翰复出后"权位既重，而四方赂遗，咸凑其门，故仍岁之间，积货钜万"。《新五代史》

因袭此说。

赵匡胤说："安得宰相如桑维翰者与之谋乎。"（宋人魏泰《东轩笔记》，转引自陈晓莹，2018，50）此语意味颇多。这是桑维翰留给隔代君主的第一印象，他不在乎桑维翰对契丹的行为、态度及其受贿。《旧五代史》的撰写者之一张澹是桑维翰女婿。有宋太祖称道桑维翰，他们仍然直陈桑维翰"积货钜万"，增加了读者对作者的敬意及桑维翰列传的可信度。

八、和凝 (898—955)

和凝，汶阳须昌人。"才思敏赡，十九登进士第。"以后被后梁义成军节度使贺瑰招募。文才出众的和凝竟弓箭娴熟。时贺瑰被唐庄宗打败逃跑，和凝紧随。贺说你自己逃命吧，和凝答：我必报知遇之恩。敌方一人逼近，和凝叱之不退，引弓射毙。贺瑰逃生后以女妻之。

后唐灭后梁，明宗时和凝任科举主考官。

> 是时，进士多浮薄，喜为喧哗，以动主司。主司每放榜，则围之以棘，闭省门，绝人出入以为常。凝彻棘开门，而士皆肃然无哗，所取皆一时之秀，称为得人。（《新五代史》卷56《和凝传》）

后晋、后唐两朝的事迹令和凝声名鹊起。后晋时与冯道等人同为宰相。天福六年石敬瑭要巡幸邺都，察觉安从进谋反的苗头。和凝献策：照旧巡幸，暗中布置好人马，安从进一出头必措手不及。事如其料。

和凝曾随冯道等一同被耶律德光挟持又回归。至后汉，依旧做官，虽不显山露水，却是打了一个通关：梁唐晋汉周，比冯道还要多出一个后梁。

《旧五代史》说：

> 平生为文章，长于短歌艳曲，尤好声誉。有集百卷，自篆于版，模印数百帙，分惠于人焉。（《旧五代史》卷127《和凝传》）

这段引文包含两个信息。一是版印，这在当时是全新事物，此时冯道主持刊刻了二十年大策划"九经印版"还未竣工。和凝的版印应该是受冯道的启示。此可旁证两位之互动。二是，和凝"平生为文章，长于短歌艳曲"。仔细琢磨，意思似乎是其长于诗词，但写作不限于诗词。

《全唐诗》收入其诗歌24首，温庭筠、韦庄等18位唐五代诗人的《花间集》收入其12首。呈现一首，以管窥豹：

> 天欲晓，宫漏穿花声缭绕，窗里星光少。冷露寒侵帐额，残月光沈树杪。梦断锦帏空悄悄，强起愁眉小。（《薄命女》，又名《长命女》）

和凝还写其他的文字吗？当然。请读下面：

> 张举，吴人也，为句章令。邑有妻杀夫者，因放火烧舍，称"火烧夫死"。夫家疑之，讼于官。妻不服。举乃取猪二口：一杀之，一活之，而积薪焚之，活者口中有灰，杀者口中无灰。因验尸，口果无灰也，鞫之服罪。

文风简洁、凝练，与"短歌艳曲"非同日而语，完全是文白相间的古代小说体。这样的段子，和凝写了29则，上述是最短的一篇。《旧五代史》不可能提及它们，因为和凝生前没有公开。《旧五代史》载和凝有两子：长子和峻，次子和岘（933 年生）。按照史官惯例，四子和㟭（951—995）不会进入史册，因为和凝去世时和㟭才四五岁。和凝已经发现㟭儿是读书种子，嘱咐和岘留心弟弟。和凝的上述 29 则文字传到了和㟭手中，深深地打动了他。他继续父亲的写作。日后合成《疑狱集》，该书上卷是和凝的 29 篇，中下卷是和㟭的 38 篇。和㟭于宋太宗年间"上表"。欧阳修撰写《新五代史》时和㟭已经作古。《新五代史》没有提及这本书，笔者以为最大的可能性是欧阳修的盲点。过后的历史证明，《疑狱集》是一部不得了的作品。它开两河之先。其一，它是中国第一部案例编选集，对审案断案、司法检验都有借鉴价值。乃至明人张景、清人金凤清，继续这种写作，名曰《补疑狱集》。其二，诱导了其后的案情小说。

《旧五代史》赞和凝：

> 姿状秀拔，神采射人。……性好修整……车服仆从，必加华楚，进退容止伟如也。（《旧五代史》卷 127《和凝传》）

一个外美内秀，能文能武，赋诗射箭，出谋克敌，主考取士，辨析案情的多才多艺者，从容不迫地立身于乱世，不能不令人称异。

九、杨凝式 (873—954)

杨凝式，华阴人。唐昭宗天祐二年进士，先后任支巡官、秘书郎。与父曾同时在唐朝做官。

> 杨凝式父（杨）涉为唐宰相。太祖（朱温）之篡唐祚

也，涉当送传国玺，时凝式方冠（注：古代男子20岁束发加冠），谏曰："大人为宰相，而国家至此，不可谓之无过，而更手持天子印绶以付他人，保富贵，其如千载之后云云何？其宜辞免之。"时太祖恐唐室大臣不利于己，往往阴使人来探访群议，缙绅之士及祸甚众，涉常不自保，忽闻凝式言，大骇曰："汝灭吾族。"于是神色沮丧者数日。凝式恐事泄，即日遂佯狂，时人谓之"杨风子"也。（《旧五代史》卷128《杨凝式传》，注引《五代史补》）

但人不找事事找人。杨凝式还是做了后梁的官。且"梁相赵光允素重其才，奏为集贤殿直学士，改考功员外郎"。后唐庄宗时做比部郎中、知制诰。推脱有病，被改任史馆修撰。明宗时拜中书舍人，"复以心疾不朝而罢"。明宗改任其为右常侍、工户二部侍郎。再托病，再改任秘书监。末帝李从珂时，迁任兵部侍郎。"末帝按兵于怀覃，凝式在扈从之列，颇以心恙喧哗于军寨，末帝以其才名，优容之，诏遣归洛。"后晋初年任太子宾客，后退职礼部尚书。"闲居伊、洛之间，恣其狂逸，多所干忤。"固然是没了官职的风险和羁绊，却也没了进项。宰相桑维翰知其家境艰难，又帮其在洛阳谋职。后汉时任少傅、少师。

（后周）太祖总政，凝式候于军门，且以年老不任庶事上诉，太祖特为奏免之。广顺中，表求致政，寻以右仆射得请。显德初（柴荣称帝后），改左仆射，又改太子太保，并悬车（注：废车不用，即退休的意思）。元年冬，卒于洛阳，年八十五。案：别传作八十二。（《旧五代史考异》）诏赠太子太傅。（《旧五代史》卷128《杨凝式传》）

凝式长于诗书。下面是《全唐诗》录入五首中的两首：

> 十年挥素学临池，始识王公学卫非。草圣未须因酒发，笔端应解化龙飞。（怀素酒狂帖后）
>
> 院似禅心静，花如觉性圆。自然知了义，争肯学神仙。（题壁）

其书法远胜于诗歌。留下墨迹甚多。宋人将其与颜真卿并称为"颜杨"。清人李瑞清视其为"由唐入宋一大枢纽"。

杨凝式与冯道卒于同年。冯道 73 岁，杨凝式 82 岁。史官说冯道事四朝。《新五代史》说杨"历事梁、唐、晋、汉、周，常以心疾致仕，居于洛阳。"错了，漏掉了唐朝。他很可能是唯一在这六朝中都做过官的人。身为唐朝宰相的父亲向后梁奉上玉玺刺激了他，他一生都力图辞退官职。可能正是这种与世无争的姿态，加上他显赫的家世，保佑了他。不屈不挠常与进取挂钩，在杨凝式这里相连的却是退避，不管不屈不挠于何事，都显示了坚定的人格。而他又是一个如此有才艺的人。名留青史的不仅是他的书法，还有他在动乱的政治舞台上演出的退避持久战。他还旁证了在贰臣的道路上有一个不让冯道的人。

十、王朴 (914? —959)

王朴，东平人，东平属泰安，乃文化深厚之地。王朴乾祐三年（950）中进士后入仕，做枢密使杨邠的校书郎。见隐帝年少孱弱，任用小人，大臣交恶，知其必乱，"乞告东归"。后三权臣被杀，多及三家下属，王朴独幸免。此岂是偶然，堪称一次智愚之筛选。后周立国（951），即任澶州节度使柴荣的掌书记，柴荣升开封尹，王朴做右拾遗。迅速回归，说明他服侍杨邠时已经旁观和看好郭威、柴荣。这番归隐与复出显示出的洞察力，甚至不下于其日后的政务。

柴荣登基第二年（955），柴荣令文学士二十人各写策论一篇。多数人主张息战，仅四人讨论谈用兵。其中王朴的"平边策"非一般性论兵，出言便是统一，给出的策略、步骤清晰精准。此酷似隆中对。孔明隆中对时 26—27 岁，还未出山。王朴写《平边策》时约 40—41 岁（新旧《五代史》对王朴享年说法不一，笔者取《旧五代史》之 45 岁，原因见后），且入仕五年，做的只是文书工作，军政上是地道的素人。两个素人都以其对天下大势的天才预判，影响了一代君主。柴荣阅后兴奋异常，"引以计议天下事，无不合，遂决意用之"，以后柴荣追求统一的征伐居然大致符合《平边策》。孔明是军师，王朴是文官。柴荣御驾亲征时，每每派王朴留守京师。君臣二人内外兼修。王朴看守后院之际，规划建设京城，"朴奉命经度，凡通衢委巷，广袤之间，靡不由其心匠"（《旧五代史》卷 128《王朴传》）。柴荣在帝位的六年，大多在征战中。但他所虑甚宽。看到历法误差太大，显德二年（955）命重造历法，一年后王朴完成了《钦天历》。显德六年（959）王朴又遵旨考订了音律。

统一大略、规划京师、历法、音律，天差地别。完成这四件殊异之事，非常人所能。但《钦天历》的水准不宜夸大。其时后周司天王处讷也在重制历法，他私下对王朴说：你的《钦天历》当下相当准确，日后会出错。王朴同意。事实上《钦天历》只推行了七年（956—963）。宋人察觉《钦天历》不准，赵匡胤要王处讷再制历法。王处讷在伊斯兰天文学家马依泽帮助下完成的《应天历》实行了十八年。那时代中国人尚制作不出历久不误的历法。王朴匡正的音律，被宋人沿用到 966 年后更新。王朴在历法失准与音律丢失之际，以一己之力匡正、挽回，传递文明之薪火。他是五代第一人才。而他得以施展的时间才四五年。他是五代之际短命的诸葛孔明。

我们接着看王朴的性格。

> 朴性刚烈，大臣藩镇皆惮之。世宗收淮南，俾朴留守。时以街巷隘狭，例从展拓，朴怒乡校弛慢，于通衢中鞭背数十，其人怨然叹云："宣补乡虞候，岂得便从决。"朴微闻之，命左右擒至，立毙于马前。世宗闻之，笑谓近臣曰："此大愚人，去王朴面前夸宣补乡虞候，宜其死矣。"（《旧五代史》卷128《王朴传》，注引《闲谈录》）

若说这是对待小人物，且看对大将军。

> 周显德中，朴与魏仁浦俱为枢密使。时太祖皇帝（注：指赵匡胤）已掌禁兵，一日，有殿直乘马误冲太祖导从，太祖自诣密地，诉其无礼。仁浦令宣徽院勘诘（或可译为：查问谴责），朴谓太祖曰："太尉名位虽高，未加使相（注：使相是官名，与宰相并称但不行使宰相权力）。殿直，廷臣也，与太尉比肩事主，太尉况带军职，不宜如此。"太祖唯唯而出。臣谨按，朴之行事，传于人口者甚众，而史氏缺书。臣闻重修《太祖实录》，已于李谷传中见朴遗事，今复补其大者。况太祖、太宗（即赵匡胤、赵光义）在位，每称朴有上辅之器，朝列具闻。（《旧五代史》卷128《王朴传》，注引《五代史阙文》）

下面这段文字才更惊人：

> 周世宗于禁中作功臣阁，画当时大臣如李谷、郑仁诲之属。太祖（指赵匡胤）即位，一日过功臣阁，风开半门，

> 正与（王）朴象相对，太祖望见，却立耸然，整御袍襟带，磬折鞠躬。左右曰："陛下贵为天子，彼前朝之臣，礼何过也？"太祖以手指御袍云："此人在，朕不得此袍著。"其敬畏如此。（《旧五代史》卷128《王朴传》，注引《默记》）

上面三段史料可信度很高。《默记》是北宋人王铚所撰，《五代史阙文》是北宋人王禹偁所撰。北宋人岂敢矮化赵匡胤，非其认可是不敢呈现如此文字的。枢密使魏仁浦虽官职不低于太尉赵匡胤，却退避三舍。而此事他已经发落，同为枢密使的王朴却不认可。他对赵匡胤的话，有理有力，让赵"唯唯而出"。而"太祖、太宗在位，每称朴有上辅之器"和"却立耸然，整御袍襟带，磬折鞠躬"，毕现赵匡胤对王朴之钦佩敬畏。

薛居正对王朴的评语：

> 朴性敏锐，然伤于太刚，每稠人广座之中，正色高谈，无敢触其锋者，故时人虽服其机变而无恭懿之誉。其笔述之外，多所该综，至如星纬声律，莫不毕殚其妙，所撰《大周钦天历》及《律准》，并行于世。（《旧五代史》卷128《王朴传》）

不像欧阳修对柴荣的评价达到完美，薛居正对世宗的评价，在高度褒扬后亦指出瑕疵：

> 然禀性伤于太察，用刑失于太峻，及事行之后，亦多自追悔。（《旧五代史》卷119《周世宗纪第六》）

柴荣与王朴的性格颇为相似。但这绝非君臣和睦相处的原因。太多的皇帝任由自己专横，不许下属严酷。而柴荣对王朴处死稍嫌怠慢的乡校，竟然笑纳，必是对王朴极度欣赏。王朴是高度忠君的。对此赵匡胤都看得一清二楚。而其忠诚绝非庸俗官吏之愚忠，是基于自己的良知好恶。君臣相互如此欣赏，是历史上罕见的。李世民始终善待魏征，是凭持自制力，心理上他颇为讨厌魏征。王安石与宋神宗在赏识信服上并不对称，王在上帝在下。惜乎王朴与柴荣之金玉良缘只有四年。

> 六年三月，世宗令树斗门于汴口，不逾时而归朝。是日，朴方过前司空李谷之第，交谈之顷，疾作而仆于座，遽以肩舆归第，是夕而卒，时年四十五。世宗闻之骇愕，即时幸其第，及柩前，以所执玉钺卓地而恸者数四。（《旧五代史》卷128《王朴传》）

《新五代史》大致因袭上述，唯"卒年五十四"大不同于薛史。欧阳修对其修正未作说明。笔者找不到证据以判定两说，仅根据现有资料分析和猜想。《旧五代史》的八位作者均为王朴后周时的同僚。其中至少六位也是进士，李昉（乾祐元年）、王朴（乾祐三年，950）、卢多逊（后周显德元年，954）、李穆（显德元年）更是前后脚的进士，他们不可能不清楚王朴的年龄。《新五代史》说：王朴"少举进士"。依照欧阳修"卒年五十四"推算，王朴举进士是44岁。唐昭宗光化四年（901）录取的26位进士中，五人年龄分别为54、59、64、70、73岁，号称"五老榜"，轰动一时。44岁虽非老者，也与"少举"不相符合。柴荣"闻之骇愕……恸者数四"，固然逝者是其心腹，可能还因为王朴英年早逝、太过突然。54岁似不含英年及突然之意味。故笔者怀疑《新五代史》中王朴"卒年五十四"是笔误。

十一、思考古今治乱中的人格

　　阅读前笔者以为五代是人格无存的时代。这印象多半源自欧阳修的五代史观。这史观受到帝王青睐，挟持官方宣传，水银泻地一般传递，影响到了笔者这样未读过五代史的人。

　　读后思考，为什么贰臣的时代不乏闪光的人格。其实说来简单，就是人格的内涵远比"从一而终"宽广。本章十个人物中，郭崇韬、桑维翰是一臣；赵凤、韩延徽、李愚、和凝、杨凝式、王朴是贰臣；孙鹤侍奉的刘守文被其弟刘守光杀死，孙鹤是降臣，虽侍奉一姓，不能说是一臣；张承业侍奉过唐与晋王，他致仕前晋王声称复兴大唐，故不太好归类。就算十人中贰臣与一臣是七比二吧。能说那七位没有堂堂人格吗？其实不要看《旧五代史》等其他史册，只就《新五代史》自身而论，欧阳修讲述的这五六位人物就不符合他从一而终的忠臣史观。诚然，乱世中贰臣比比皆是，而五代的历史证明，乱世中人格绝非同比例下降。乱世与治世中，全面人格的对比，比如唐代、五代、宋代，两个治世、一个乱世中，人格对比如何呢？这是饶有趣味的问题。但非笔者能力所及。

　　阅读五代史前笔者以为五代恐缺乏人格的第二个原因，源于将自身的生存体验移植到五代。笔者以为，生存艰难的时代，人们会变得机会主义、功利主义。阅读五代史后，笔者惊恐，这十位还有下一章的冯道的人格实为当代罕见。思考后以为，五代杀戮虽多，价值观是延续且坚实的。而近代世界，价值观发生断裂。有价值观，则人们常有操守。反之，则难有操守。五代与近现代世界都有过严酷生态的时段，但二者间存在巨大差异。五代时的杀戮是权力之争所致。近现代则除了权力之争，增加了意识形态的冲突。很多杀戮、迫害，直接源自意识形态。意识形态的分裂，破坏了人格的延续与传承，使得本已严酷的生态更加严酷。这是阅读五代史，发现这一反差时所想到的。

第六章
冯君可道

读《旧五代史》，感觉冯道是真君子，五代五十多年历史中第一人。不放在上一章"乱世君子"中，是笔者以为他故事多、争议大，说得周详些篇幅将与其他人不对称，故单辟一章。

一、出身乡儒

冯道生卒年 882—954。

> 冯道，字可道，瀛州景城人。其先为农为儒，不恒其业。道少纯厚，好学能文，不耻恶衣食，负米奉亲之外，惟以披诵吟讽为事。（《旧五代史》卷 126《冯道传》）

说瀛州要先交代河北。古代以河朔称黄河以北，以后这称呼主要指河北。河北在唐代的地位相当特殊。安禄山造反起于河朔。此地后来的安定来自妥协，即河朔三镇不向中央赋税，其节度使自己产生。乃至陈寅恪在其《唐代政治史述论稿》中说："虽号称一朝，实成为两国"，且胡化严重。当代学者以日后发现的墓志铭为据提出：独立的只是官与税，汉文化不衰，本地依旧遵照朝廷规定办乡试，子弟赴京师参加进士科考。科举名额分配上，唐代方镇分为四等，河北列在第三，不是最后。河北子弟考中进士的确很少，而五代时登上台面的文武官员中河北子弟颇多。《旧五代史》列传中，仅幽州籍就有 18 人之多。地处边缘，科举劣势，《旧五代史·王缄传》却说，"燕蓟多文士"。将"河北优势"现象描述得最清楚的是历史学家毛汉光。五代武职官员共计 744 人，河北籍占 34.2%，仅次于后唐起家的代北地区 36.2%；河北籍在各朝代情况如下：梁（78，河北 20.5%），唐（204，河北 29.9%），晋（173，河北 35.3%），汉（127，河北37.8%），周（162，河北 42.6%）；文职官员毛汉光只统计了两个朝代：后晋（66，河南 24.2%，河北21.2%），后唐（155，河北 33.5%，河东 12.7%）。即后晋的文职官员中河北籍数量仅次于其起家的河南，后唐文职官员中河北籍数量压过了所有省份，包括河东即代北。（毛汉光，1989，463、432）原因殊难解释。其中之一可能是，黄巢之乱未波及处仅四川与河北，后者成为李晋一后唐的人才来源地。

瀛州是唐代河北道三十州之一。地处河北东南，今沧州一带。景城是瀛州所辖五县之一。写入《旧五代史》的瀛州人四位。除冯道，其他三位王令温、李晖、王殷，都是武人，史册中未见相互间的联系。瀛州景城竟出了五代第一名人：冯道。

"其先为农为儒，不恒其业"，其中"农、儒"似属谋生之"业"，"儒"非指考生，故"儒业"似乎只能理解为教书。"不恒其业"，即教书在几代人中亦非一以贯之。

因为河北举子考中进士比例很低，笔者猜想，少年冯道的学习状态比较自然，未陷入"制艺"即考试学的泥潭中。这其实是很大的幸运。

　　那时河北兵变频繁。冯道十岁的时候景城兵变，刘仁恭"为景城令。属瀛州军乱，杀郡守，仁恭募白丁千人讨平之"。（《旧五代史》卷135《刘守光传》）读书人家在小小景城不会太多，募兵千人是大举动。故冯家多半认识刘仁恭，日后给冯道求得了一个差事。907年冯道约25岁，事刘守光做参军，即军中低级干事。若走科举道路，很难这个年龄入军中做事。此历练颇大，是非常时期，河北地区，认识当地节度使，三者所使然。

　　当时一同做参军的，有韩延徽、龙敏，很可能还有孙鹤。他们年龄、官职均相仿。韩、龙都是幽州籍，孙鹤多半也是河北籍。四人相互欣赏。这段交往，对大家都是幸事。《旧五代史·冯道传》说：冯道丁忧期间，"时契丹方盛，素闻道名，欲掠而取之，会边人有备，获免。"当时冯道人微言轻，契丹怎知其人。笔者以为是韩延徽相告，这也旁证其时韩与耶律阿保机无话不谈。

　　大约在911年冯道谏言刘守光缓伐中山，下狱数月。这年他29岁。狱中事情冯道及史家均无披露。古今中外狱中每有特殊人才，这个年龄短期入狱是可遇不可求的非凡锻炼。

　　冯道在刘守光军中四年。这期间他结识了良友，见识了暴君，目睹同僚被杀，也曾因言入狱。出狱逃离刘守光时，已经不是官场中的菜鸟了。

二、文牍，词臣，掌书记

　　冯道逃离大燕投奔李存勖，必是三思后行。存勖哪有功夫接待考察投奔者，这事情统归张承业打理。若是面见李存勖恐无这般运气。存勖有装门面的心理需求，很可能更看重科名或大唐故史。张承业不同。大唐历史中宦官与朝臣是老冤家，且宦官都是底层出身，他们天然地讨厌贵族。且他是老吏，重实际才干而非进士招牌，择人时眼光常在士族之外。初次见面，冯道过了承业之法眼。接下发生了这一幕：

> 时有周元豹者，善人伦鉴，与道不合，谓承业曰："冯生无前程，公不可过用。"管记卢质闻之曰："我曾见杜黄裳司空（注：唐朝宰相，738—808）写真图，道之状貌酷类焉，将来必副大用，元豹之言，不足信也。"承业荐为霸府从事焉。（《旧五代史》卷72《张承业传》）

卢质也是李存勖麾下有话语权者。其祖上是大唐官吏。能文，少年入仕，似乎没有科举功名。当年李克宁图谋皇位，被卢质与张承业联手废掉。以后卢随存勖南征北战。庄宗登基后"欲相之，质性疏逸，不喜居高位，固辞获免"。卢、张与冯道有过交谈，非术士相面能比。二人都看好且保举，冯道顺利当上了"霸府从事"（霸府即晋王之府，从事乃佐官），在宦途上起步。

自20世纪初叶至今，考古学家发现秦汉竹木简20万片，字数约200万字。占压倒优势的内容不是诗词格赋，而是朝廷文牍。它是中国官场自战国开始的文牍主义管理的物证。谁来撰文？本来凡识文断字者即可。但因为撰文者有身份地位，故从"词官"一职产生起，就开始了竞争。比什么？文字水准。汉代官场就有"记室"职务。建安七子中的陈琳与阮瑀同为曹操的记室，可见水准。从东汉到魏晋，入仕中出身的权重很大。

隋唐开启的科举降低了门阀的地位，科考中比拼的主要内容就是文字水准。唐代称首席记室为记室掌书记，因众多的掌书记在方镇中，又称节度使掌书记，简称掌书记。唐代方镇使府中有文武两系统。《通典》载，节度使的文职僚佐有：一名副使，一名行军司马，两名判官，一名掌书记，还有几名参谋、随军。（严耕望，1969，196）掌书记是要职。温庭筠、高适、韩愈、令狐楚、李商隐都做过掌书记。比拼之下，唐代文牍水准极高。掌书记们马上军前的急就章多不扔掉，日后汇成文集。譬如温庭筠的《汉南真稿》、李商隐的《樊南四六甲乙集》、令狐楚的《表奏集》等等。至今能见到一百多部，堪称"掌记文学"。（参阅吴丽娱，2002，105—130）此风不绝如缕，直演化到清代奏章。

文牍主义的管理是不归之路。举国已成垂直与水平信息互动之网，便没有独家固持口头传信之可能。这是里子，即务实的层面。还有面子，即便武夫掌权，不行文牍，没有像样的掌书记，近乎少了权力合法性。故此，唐代掌书记的传统，被五代十国的枭雄们忠实继承。

李袭吉，大唐进士，自称李林甫后人，任李克用掌书记十五年，文字一流。

> 天复中，武皇议欲修好于梁，命袭吉为书以贻梁祖，书曰："一别清德，十五余年，失意杯盘，争锋剑戟。山高水阔，难追二国之欢；雁逝鱼沉，久绝八行（注：书信的意思）之赐……毒手尊拳，交相于幕夜；金戈铁马，蹂践于明时……"梁祖览之，至"毒手尊拳"之句，怡然谓敬翔曰："李公（李克用）斗绝一隅，安得此文士。如吾之智算，得袭吉之笔才，虎傅翼矣。"（《旧五代史》卷60《李袭

吉传》）

此文系《全唐文》收入其两文之一。李袭吉天祐三年（903）卒。李克用扣住刘仁恭的使者王缄，强迫做其掌书记。克用卒，李存勖续用王缄做掌书记。918年王缄殒命于胡柳坡之役。效力李家军六年的冯道有了机会。

> 初，判官王缄从军掌文翰，胡柳之役，缄没于军。庄宗归宁太原，置酒公宴，举酒谓张承业曰："予今于此会取一书记，先以卮酒辟之。"即举酒属巡官冯道，道以所举非次，抗酒辞避。庄宗曰："勿谦挹，无逾于卿也。"时以职列序迁，则（卢）程当为书记，（卢）汝弼亦左右之。程既失职，私怀愤惋，谓人曰："主上不重人物，使田里儿居余上。"先是，庄宗尝于帐中召程草奏，程曰："叨忝成名，不闲笔砚。"由是文翰之选，不及于程。时张承业专制河东留守事，人皆敬惮。旧例，支使监诸廪出纳，程诉于承业曰："此事非仆所长，请择能者。"承业叱之曰："公称文士，即合飞文染翰，以济霸图，尝命草辞，自陈短拙，及留职务，又以为辞，公所能者何也？"程垂泣谢之。后历观察判官。（《旧五代史》卷67《卢程传》）

笔者以为"即举酒属巡官冯道"的主语可作两解。语词上可以是李存勖或张承业，逻辑上则应该是张承业。我认可后者，以为存勖"举酒谓张承业曰"就是请承业帮他确定一位掌书记，其后他说"无逾于卿也"是认可承业的选择。冯道坦然接受肯定不妥，因为酒桌前官位高他的不止一位。卢程系官宦子弟，本人是昭宗末年（904）进士。掌书记直接侍奉老大，内外多有表现，日后晋升机会大。大唐历史上的多位高官是从掌书记踏板上飞黄腾达的。但卢程自知没有文字能力，故其牢骚在很大程度上是不服这样一位来自小地方的、没有科名的、寒门乡儒当上掌书记。

卢程的牢骚是有代表性的。旋即有下面的段子：

> 有工部侍郎任赞，因班退，与同列戏道于后曰："若急行，必遗下《兔园册》。"（《欧阳史》云：《兔园册》者，乡校俚儒教田夫牧子之所诵也。《北梦琐言》云：《兔园册》乃徐、庾文体，非鄙朴之谈，但家藏一本，人多贱之。）道寻知之，召赞谓曰："《兔园册》皆名儒所集，道能讽之，中朝士子止看文场秀句，便为举业，皆窃取公卿，何浅狭之甚耶。"赞大愧焉。（《旧五代史》卷126《冯道传》）

《兔园册》今天已看不到。从前人的议论看是经典文章之荟萃。而任赞嘲笑的支点应该是小地方人只见过这本书。冯道的反击是：你们专攻"举业"的人，"止看文场秀句"，没有资格嘲笑，即使它是流行图书。截至五代，书籍都是手抄，小地方的寒门子弟能接触的书籍肯定少很多。这也是日后冯道上奏雕版印经的动因之一。《新五代史》中嘲笑《兔园册》的主角是名家子刘岳。这似可说明，其时蔑视冯道者不在少数。一段时间内，词官间持续着刀笔地位上的明争暗斗。

> 复有梁朝宰臣李琪，每以文章自擅，曾进《贺平中山王都表》云，"复真定之逆贼"。道让琪曰："昨来收复定州，非真定也。"琪昧于地理，顿至折角。（同上）
>
> （明宗）诏曰："契丹即为凶党，真定不是逆贼，李琪罚一月俸。"（《旧五代史》卷58《李琪传》）

李琪非卢程、任赞、刘岳堪与比肩。他祖上世代为官，13岁文

章惊动宰相王铎，唐昭宗年间进士，文声颇盛于后唐。真定与
定州都是河北地名。真定是个县，属镇州（常山郡）管辖。定
州是与镇州同级别的建制。冯道是河北人，自然熟知。上述史
料令人费解的是，一个地名的错误，何以要皇帝下诏乃至罚一
月俸禄。只能理解为，当时词官间相互挑剔、激烈冲突，明宗
不罚李琪不足以摆平。这也反证出冯道任掌书记期间历经同僚
的挑剔而不败，终于修成正果。当然此处也含薛居正的立场，
借此扬冯。

> 其后百僚上明宗徽号凡三章，道自为之，其文浑然，
> 非流俗之体，举朝服焉。道尤长于篇咏，秉笔则成，典丽
> 之外，义含古道，必为远近传写，故渐畏其高深，由是班
> 行肃然，无浇漓之态。（《旧五代史》卷126《冯道传》）

下面抄录冯道文字片段三则。其一长兴元年（930）明帝受册徽
号之辞：

> 伏惟皇帝陛下，天授一德，时历多艰。翊太祖以兴邦，
> 佐先皇而定难，拯（李）嗣昭于潞困，救（周）德威于燕
> 危，遏思远而全邺都，诛（王）彦章而下梁苑。成再造之
> 业，由四征之功。洎纂鸿图，每敷皇化。去内库而省庖膳，
> 出宫人而减伶官，轻宝玉之珍，却鹰鹯之贡。淳风既洽，
> 嘉瑞自臻。故登极之前，人皆不足；改元之后，时便有年。
> 遏荒旋毙于戎王，重译径来于蛮子，东巡而（朱）守殷殪，
> 北讨而王都歼，破契丹而燕、赵无虞，控灵武而瓜、沙并
> 复。……典礼当告成之后，夙夜思即位之初，千秋万岁，
> 永混车书。（《旧五代史》卷41《明宗纪七》）

其二写给良臣刘审交的墓志：

> 然身死之日，致黎民怀感如此者，诚以不行鞭朴，不行刻剥，不因公而循私，不害物以利己，确然行良吏之事，薄罚宥过，谨身节用，安俸禄、守礼分而已。凡从事于斯者，孰不能乎。但前之守土者不能如是，是以汝民咨嗟爱慕。（《旧五代史》卷160《刘审交传》）

其三，刘审交墓志写后两个月写出《长乐老自叙》。可能是故交清白为官的一生，让他想到自己也来日无多，故这几乎是其自撰的墓志。从其文首末句可见，"长乐老"兼有籍贯和自乐之双重意思，其非自夸自恋之徒。

> 余世家宗族，本始平、长乐二郡，历代之名实，具载于国史家牒。……静思本末，庆及存亡，盖自国恩，尽从家法，承训诲之旨，关教化之源，在孝于家，在忠于国，口无不道之言，门无不义之货。所愿者下不欺于地，中不欺于人，上不欺于天，以三不欺为素。贱如是，贵如是，长如是，老如是，事亲、事君、事长、临人之道，旷蒙天恕，累经难而获多福，曾陷蕃而归中华，非人之谋，是天之佑。……老安于当代耶。老而自乐，何乐如之。（《旧五代史》卷126《冯道传》）

并录诗词两则。其一，毕见冯道乱世中之定力与达观：

> 莫为危时便怆神，前程往往有期因。须知海岳归明主，未必乾坤陷吉人。
>
> 道德几时曾去世，舟车何处不通津。但教方寸无诸恶，狼虎丛中也立身。

其二，诗一句：

天成元年……（卢质赴任）同州节度使。时宰相冯道以诗饯别，其警句云："视草北来唐学士，拥旄西去汉将军。"儒者荣之。（《旧五代史》卷93《卢质传》）

诗句中"视草"是词官给皇帝写诏书的意思，"拥旄"是节度使之喻称。此句称道卢质文武双全：做过掌书记，又即将赴任同州节度使。卢质出身大唐书香门第，堪称唐学士，其来自长安，故云"北来"。同州位于陕西，故云"西去"。"汉将军"，则既蕴古风又表汉籍。当年卢质提携冯道，而今冯道身为宰相，文声高迈，诗句质朴，工稳雄浑，切合卢质身份经历，故"儒者荣之"。惜全诗遗失，不可复见。

三、官运与作为

掌书记是升迁的踏板。李家军此前的两位掌书记李袭吉和王缄未能升迁，系因二位殒命之时，李克用、李存勖父子只是藩王，军中没有上升空间。冯道任掌书记五年后，李存勖称帝。又做了三年掌书记，李嗣源即位，冯道的机会来了。掌书记官位不高，但其表现被帝王身边的军头看到。李嗣源看准了冯道，他需要此人。帝王需要不同角色来帮衬。他要借重冯道什么？嗣源是以义子取代李家亲子的，正统上有瑕疵。冯道有廉洁奉公的名声，做宰相可为其壮门面。并且，他需要冯道这样的纯正儒士给他讲道，一个逆袭上位者格外需要像样子的治国，何况有李存勖的覆辙。至于繁琐的政务，人事的勾当，自有安重诲之流去打理。李嗣源的期待与冯道的性情颇为合拍。侍奉李嗣源七年中，冯道其实就做了两件事。其一，雕版印制九经。此事与王朝合法性相关，其背景深厚，头绪繁多，下节专述。

其二，且更频繁从事的，讲道。

> 天成、长兴中，天下屡稔，朝廷无事。明宗每御延英，留道访以外事，道曰："陛下以至德承天，天以有年表瑞，更在日慎一日，以答天心。臣每记在先皇霸府日，曾奉使中山，经井陉之险，忧马有蹶失，不敢怠于衔辔；及至平地，则无复持控，果为马所颠仆，几至于损。臣所陈虽小，可以喻大。陛下勿以清晏丰熟，便纵逸乐，兢兢业业，臣之望也。"明宗深然之。佗日又问道曰："天下虽熟，百姓得济否？"道曰："谷贵饿农，谷贱伤农，此常理也。臣忆得近代有举子聂夷中《伤田家诗》云：'二月卖新丝，五月粜秋谷。医得眼下疮，剜却心头肉。我愿君王心，化作光明烛。不照绮罗筵，偏照逃亡屋。'"明宗曰："此诗甚好。"遂命侍臣录下，每自讽之。道之发言简正，善于裨益，非常人所能及也。（《旧五代史》卷126《冯道传》）

笔者相信冯道为明宗讲道远多于此。明宗执政清明，当与之密切关联。

石敬瑭登基后的处境与李嗣源极为相似，缺乏合法性，急需一位壮门面的宰相。且他比嗣源观察冯道更长久。冯道为石敬瑭做宰相六年。李嗣源、石敬瑭是五代前四朝君主中最勤政廉政的，也是最倚重冯道的。此非偶然，当为互动的结果。除了润物无声的诸多话语、建议，冯道在后晋做的最大事情是出使契丹。石敬瑭登基第二年，契丹遣使为其加徽号：英武明义皇帝。石敬瑭必须遣使回赠。人选成了问题：派资历浅者不成礼节，资历深者又不愿去。

> 天福中，命（王）权使于契丹，权以前世累为将相

（注：曾事大唐、后晋、后唐、后晋四朝），未尝有奉使而
称陪臣者（《大典》卷作：未尝有称臣于戎虏者），谓人曰：
"我虽不才，年今耄矣，岂能远使于契丹乎。违诏得罪，亦
所甘心。"……其实权不欲臣事契丹，故坚辞之。（《旧五代
史》卷 92《王权传》）

道与诸相归中书，食讫，外厅堂吏前白道言北使事。
吏人色变手战，道取纸一幅，署云："道去。"即遣写敕进，
堂吏泣下。……不数日北行。晋祖饯宴，语以家国之故，
烦耆德远使，自酌卮酒赐之，泣下。（《旧五代史》卷
126《冯道传》，注引《谈苑》）

君臣"泣下"，足见这趟差事的风险。同时也可看到朝中对"臣
事契丹"的分歧。冯道显然没有此种情结，他对石敬瑭说："陛
下受北朝恩，臣受陛下恩，何有不可。"他是现实主义者，虽与
当初石敬瑭求助契丹获取王位无涉，却以为接受既成事实、和
睦两国关系已属必须。冯道也确实是出使的最佳人选，契丹两
朝君主均久闻其名。

将达西楼，契丹主欲郊迎，其臣曰："天子无迎宰相之
礼。"因止焉，其名动殊俗也如此。（《旧五代史》卷
126《冯道传》）

《五代春秋》说：冯道三年九月出发，四年二月归来。历时近半
年。减去往返时间，他在契丹国当有两三个月时间，应该是与
契丹王相处时间最长的汉臣。惜交往细节无存。冯道载于《全
唐诗》中的两行诗句（全诗无存）应该是这趟出行的最可靠的
记录。其一，"牛头偏得赐，象笏更容持"。牛头与象笏历来是
契丹王对贵宾的礼物，赠与冯道说明他们相处甚欢。其二，"朝

披四袄专藏手，夜覆三衾怕露头"，一方面说明该地该时之寒冷，另一方面旁证了外界与史家的猜测：

> （德光）遂潜谕留意，道曰："南朝为子，北朝为父，两朝皆为臣，岂有分别哉。"道在契丹，凡得所赐，悉以市薪炭，征其意，云："北地苦寒，老年所不堪，当为之备。"若将久留者。契丹感其意，乃遣归，道三上表乞留，固遣乃去。（《旧五代史》卷126《冯道传》，注引《谈苑》）

冯道此行为两国和睦打下了良好的基础。遗憾的是，出访时韩延徽不在首都西楼，大概在渤海国。不然交流会更有成效，且更易落实。可惜此行的成果自后晋出帝即位便泡汤。如果少帝留冯道在中枢，很可能是完全不同的历史走向。九年后冯道与德光再见面时，中原狼烟地动，后晋不复存在。

冯道在后唐明宗、闵帝，后晋高祖、出帝，后周高祖时为宰相，实则只是在明宗与后晋高祖时，其相位是名副其实的，且做成一些事情。刘知远登基后，冯道不再受重用。刘知远也一直在远观冯道，深知其人的声誉和可借助之处。即位时，刘知远与李嗣源、石敬瑭的处境大不同。后者是逆袭而上，前者是填补契丹留下的真空。即刘知远没有对合法性的格外需求。此时冯道声誉如日中天。而刘知远不需要像李嗣源、石敬瑭对之积极地倚重，他只需要消极地借助。故冯道不再任宰相，改任守太师（注：太师是职事官，正一品；守太师是散官，从一品），被封为齐国公。笔者猜想，这是刘知远的宏观考量。他还有一个微观的心结：冯道曾向石敬瑭推荐他最憎恨的杜重远。大小理由决定了他不重用冯道。

郭威即位时有合法性需求。但入京师时冯道的下马威，让他感到不好借助。故选择了刘知远那样安置冯道。任命冯道为中书令、弘文馆大学士。在《五代会要》上，冯道被列在郭威时七位宰相的第一位。冯道在后周没有过后唐、后晋时的大举动。

冯道做过三朝五帝的宰相，做过李嗣源、石敬瑭、郭威的山陵使。五位皇帝的宰相、三位开国君主的山陵使，中国历史上没有第二位。

四、雕版九经

五代在中国文化史上的最大贡献是雕版刊印文献的铺开。这之中最突出的人物是冯道。

在技术演化中，印章与经石是雕版印刷的前导。印章从两河流域辗转传入中土，又从泥封变为与纸张结合，而成为雕版印刷的先导，乃至"'印'这个字眼便同'印章'技艺一并输入'印刷'之中"。（参阅郑也夫，2015，第五章）

第二个前导是石刻。东汉的"举孝廉"造就了墓志铭的繁荣，士子以此彰显自己的孝道。而东汉皇帝为今古经文之争苦恼已久，灵帝接受了蔡邕等人的建议，将钦定的经文刻在石碑上，所谓定于一尊。史称"熹平石经"的 46 具石碑，历时 11 年，183 年竣工，呈 U 形立于京师太学门外。士人有了权威的版本才能科考与教书。故"后儒晚学，咸取正焉。及碑始立，其观视及摹写者，车乘日千余两，填塞街陌。"以后又有北魏的"三字石经"和大唐的"开成石经"。一刻再刻，是因为王朝崩溃时，经石几度毁于争夺与战乱。而经学是王朝的意识形态，石经是其合法性象征。但在以上三代石经前面，士子们只是抄写，还没有拓印。现存最早的石经拓片是藏于伦敦的欧阳询《化度寺铭》(632)。最早远不等于普及。

在印章与经石拓印双重启示下，雕版印刷在唐代已见端倪。除了佛像和佛经，唐晚期也有了《历书》、《灸经》等。

更多世俗读物的雕版印制，居然是乱世五代开启。最初是书商行为，印制的是历书、流行诗词，等等。官府牵头印制儒家经典，则是冯道率先发起。冯道受谁的启发？《册府元龟》云：

> 后唐宰相冯道、李愚重经学，因言汉时崇儒，有三字《石经》，唐朝亦于国子学刊刻，今朝廷日不暇给，无能别有刻立。尝见吴蜀之人鬻印板文字，色类绝多，终不及经典，如经典校定雕摹流行，深益于文教矣。

我们通常以为，五代雕版印刷始于蜀。上文中却是"吴"在"蜀"之前。《十国春秋》卷78载：

> 宝大二年（925）冬十月，镇海镇东留后王子传瓘、中吴军节度使王子传璙各贡唐锦绮千件及九经书史四百二十三卷。

宋朝叶少蕴（1077—1148）说：

> 天下印书，以杭为上，蜀次之，闽最下。（转引自《书林余话》）

宋代印书的第一重镇岂能一蹴而就，杭州在五代时就成气候了。文献中可见该地当时大量印制佛经。

前后蜀的雕版印刷留下的信息比吴越更多：

> 僖宗入蜀（811），太史历本不及江东，而市有印卖者，

每差互朔晦，货者各争节候，因争执，里人拘而送公。执
政曰："尔非争月之大小尽乎？同行经纪，一日半日，殊是
小道。"遂叱去。（《唐语林》）

中和三年（883）癸卯夏，銮舆在蜀之三年也，余为中
书舍人。旬休，阅书于重城之东南。其书多阴阳、杂说、
占梦、相宅、九宫、五纬之流，又有字书小学，率雕版印
纸，浸染不可尽晓。（《柳氏家训序》）

后蜀还有雕版印刷史上与冯道齐名的毋昭裔，毋氏组织刊
印书籍之多同代无出其右。

那么谁是发起刊刻儒家经典的第一人。不是吴越。《十国春
秋》说吴越国后唐上贡书籍可信，九经则可疑。吴越国钱镠父
子素好佛学，未闻其热爱儒学。后唐刊刻九经历时 22 年。吴越
悄无声息地就完成了？笔者以为，所贡书籍应该是佛经等印
刷品。

刊印儒家经典也非始于蜀国。《资治通鉴》说后周广顺三年
(953) 毋昭裔"请刻板印九经，蜀王从之"。这之前，944—
952 年，毋昭裔完成了"后蜀石经"（十部经典）的制作，共计
117.3 万字，用石千余块。石厚 3 厘米，故不能向汉、魏、唐代
的经石那般威严地树立于太学院前，只能放在经堂中。后唐情
况如下：

后唐长兴三年（932）二月，中书门下奏："请依石经
文字刻九经印板。敕令国子监集博士儒徒，将西京石经本，
各以所业本经句度抄写注出，子细看读。然后雇召能雕字
匠人，各部随帙刻印版，广颁天下。如诸色人要写经书，
并须依所印敕本，不得更使杂本交错。"其年四月敕："差

太子宾客马缟、太常丞陈观、太常博士段颙路航、尚书屯田员外郎田敏充详勘官，兼委国子监于诸色选人中，召能书人端楷写出，旋付匠人雕刻。每日五纸，与减一选。如无选可减，等第据与改转官资。"

汉乾祐元年闰五月，国子监奏："见在雕印板九经，内有周礼、仪礼、公羊、穀梁四经未有印本，今欲集学官校勘四经文字镂板。"从之。

周广顺三年六月，尚书左丞兼判国子监事田敏进印板九经书、五经文字、九经字样各两部，共一百三十册。（《五代会要》卷8）

由是观之，冯道主持九经刊刻于932—953年。后唐开始九经板刻后，后蜀才开始其石经制作（944）。冯道的九经印制竣工后，后蜀才开始其九经的板刻（953）。

毋昭裔石刻九经时，冯道的板刻虽已开启12年，但还未及印制，不排除毋昭裔此举未受后唐影响。冯道选择雕版，既是国力不逮，也因他洞悉雕版印制的优势。毋昭裔不可能不知道汉、魏、唐三代石经群之宏伟，虽天府之国财力尚可，但其石经之轻薄寒酸是显然的。对比之下，更形冯道的明智。昭裔可能是获悉了后唐的板印九经后旋即跟上的。

五代十国中后唐率先开始九经板印是不存疑问的。然而宋人的著述竟然使我们对后唐国内谁开先河产生了疑问，并且无独有偶。

（王明清：）后唐平蜀，明宗命太学博士李锷书《五经》……刊版于国子监，为监中印书之始……明清家有锷书印本《五经》，后题长兴二年（932）。（《挥麈录·余话》

卷2)

（汪应辰：）绍兴三十二年八月，偶访刘子驹于西湖僧
舍，出其五世所藏之本，乃后唐天成二年（927）国子监板
本也。（《文定集》）

王明清（字仲言，1127—1202）该段文字中还说：毋昭裔
九经印板在前，后唐是效仿他。我们上面已经反驳，故上面引
文中省略其谬论。但是"家有锷书印本《五经》，后题长兴二
年"言之凿凿。长兴二年分明早于冯道、李愚长兴三年的上奏。
王国维（1923）说"五经、孝经、论语、尔雅皆李鹗（锷）
书。……石晋以前所刊，皆鹗一人书"。故"锷书"皆在冯道的
九经之中。但是王国维没有说明锷书上的题年为何比冯道上奏
早一年。

汪应辰（1118—1176）说他有一本《贞观政要》，排版错误
较多。看到友人的《贞观政要》是"后唐天成二年（927）国子
监板本"，那可是早于冯道上奏不止一年，而是五年了。即此书
是明宗即位第二年的制作。

王明清、汪应辰说出了他们拥有或看到的后唐更早的国子
监本。我们没有得到这两个监本的其他信息，特别是其为哪位
大臣奏请刊印。明宗近乎文盲，动议不会出自本人。

史料不能证实，便留给想象。

明宗即位伊始就面临着证明其合法性的问题。一个最简单
的方法就是指出前任的歧路，表示自己将走上正途。向百官问
询正途在哪里，这姿态就是合法性所在。百官讲到《贞观政要》
是很自然的事情。明宗请出冯道很大意义在此。故提出《贞观
政要》者中极可能有冯道，或者提出者就是他。而此时来自吴、
蜀的信息，让后唐有了板刻的可能。

有板印《贞观政要》的试水，才有了日后刻印九经的大举措。因为是大举措，面临说服明宗的问题。冯道说服君主的关键词当然是合法性：东汉、北魏、大唐都有经文石碑傲然树立在太学院，那是王朝合法性的象征；今天后唐营造它太困难，且经文印板更有其独到的优势，它是考生之必备。这么大的制作，说服工作事先要做准备的。故笔者猜想，冯道、李愚委派书法家写出一部经文，请明宗过目，说明印制后就是这模样。笔者进一步猜想，落在经文尾部的是书写完成的年份，而不是刻印的时间。这是书写者与版刻者的社会地位不平等所使然。故李锷所书五经留下了"长兴二年"的字迹。

有学者认为，板印经书的建议主要源自李愚，根据是李愚随同伐蜀。笔者已经引征《册府元龟》"（后唐）曾见吴蜀之人鬻印板文字"。信息不独来自前蜀，甚至吴越进贡印板书籍后唐君臣都见到了。故李愚随同伐蜀不能证明上奏是他的创意。奏折上的第一人是冯道，尚无他人创意的证据。

冯道刻经历经了四个朝代九个君主。笔者以为，每个君主都程度不同地知晓刻经有利于其合法性。从这个意义上也可以认为，这个工程在一定程度上增加了冯道在五代乱世的安全。当然，笔者不认为这是冯道的目的。一个士子对儒家经典的态度应该是他的主要动因。

冯道是五代十国倡导刻经第一人，这是笔者思考这段存在疑问的历史得出的结论。且笔者以为薛居正，特别是欧阳修应该高度评价此事，可是他们没有。笔者钦佩冯道，但说不上特别高看板印九经的意义。拙作《文明是副产品》"雕版印刷的起源"一章的结语是：

> 对冯道道德上的谴责是"家天下史观"的逻辑。而在

印刷术上独尊冯道，则是刻意拔高监本、官学、经学，使之凌驾于民间出版、世俗文化、宗教信仰的心理所致。两种偏颇，实则合一：重王朝与官学，轻世俗和民间。（郑也夫，2005）

没有冯道，雕版印刷也一定会光大，技术演变已经到了火候。但宋朝帝王应该感谢冯道，其板印九经迅速让宋代的科举在社会全面铺开。科举利弊参半：它是加固帝制、抵制封建复辟的第一利器；它促进寒门向上层的流动，也僵化了举子们的精神世界。笔者无意颂扬科举，又如何在这个意义上抬高冯道呢。

五、敢谏之臣

敢否谏言是臣僚称职与否的试金石，也是日后评价冯道的分歧所在。欧阳修说："道前事九君，未尝谏诤"（《新五代史》卷 54《冯道传》）。司马光说：冯道"若逆旅之视过客……国存则依违拱嘿，窃位素餐。"（《资治通鉴》卷 291《后周纪二》）二位罔顾事实。

> 庄宗与梁军夹河对垒，一日，郭崇韬以诸校伴食数多，主者不办，请少罢减。庄宗怒曰："孤为效命者设食都不自由，其河北三镇，令三军别择一人为帅，孤请归太原以避贤路。"遽命道对面草词，将示其众。道执笔久之，庄宗正色促焉，道徐起对曰："道所掌笔砚，敢不供职。今大王屡集大功，方平南寇，崇韬所谏，未至过当，阻拒之则可，不可以向来之言，喧动群议，敌人若知，谓大王君臣之不

和矣。幸熟而思之，则天下幸甚也。"俄而崇韬入谢，因道之解焉，人始重其胆量。(《旧五代史》卷 126《冯道传》)

这段落中令"人始重其胆量"的事项，似嫌单薄。其实，此非单一之因果。张承业曾在酒席上力劝庄宗节俭，导致庄宗拔剑相向，若非太后出场几出人命。惜郭崇韬与张承业劝君节俭的两个段子都没给出发生时间。笔者以为张承业在前。理由是，庄宗对郭崇韬发怒换了手段，以退位让贤相威胁。即上次动武，这次动文。若郭崇韬先发，则对张承业后武，有变本加厉之嫌，庄宗不是暴君，这不合乎他的心理。若笔者猜想靠谱，则此为众臣目睹庄宗拒斥节俭谏言的第二次发作。如此情境下冯道劝说方见胆量，"人始重其胆量"才合情入理。

赠大监张公璨，汉祖(注：刘知远)即位之初为上党戎判。汉祖在北京时，大聚甲兵，禁牛皮不得私贸易及民间盗用之，如有牛死，即时官纳其皮，其有犯者甚众。及即大位，三司举行请禁天下牛皮，法与河东时同，天下苦之。会上党民犯牛皮者二十余人，狱成，罪俱当死。大监时为判官，独执曰："主上钦明，三司不合如此起请，二十余人死尚间可，使天下犯者皆衔冤而死乎。且主上在河东，大聚甲兵，须藉牛皮，严禁可也，今为天下君，何少牛皮，立法至于此乎。"遂封奏之。时三司使方用事，……曰："岂有州郡使敢非朝廷诏敕。"力言于汉祖。汉祖亦怒曰："昭义一判官，是何敢如此。其犯牛皮者，依敕俱死。大监以非毁诏敕，亦死。"敕未下，独瀛王(注：冯道)非时请见。汉祖出，瀛王曰："陛下在河东时，断牛皮可也，今既有天下，牛皮不合禁。陛下赤子枉死之，亦足为陛下惜。

昭义判官，以卑位食陛下禄，居陛下官，不惜躯命，敢执
而奏之，可赏不可杀。臣当辅弼之任，使此敕枉害人性命，
臣不能早奏，使陛下正，臣罪当诛。"稽首再拜。又曰：
"张璨不合加罪，望加敕赦之。"汉祖久之曰："已行之矣。"
冯瀛王曰："敕未下。"汉祖遽曰："与赦之。"冯曰："勒停
可乎？"上曰："可。"（《旧五代史》卷126《冯道传》，注引
《洛阳缙绅旧闻记》）

这是面对后汉立国之君刘知远及时、果敢的谏言。再看面对
郭威。

太祖入京师，以谓汉大臣必相推戴，及见宰相冯道等，
道殊无意，太祖不得已，见道犹下拜，道受太祖拜如平时，
徐劳之曰："公行良苦。"太祖意色皆沮，以谓汉大臣未有
推立己意。（《新五代史》卷18《汉家人传》）

后汉隐帝刘承佑少不更事，被坏人包围，杀了三大臣后，
又欲谋杀重兵在外的股肱之臣郭威，且先就杀了郭威之子。郭
威大军兵不血刃抵达京师。众臣皆以为郭威势在必得。故冯道
之从容、持重及话语拿捏，非常人所及。且这与冯道当年迎接
李从珂拥兵入京殊为不同。二者看似矛盾，实则一以贯之。李
从珂与李从厚实力悬殊固不待言。明宗李嗣源的四个亲子除了
从厚，尚存年方六岁的李从益。从珂不是义子，是从小跟随的
养子，且协助李嗣源功劳第一。李从珂上位势不可挡，李嗣源
没有后人堪与比肩。故冯道劝中书舍人卢导写劝进书时说："凡
事要务实。"郭威入京时，刘知远身后有一个亲子、两个亲弟。
亲子多病，但这是外人包括冯道和郭威事先所不知。弟刘崇、
刘信和侄刘赟分别坐镇河东、许州和徐州。若郭威当下称帝，

三人必来讨伐。后周立国多年后也未能剪灭刘崇的北汉，可见刘家后人的实力。故可以说，冯道对李从珂、郭威的不同做法，皆为天下太平计，非替一姓称帝虑。

还有比面对郭威入京师更见冯道胆量处。郭威请冯道与秘书监赵上交、枢密直学士王度等到徐州迎请刘赟继位。冯道要郭威赌咒此非欺诈方才上道。冯道、刘赟回京途中，郭威称帝，派郭崇威迎截刘赟、冯道。

> 赟谓道曰："寡人此来，所恃者以公三十年旧相，是以不疑。"道默然。（《旧五代史》卷150《湘阴公传》，注引《旧五代史考异》）

> 左右知其事变，以为道所卖，皆欲杀道等以自快。赵上交与王度闻之，皆惶怖不知所为，惟道偃仰自适，略无惧色。（《旧五代史》卷126《冯道传》）

> 赟曰："勿草草，事岂出于公耶。"道已去，崇威乃幽赟于外馆。（《旧五代史》卷105《湘阴公传》，注引《旧五代史考异》）

欧阳修说冯道"事九君，未尝谏诤"，特别嘲笑冯道反对柴荣登基伊始就要出战。似乎那是冯道唯一的、还是蹩脚的谏言。那次劝谏，君臣几度对峙：

> 帝召群臣议亲征。宰臣冯道等奏以"刘崇自平阳奔遁之后，势弱气夺，未有复振之理，窃虑声言自来，以误于我，陛下篡嗣之初，先帝山陵有日，人心易摇，不宜轻举，命将御寇，深以为便"。帝曰："刘崇幸我大丧，闻我新立，自谓良便，必发狂谋，谓天下可取，谓神器可图，此际必来，断无疑耳。"冯道等以帝锐于亲征，因固诤之。帝曰：

"昔唐太宗之创业,靡不亲征,朕何惮焉。"道曰:"陛下未可便学太宗。"帝又曰:"刘崇乌合之众,苟遇王师,必如山压卵耳。"道曰:"不知陛下作得山否?"帝不悦而罢。(《旧五代史》卷114《周世宗纪第一》)

高平之战的过程说明,胜得侥幸,劝谏实属必要。笔者以为过后柴荣明白,所以对冯道尊重如故。

上述显示冯道面对五代时期的四位强悍君主,谏言无畏。明宗李嗣源和后晋高祖石敬瑭,执政有方,且与冯道关系融洽,殊少大政方针上的分歧。朱温他无缘遇到。而当初面对枭雄刘守光,冯道因谏言而下狱。

六、善待同僚

说罢谏言君主,再说和睦同僚。

明宗李嗣源临终之时任命李从荣为兵马大元帅,委任刑部侍郎任赞为"王傅"。不久太子李从荣陷入圈套,以谋反罪被诛杀。明宗已经无力理政,大臣们面临着发落从荣下属,

> 时宰相、枢密使共议任赞等已下罪,冯道等曰:"任赞前在班行,比与从荣无旧,除官未及月余,便逢此祸。王居敏、司徒诩疾病请假,将近半年,近日之事,计不同谋。从荣所款昵者高辇、刘陟、王说三人,昨从荣称兵指阙之际,沿路只与刘陟、高辇并辔耳语,至天津桥南,指日影谓诸判官曰:'明日如今,已诛王居敏矣。'则知其冗泛之徒,不可一例从坐。"朱弘昭意欲尽诛任赞已下,冯赟(注:明宗之三司使、枢密使)力争之乃已。(《旧五代史》

卷 44《唐明宗纪第十》）

任赞何许人也，就是前面提到的曾编排《兔园册》嘲笑冯道的人。冯道不计前嫌，救了任赞和这一干人的性命。下面事情证明冯道举荐人才也不计前嫌：

> 史圭，常山人也。……受知于（安）重诲，重诲奏令圭与同列阎至俱升殿侍立，以备顾问，明宗可之。……重诲既诛，圭出为贝州刺史，未几罢免，退归常山。……高祖（石敬瑭）登极，征为刑部侍郎，判盐铁副使，皆宰臣冯道之奏请也。始圭在明宗时为右丞，权判铨事，道在中书，尝以堂判衡铨司所注官，圭怒，力争之，道亦微有不足之色，至是圭首为道所举，方愧其度量远不及也。（《旧五代史》卷 92《史圭传》）

再看两例。刘处让，曾任右金吾卫上将军，后去职，不快。

> 一日至中书，宰臣冯道、赵莹、李崧、和凝在列，处让因酒酣，历诋诸相，道笑而不答。（《旧五代史》卷 94《刘处让传》）

> 胡饶，大梁人也。……（历数其劣行）凡饶之凶戾如此。清泰初，冯道出镇同州，饶时为副使，道以重臣，稀于接洽，饶忿之，每乘酒于牙门诟道，道必延入，待以酒肴，致敬而退。道谓左右曰："此人为不善，自当有报，吾何怒焉。"……天福二年夏，会张从宾作乱，饶谒于麾下，请预其行。从宾败……（饶被）斩之以闻，闻者快焉。（《旧五代史》卷 96《胡饶传》）

与同僚相处时的胸怀，导致冯道鲜有私敌。置身乱世，有私敌者生存的概率大大降低。不善待同僚，有计谋也无益。黑道有言：你做初一，我做十五。善待、宽容，不算计同僚，是冯道长命于乱世的要因。当然还要仰仗我们第八节中要说的运气。

七、宰相与枢密使

冯道事四朝十帝，若加上刘守光（守光 911 年称帝，冯道同年入狱，后逃离）和耶律德光，就是六朝十二帝，而能年高七旬、寿终正寝。且有欧阳修、司马光之污名化，便是善意之人也多相信此必得益于冯道狡诈圆滑。

笔者首先要说的是，世人以为五代时期只有少数人侍奉多朝是严重误解。史册中，多数人在契丹建立的大辽，以及一些短暂存在的小国比如刘守光的大燕中的身份不够清晰。故为了比较，大辽、大燕等都不在下面的计算中。即，只统计大唐、梁、唐、晋、汉、周、宋，七个朝代。据毛汉光统计，五代有史可据的 246 个文职官员中，事六朝者 7 人占 2.8%，2 人自大唐至后周，5 人自后梁至宋；事五朝者 21 人占 8.5%；事四朝者41 占 16.7%；事四朝以上者共 69 人占 28.0%。武职官员中，事五朝者 21 人，事四朝者 27 人，文武官员中，事四朝以上者共117 人。（毛汉光，1989，435—472）即冯道只是 117 人中的一个。何况还有事五朝以上者 49 人。

但冯道的批判者会说，多数侍奉多朝者非高官。此言不虚，《汉书》有言：权臣易世则危。对长久官居高位者需另论。以下分析话分两头。先论权臣，再说运气。

五代时期哪个官职是权臣？答曰：是枢密使，而非宰相。

这是五代官僚结构的特征。冯道在后唐、后晋、后周三朝中做过宰相，但从未做过枢密使。虽名声显赫，但不是权臣，不曾深入卷进权力与利益中，因而安全了很多。

马端临在其《文献通考》中说：

> 枢密之名始于唐代宗宠任宦者，故置内枢密使，使之掌机密文书，如汉之中书谒者令是也。若内中处分，则令内枢密使宣付中书门下施行。则其权任已侔（注：等同）宰相。至僖昭间杨复恭西门季元之徒遂至于视事行文书矣。……盖当时所谓枢密使者专横如此。朱梁惩唐弊不用宦者，然徒知宦者之不可用，而不知枢密院之不必存也。乃复改为崇政院，以敬翔为使。至后唐而复枢密院，郭崇韬、安重诲相继领其事，皆腹心大臣。则是宰相之外复有宰相，三省之外复有一省。（卷58）

意思是：枢密院唐代就有，是宦官充任的内廷之一，职务是承受表奏，出纳帝令。在唐代宦官膨胀之时，枢密使的权力不下于宰相。朱梁废了大唐，灭了宦官，故回避枢密院名称。但因为处在乱世，依赖亲信近臣的心理更重，则以亲信充任的崇政院代之。

敬翔、李振、郭崇韬、安重诲、桑维翰、王峻，分别为最早跟随朱温、李存勖、李嗣源、石敬瑭、郭威的人。均足智多谋，郭氏兼战功赫赫。

与之对应，五代帝王们选择宰相则是另一种考虑。不在乎能力，要的是名声。要么是大唐旧臣，朱温的八位宰相中，六人是唐臣，一人无传记。能干不忠诚的唐臣早就杀了。选择听话哪怕不能干的唐臣，图的是名声。后唐也是这思路。其宰相李琪、萧顷、豆卢革、韦说、卢程、崔协，或曾唐臣或名家子，大多没有能力。若宰相不是唐臣出身，则要有另一种名声：文才出众，廉洁奉公，等等。冯道是因这一名声入选的。郭威称帝时，冯道已经69岁，郭威从冯道身上借助什么？名声。即五代的帝王们，以宰相做金字招牌，靠枢密使打理政务。

如是，大权在宰相还是枢密使这边，甚至不是博弈的结果，而是前定的。如司马光和胡省三所说：

> 梁太祖以来，军国大政，天子多与崇政、枢密使议，宰相受成命，行制敕，讲典故，治文事而已。（《资治通鉴》卷282《后晋纪三》）

> 然自后唐同光以来，枢密使任事，宰相取充职位而言。（《资治通鉴》卷289《后汉纪四》，胡省三注）

笔者以为，司马光比胡省三说得准确，即权重转向枢密使从朱温时就开始了。朱温的宰相中没有谋略超过敬翔和李振的，亦没有受重用超过敬、李的。如果说敬、李不够张扬，不是对宰相们谦让，而是摄于末帝时的外戚集团。

比较枢密使与宰相之权力大小，以其看各自的作业范围，不如看谁管着谁，谁压着谁。先看郭崇韬与豆卢革（时为第一宰相，即首相）的关系：

> 郭崇韬虽尽忠于国，而亦无学术，（豆卢）革、（韦）说俯仰默默无所为，唯诺崇韬而已。（《新五代史》卷28《豆卢革传》）

> 崇韬权兼内外……豆卢革受成而已，无所裁正。（《资治通鉴》卷272《后唐纪一》）

再看安重诲与冯道、赵凤的关系。安重诲设计了一个圈套，使李从珂丢失城池，而后要冯道、赵凤协同他奏请明宗处罚从珂。枢密使轻易地就绑架了这二位宰相。何以如此？

> 明宗初登位，四方书奏，多令枢密使安重诲读之，不晓文义。于是孔循（注：也做过枢密使）献议，因唐室侍读之号，即创端明殿学士之名，命冯道等为之。（《旧五代史》卷36《明宗纪二》，注引《五代会要》）

史家多说：端明学士是明宗为冯道设立的。但是如果枢密使能读书奏，就不会有端明学士。换言之端明学士是替枢密使为皇帝侍读。而首任端明学士的冯道和赵凤都是宰相。可见宰相的权力低枢密使一头。

五代时期权力在枢密使这边是没有疑问的。五代权力结构的另一混乱是，颇多身兼枢密使与宰相者，敬翔、郭崇韬、赵延寿、韩昭胤、桑维翰、李崧、冯玉、杨邠、王峻。多是由枢密使兼宰相的，也有由宰相而兼枢密使的。后汉刘知远时有四个宰相，唯杨邠兼枢密使，乃至，

> 凡中书除官，诸司奏事，帝皆委（杨）邠斟酌。自是三相（窦贞固、苏逢吉、苏禹珪）拱手，政事尽决于邠。（《资治通鉴》卷288《后汉纪三》）

《十七史商榷》（清人王鸣盛著）云："五代必兼枢密使方为有相权。如豆卢革但有相名耳。"冯道是五代半个世纪中，宰相任期最长的人，但他从未兼任枢密使。此系双向选择。在帝王眼中，冯道不是亲信，不懂阴谋，缺少干才，不是枢密使的材料。冯道也刻意回避这一职务。石敬瑭曾取缔枢密院，那是宰相冯道一生中权力最大的短暂时刻。他几次请奏恢复枢密院，动机是减少繁务，远离权力利益，此其性格使然。

因枢密使与宰相卷入权力利益的程度不同，故风险不同。五代共有枢密使34人，3人（李绍宏、郝琼、韩昭胤）情况不清，5人入仕宋朝，二者不计，余下26人中17人（65.4%）非正常死亡。五代共有宰相47人，3人（于兢、姚洎、韩昭胤）情况不清，6人入仕宋朝，余下38人中11人（28.9%）非正常死亡。宰相与枢密使的非正常死亡率是1∶2.3。上述身兼枢密使与宰相者9人。其中1人情况不清，7人非正常死亡，占8人的87.5%。即枢密使风险高，枢密使兼宰相风险超高。

再看两个直观的例证。后唐灭后梁时，后梁的两位枢密使：敬翔自杀，李振被杀，二人都遭诛族。与此同时，后梁末帝的8位宰相，2位死因不清，6位中只有兼任宰相的敬翔死于非命。明宗后期的两位枢密使朱弘昭与冯赟，在明宗弥留之际刻意废掉了太子李从荣，拥立李从厚，而在李从珂临近京师时就丧命。而明宗的宰相都安度明宗后的权力变更。何以如此，因为五代时期，枢密使是帝王的心腹，牢牢地捆绑在帝王的战车上，宰相是讲大唐故事、写官样文章的人，没上战车。

五代宰相中至少27人寿终正寝，岂独冯道？

八、权变之际

笔者以为，冯道的为官之道不是阿谀逢迎，而是刻意不卷入权力利益之中。但在持久不坠的因素中，这是次要，首先要靠运气。做官的风险尤其发生在皇位变更之际。其时，运气与为官之道合一，决定一个人的存亡，而运气占大头。对冯道遭遇的七次权变，容笔者一一道来。

之一，李存勖—李嗣源。该时官员们面临站队问题，站错队有杀身之祸。而郭崇韬伐蜀及魏城兵变之前，冯道已丁忧回乡。李嗣源兵近京师时，冯道正在丁忧服后的回京途中。他不存观望之心，却自然地避开了兵变之际。李嗣源早就看好他。登基后还未谋面就说："吾素知之，此真吾宰相也。"（《新五代史》卷18《冯道传》）

之二，李嗣源—李从厚。李嗣源临终之时，皇位几定于李从荣。众臣忧心忡忡，害怕侍奉这位是非之君。枢密使范延光、赵延寿费尽心思辞职，朱弘昭拒绝接替枢密使一职，遭明宗呵斥后才就职。乃至朱弘昭、孟汉琼等人构成了皇位角逐的漩涡中人。明宗身旁的这几位阴谋杀掉了李从荣。

> 癸巳，冯道率百僚见帝于雍和殿，帝雨泣哽噎，曰："吾家事若此，惭见卿等。"百僚皆泣下沾襟。（《旧五代史》卷44《唐明宗纪十》）

微妙的是，此刻率百官见明宗的是冯道，他之前没有像范延光、赵延寿一样费心逃避，其后也没有像朱弘昭一样被动陷入。原因在于，冯道不是枢密使，其所为只是向明宗进言治国理念。这是他与明宗的双向选择。即冯道官职很高，亦不乏贡献，却未置身在权力中枢和管理核心。他得其所愿。故安然度过这番权力交替。

之三，李从厚—李从珂。长兴四年十二月闵帝李从厚即位。即刻任命冯道为山陵使，即主持明宗修陵，这一般是先帝的宰相才能担任的职务。翌年二月闵帝在朱弘昭、冯赟、康义诚建议或支持下，出台了酿成大祸的调令："宣授凤翔节度使潞王从珂为权北京（太原）留守。"正在主持修陵的宰相冯道竟无涉这一重大决策。以后便是从珂兵不血刃地取代闵帝从厚。冯道在安重诲阴谋去除李从珂之时，就在默想未来的皇储之变。此番他更看清了事情走向，故动员百官劝进。窃以为，他的意图是顺应皇室内不可阻挡的变更，减少朝官与社会为之流血牺牲。

之四，李从珂—石敬瑭。冯道虽请中书舍人写劝进书，却丝毫不以此邀宠于从珂。乃至从珂即位，此前两任宰相的冯道不被续任，不久外放，出任同州节度使。乃至石敬瑭请来契丹颠覆后唐时，冯道不在京师。如同当年李嗣源一样，石敬瑭也是登基后找来冯道出任宰相。

之五，石敬瑭—石重贵。冯道事数朝多帝。其实，真正被器重的只是后唐明宗与后晋高祖，尤其是石敬瑭，乃至敬瑭向冯道托孤：

> 高祖卧疾，宰相冯道入见卧内，重睿尚幼，高祖呼出使拜道于前，因以宦者抱持置道怀中，高祖虽不言，左右皆知其以重睿托道也。高祖崩，……景延广已阴许立出帝，重睿遂不得立。(《新五代史》卷17《重睿传》)

> 高祖崩，道与侍卫马步都虞候景延广议，以国家多难，宜立长君，乃奉齐王重贵为嗣。(《旧五代史》卷87《重睿传》，注引《契丹国志》)

笔者在第一章中曾做过分析。石是谨慎的人，这样重大的事情不明确交代，可做二解。一，他拿不出定见，只好做无言的托付：我信得过你，你相机行事吧。二，他几乎已经放弃了立三四岁的重睿继承王位，不然这是最容易明确表达的事情。两解不冲突。而景延广利用其近臣的便利，已经私下勾结了石重贵。冯道为太平计，同意立长不立亲。有实权和有名位的二人达成共识，在百官那里顺利通过。这是冯道卷入最深的一次皇位继承。

之六，石重贵—耶律德光。石重贵感谢景延广的功劳，即位后对之格外倚重。

> 宰臣冯道等上表，请依旧置枢密使，略曰："窃以枢密使创自前朝，置诸近侍，其来已久，所便尤多。顷岁枢密使刘处让偶属家艰，爰拘丧制，既从罢免，暂议改更，不曾显降敕文，永停使额。所愿各归职分，岂敢苟避繁难。伏请依旧置枢密使。"初，高祖事后唐明宗，睹枢密使安重诲秉政擅权，赏罚由己，常恶之，及登极，故断意废罢，一委中书。至是冯道等厌其事繁，故复请置之，庶分其权。表凡三上，不允。（《旧五代史》卷81《晋少帝纪一》）

可见冯道非但不求进入中枢，还想减少权力和繁务。重贵即位后约第二年，将宰相冯道外放，任同州节度使，一年后调任邓州节度使。其时景延广与石重贵制定了与契丹交恶的大政方针。最终契丹灭后晋。景延广、桑维翰都毙命其时，即主战与主和的日后都有人欲夺其命。若冯道卷入其中，命运殊难预料。

耶律德光入主京师。从外地招来冯道，二者有一番脍炙人口的对话：

> 契丹入汴，道自襄、邓召入，戎王因从容问曰："天下百姓，如何可救？"道曰："此时百姓，佛再出救不得，惟皇帝救得。"其后衣冠不至伤夷，皆道与赵延寿阴护之所至也。（《旧五代史》卷126《冯道传》）

> 契丹灭晋，道又事契丹，朝耶律德光于京师。德光责道事晋无状，道不能对。又问曰："何以来朝？"对曰："无城无兵，安敢不来。"德光诮之曰："尔是何等老子？"对

曰："无才无德痴顽老子。"德光喜,以道为太傅。(《新五代史》卷18《冯道传》)

继勋自镇来朝,契丹责之。时冯道在侧,继勋事急,指道曰:"少帝在邺,道为首相,与景延广谋议,遂致南北失欢。臣位至卑,未尝措言。……"契丹主曰:"此老子不是好闹人,无相牵引,皆尔辈为之。"继勋不敢复对。(《旧五代史》卷96《刘继勋传》)

冯道分明是从外地被招来,欧阳修偏要含蓄地说冯自己投奔,此处《资治通鉴》倒是不跟随欧阳修。欧阳修说"无才无德痴顽老子"意在揶揄冯道,却也神似冯道的机智与幽默。薛居正说冯道一言致中土"衣冠不至伤夷"或许言过其实,但冯道此言可能在一定程度上改变德光的心态。至于刘继勋慌不择路诬告冯道,全不知昔日冯道留给德光印象甚好,且契丹人明白南北交恶之肇事者是谁。以后德光携冯道一干人北上。所幸大辽在中土溃败,冯道等人于兵荒马乱中南归。这年冯道65岁,涉险过关。

之七,刘承祐—郭威。大辽北去,留下的真空被一直观望的刘知远填补。在两朝为四位皇帝做过宰相的冯道此时德高望重。知远任命其为守太师,进封齐国公。但这只是名誉。刘知远一向讨厌杜重威,临终前交代杀死他。《资治通鉴》说:后晋初叶"冯道、李崧屡荐重威之能,以为都指挥使,充随驾御营使"。以刘知远的心胸,这几乎注定了他对冯道敬而远之。他临终时将幼主托付给四位顾命大臣。郭威在外。少帝刘承祐不满三位大佬对其压制,他身旁的宵小们企图一股脑颠覆刘知远的重臣。此时冯道身处边缘,不挡人道,安度这场血腥的劫难。

不算刘守光,冯道一生侍奉十一帝。其中四帝传位臣僚无涉风险：刘知远称帝于大辽留下的真空，刘知远传给刘承祐，郭威传给柴荣，柴荣传位时冯道已离世。其余七次皇权更替均充满血腥。其中五次中冯道的处境是：一次丁忧，两次外放任节度使，李从厚大政不问宰相冯道，刘承祐在位时冯道边缘化。冯道一生做过三朝五帝（后唐李嗣源、李从厚，后晋石敬瑭、石重贵，后周郭威）的宰相。真正器重他的只有李嗣源和石敬瑭。明宗时冯道的为官之道使其不问立储。只有石敬瑭托付之事冯道必须过问，而热衷权力的景延广又成为主导。丁忧、外放、边缘化的五次处境首先要归为运气。但在此处，运气竟与性格互为因果。明宗临终时，不是官位高的冯道，而是朱弘昭、冯赟、康义诚将李从厚推上王位。故从厚登基后，冯道虽是宰相，从厚依靠的是朱、冯、康。冯道在明宗时的消极导致其闵帝时的边缘，免去闵帝君臣四人的劫难。冯道是石敬瑭最倚重的人，而石重贵明白自己是靠着景延广上位的，遂使冯道免去了景延广和桑维翰的劫难。

综上所述，冯道官运长久，第一靠运气，第二靠其刻意远离权力中心。他貌似一直位高权重，其实不然。多位帝王仅需这位高风亮节的老臣作牌位。

九、评价之评价

在《旧五代史》作者们的眼中，冯道高山仰止。他们花了最大的笔墨讲述冯道。在列传中，冯道的篇幅高居第一，比篇幅第二的郭崇韬多五分之一。其他列传篇幅均不及冯道一半。且给了冯道极多赞美和至高评价：

> 道少纯厚，好学能文，不耻恶衣食，负米奉亲之外，

惟以披诵吟讽为事，虽大雪拥户，凝尘满席，湛如也。……丁父忧……遇岁俭，所得俸余悉赈于乡里，道之所居惟蓬茨而已。……其文浑然，非流俗之体，举朝服焉。道尤长于篇咏，秉笔则成，典丽之外，义含古道，必为远近传写，故渐畏其高深，由是班行肃然，无浇漓之态。……一日，道因上谒既退，明宗顾谓侍臣曰："冯道性纯俭，顷在德胜寨，居一茅庵，与从人同器食，卧则刍藁一束，其心晏如也。及以父忧退归乡里，自耕樵采，与农夫杂处，略不以素贵介怀，真士大夫也。"……是日道若齐至，与麻荅相见，稍或蹒踌，则悉为俘矣。时论者以道在布衣有至行，立公朝有重望，其阴报昭感，多此类也。……史臣曰：道之履行，郁有古人之风；道之宇量，深得大臣之礼。（《旧五代史》卷126《冯道传》）

乃至给读者的印象：冯道是五代第一人。因此最大的不解是本传最后一句话：

> 然而事四朝，相六帝，可得谓忠乎。夫一女二夫，人之不幸，况于再三者哉。所以饰终之典，不得谥为文贞、文忠者，盖谓此也。（同上）

笔者以为，此言非薛居正等所写。理由有三。其一，文理不通。若结语出现大转折，前文当有铺垫，宿儒出语不会如此突兀。其二，《旧五代史》的八位撰写人均为贰臣。薛居正本人"事四朝"（后晋、后汉、后周、宋），扈蒙事四朝，张澹事三朝。且赵匡胤时朝中贰臣恐怕过半。该传记这最后一句话伤害作者们的自尊，即便他们甘心如此，也要避讳对满朝文武的刺激。陈晓莹说："与其说这（《旧五代史》）是一部宋人眼中的五代史，毋宁说，这是五代人眼中的五代史。"（2018，45）五代朝官皆为贰臣，他们绝然不会污名贰臣。其三，赵匡胤要依赖这批贰臣，他断然不会嘲讽贰臣。此时如此抨击贰臣，会令人联想到赵宋天下的不正当来路。那么这话出自何处。笔者以为是后人所加。《旧五代史》后来干脆消失了。原因何在？它能消失，为何不能被添加。

对冯道及五代贰臣的抨击，是宋代开国的贰臣们死后的事情。景德四年（1007）宋朝皇帝（真宗）第一次否定冯道，"历事四朝十帝，依阿顺旨，以避患难，为臣如此，不可以训也"。而薛居正的下一代人所著《五代史阙文》（作者王禹偁，954—1001）和《五代史补》（作者陶岳，？—1022，成书于1012）都没有非议冯道。看来真宗这句话没有实际影响。多数研究者认为，宋初三代，乃至仁宗早期，冯道依然被尊重。

宋朝皇帝对冯道的正式否定，是仁宗在皇祐三年（1051）拒绝冯道曾孙冯舜卿乞请录用："道相四朝，而偷生苟禄，无可旌之节；所上官诰，其给还之。"耐人寻味的是1053年，即两年后欧阳修的《新五代史》完稿。二者距宋朝立国九十余年。乾隆下旨编《贰臣传》距清军入京约百二十年。时间差上两朝代如出一辙。后面是同一逻辑。贰臣为本朝效力之时不可讨伐。隔代君主图长治久安，决意杜绝本朝自身生二心者，批判贰臣遂落实到日程。宋代与清代的一个差异是，清代讨伐的是曾效力它的贰臣，宋代因本朝的来历，不便讨伐跟随太祖入宋的贰臣。另一个不同之处是，清代《贰臣传》污名了一大批。宋代选择了前朝的一个人冯道当靶子。

冯道突出在哪里？绝非批判者——无论是仁宗还是欧阳修——挂在嘴上的"事四朝"。如前所述，后周与宋初，事四朝者多如牛毛。杨凝式事六朝（唐至后周），和凝事五朝（后梁至后周）且做过宰相，侯益事五朝（后唐至宋，武人，宋朝得到宰相待遇。未入新旧《五代史》之列传），张昭远事五朝（后唐至宋，史官，《旧唐书》主要撰写者，被宋太祖封郑国公。未入新旧《五代史》之列传）。此不乏堪与冯道比肩者。冯道的突出之处是，事四朝与好名声集于一身，头上的光环从五代直达宋朝。仁宗与欧阳修等不能容忍的是：一个贰臣如此荣耀，这岂不是鼓励大家去做贰臣。但是批判贰臣时选择冯道有个难点，就是冯道可能是"事多朝"中最好的那个人。欧阳修行文时必定感到为难。他讲述的冯道的高风善行是独特的，而"事多朝"是冯道与他人共享的。极而言之，如果冯道没有高风亮节及因此获得的声誉，即便"事四朝"也不会遭遇格外的批判。事多朝与善行，具有相当大的相互独立性。这是导致人们争议之所在。也是令一些人，既有批判者也有称赞者，困惑的原因。评价冯道，只有一种类型的人无困惑，包括笔者，我们以为在五代"事奉多朝"没有过错。

自仁宗以后，宋代君主对冯道的否定态度是其切实利益所决定。欧阳修与司马光对冯道的批判是否有御用的成分，即使当代史学家能说清楚，作为史学业余爱好者的敝人亦不在此列。逻辑上说，欧阳修、司马光不可能不考虑帝王的好恶。欧阳修竭力发现五代稀少的"死臣"，抵抗赵匡胤称帝的后周都虞候韩通却未入其《新五代史》。北宋史学家刘攽（1023—1089）据此称《新五代史》为"二等文字"。《资治通鉴》写到后周恭帝即位便戛然而止，不去触碰赵匡胤黄袍加身的说法。但另一方面，不能排除二人对冯道的批判有主要源于个人认知的可能性。身处鼎革之世的王夫之、陈寅恪同样批判冯道，二位的言论都与君主压力无涉。笔者以为，欧阳修、司马光、王夫之、陈寅恪，在很大程度上说的不是五代史，是他们自己的时代。特别是欧阳修，与其说他批判的是冯道，毋宁说批判的是薛居正。但如此是对不起历史学的，如果世间尚有纯正的学术。

第七章
天命知否

    天命观及人们对数术活动之依赖，是人类精神生活的组成部分，是认识一个时代不可或缺的。

    两部五代史之差异见诸多个层面。而对待天命乃至怪力乱神的态度是其一。《旧五代史》中充斥着天象与算命，《新五代史》少了很多，偶尔说及多是批判。这差异显示出当时智者中并存着两种认识，对今人理解五代好处莫大。而《旧五代史》对此记载较多，更助于我们知晓五代时的各色人等，各类性情。

    概言之，五代史记载的天命与术士的活动涵盖两大方面。其一，帝诞天兆，即皇帝诞生时的特异天象。其二，算命看相，包括看命者与被看命者。前者中有骗子，也有君子乃至隐士。后者中有笃信的，也有不信的，我们逐一展开。

一、帝诞天兆

    几乎五代的每个开国帝王，都有诞生时天呈瑞兆的说法。薛居正对之不厌其烦地引述，笔者不认为这是他个人的编造。

（朱温出生之日）是夕，所居庐舍之上有赤气上腾。里人望之，皆惊奔而来，曰："朱家火发矣。"及至，则庐舍俨然。既入，邻人以诞孩告，众咸异之。……开平元年正月壬寅……有庆云覆于府署之上。甲辰，天子遣御史大夫薛贻矩来传禅代之意。……二月戊申，帝之家庙栋间有五色芝生焉，状若芙蓉，紫烟蒙护，数日不散。（《旧五代史》卷1、3《梁太祖纪一、三》）

（李克用之母）在妊十三月，载诞之际，母艰危者竟夕。族人忧骇，市药于雁门，遇神叟告曰："非巫医所及，可驰归，尽率部人，被甲持旄，击钲鼓，跃马大噪，环所居三周而止。"族人如其教，果无恙而生。是时，虹光烛室，白气充庭，井水暴溢。（《旧五代史》卷25《唐武皇纪上》）

（李存勖出生）于晋阳宫。妊时，曹后尝梦神人，黑衣拥扇，夹侍左右。载诞之辰，紫气出于窗户。（《旧五代史》卷27《唐庄宗纪一》）

（石敬瑭）唐景福元年二月二十八日生于太原汾阳里，时有白气充庭，人甚异焉。（《旧五代史》卷75《晋高祖纪一》）

（郭威）唐天祐元年甲子岁七月二十八日，生帝于尧山之旧宅。载诞之夕，赤光照室，有声如炉炭之裂，星火四迸。（《旧五代史》卷110《周太祖纪一》）

《新五代史》对以上传说一概不取。原因是在天命观上，欧阳修是僧道无缘的无神论者；在政治观上，他认为五代的帝王都是僭越，其本非法，何来天命？

二、误信算命

接着说术士之算命看相。五代史中颇记载了一些被术士误了卿卿性命者。

其一范延光。其人一生分为两个段落。服侍后唐庄宗、明宗时，忠心耿耿。以后为术士所惑，以为自己有帝王之命，故在后晋时反叛。被石敬瑭宽大，不幸又犯了小人，死于非命。

> （与后梁交战中）为梁兵所获，送夷门下狱，榜笞数百，威以白刃，终不泄其事。复为狱吏所护，在狱半年，不复理问。及庄宗将至汴城（才出狱）。……庄宗喜，授银青光禄大夫、检校工部尚书。明宗登极，擢为宣徽使。……明宗之幸夷门也，至荥阳，闻朱守殷拒命，延光曰："若不急攻，贼城坚矣。请骑兵五百，臣先赴之，则人心必骇。"明宗从其请。延光自酉时至夜央，驰二百余里，奄至城下，与贼交斗。翌日，守陴者望见乘舆，乃相率开门，延光先入，与贼巷战，至厚载门，尽歼其党，明宗嘉之。明年，迁枢密使，权知镇州军府事，寻正授节旄，加检校太保。……门下有术士张生者，自云妙通术数，当延光微时，言将来必为将相，延光既贵，酷信其言。历数镇，尝馆于上舍，延光谓之曰："余梦大蛇，自脐入腹，半而掣去之，是何祥也？"张生曰："蛇者龙也，入腹为帝王之兆明矣。"延光自是稍萌僭窃之意。（《旧五代史》卷97《范延光传》）

其二李守贞。其先后事后晋、契丹、后汉。刘知远临终为保子侄皇位安全，授命杀心头之患杜重威。本无涉李守贞，但李曾与杜过往，心颇不安。思忖之际，术士起了作用。

> 有僧总伦者，以占术干守贞，谓守贞有人君之
> 位。……未几，赵思绾以京兆叛，遣使奉表送御衣于守贞，
> 守贞自谓天时人事合符于己……乃自号秦王，思绾、景崇
> 皆受守贞署置。（注：这三人谋反，是后汉刘承祐即位后的
> 一等大事。郭威领兵，围困李守贞近一年）……既而城中
> 粮尽，杀人为食。召总伦诘其休咎，总伦至曰："王自有天
> 分，人不能夺。然分野灾变，俟磨灭将尽，存留一人一骑，
> 即王鹊起之际也。"守贞深以为信。洎攻城，守贞欲发石以
> 拒外军，炮竿子不可得，无何，上游泛一筏至，其木悉可
> 为炮竿，守贞以为神助。又尝因宴会将佐，守贞执弧矢，
> 遥指一虎舐掌图曰："我若有非常之事，当中虎舌。"引弓
> 一发中之，左右拜贺，守贞亦自负焉。……城陷，举家蹈
> 火而死。王师入城，于烟中获其尸，断其首函之。（《旧五
> 代史》卷190《李守贞传》）

还有虽未被蛊惑谋反，其愚昧不逊色者。李知损是个轻薄
庸吏。因是后周枢密使王峻旧交，王峻力荐他上位。李知损日
后劣迹多多。

> 世宗因发怒，仍以其丑行日彰，故命除名，配沙门岛。
> 知损将行，谓所亲曰："余尝遇善相者，言我三逐之后，当
> 居相位，余自此而三矣，子姑待我。"后岁余，卒于海中，
> 其庸诞也如此。（《旧五代史》卷131《李知损传》）

以上所述均系术士与被算命者的互动，作者表述的重心在后者。
所述事实虽毕现术士预言荒谬，但作者贬损未及术士。倒是
《旧五代史》另外三处描述术士的段落中，直呼"妖人"：

有妖人李应之得于村落间，养为己子。及处直有疾，应之以左道医之，不久病间，处直神之，待为羽人。始假幕职，出入无间，渐署为行军司马，军府之事，咸取决焉。（《旧五代史》卷54《五都传》）

董昌为节度使。昌渐骄贵，自言身应符谶，又为妖人王百艺所诳，僭称尊号，乃于越州自称罗平国王，年号大圣。（《旧五代史》卷133《钱镠传》）

光启三年，扬州节度使高骈失政，委任妖人吕用之辈。（《旧五代史》卷134《杨行密传》）

《旧五代史》范延光、李守贞传记中与术士的互动，《新五代史》有几乎相同的记载。其他段落中的术士《新五代史》多无记载。可能是以为范、李是人物，值得借此批判术士一番。其他不足论。

三、不信算命

五代史中亦不乏不信算命的记载，且不乏重大决策时。

（庄宗）召崇韬问计，崇韬曰："陛下兴兵仗义，将士疲战争、生民苦转饷者，十余年矣。况今大号已建，自河以北，人皆引首以望成功而思休息。今得一郓州，不能守而弃之，虽欲指河为界，谁为陛下守之？且唐未失德胜时，四方商贾，征输必集，薪刍粮饷，其积如山。自失南城，保杨刘，道路转徙，耗亡太半。而魏博五州，秋稼不稔，竭民而敛，不支数月，此岂按兵持久之时乎？臣自康延孝来，尽得梁之虚实，此真天亡之时也。愿陛下分兵守魏，固杨刘，而自郓长驱捣其巢穴，不出半月，天下定矣。"庄宗大喜曰："此大丈夫之事也。"因问司天，司天言："岁不利用兵。"崇韬曰："古者命将，凿凶门而出（注：古代将军出征时，凿一扇向北的门，由此出发，如办丧事一样，以示必死之决心，故称"凶门"）。况成算已决，区区常谈，岂足信也。"庄宗即日下令军中，归其家属于魏，夜渡杨刘，从郓州入袭汴，用八日而灭梁。庄宗推功，赐崇韬铁券，拜侍中、成德军节度使，依前枢密使。庄宗与诸将以兵取天下，而崇韬未尝居战阵，徒以谋议居佐命第一之功，位兼将相。（《新五代史》卷24《郭崇韬传》）

《旧五代史》也有上述记载，只其中独缺问计司天，而此对认识五代时的天命观极具价值。在至关重要的大战前，庄宗问询司天是惯例，而郭崇韬斥司天之判竟如小儿，庄宗也当即认同。这里重要的是看到了君主对国之大事的定夺。而郭崇韬蔑视天命、术士，是一贯的：

又有僧诚惠，自言能降龙。尝过镇州，王镕不为之礼，诚惠怒曰："吾有毒龙五百，当遣一龙揭片石，常山之人，皆鱼鳖也。"会明年滹沱河大水，坏镇州关城，人皆以为神。庄宗及后率诸子、诸妃拜之，诚惠端坐不起，由是士无贵贱皆拜之，独郭崇韬不拜也。（《新五代史》卷14《皇后刘氏》）

诚惠初于五台山出家，能修戒律，称通皮、骨、肉三命，人初归向，声名渐远，四方供馈，不远千里而至者众矣。自云能役使毒龙，可致风雨，其徒号曰降龙大师。京师旱，庄宗迎至洛下，亲拜之，六官参礼，士庶瞻仰，谓

> 朝夕可致甘泽。祷祝数旬，略无征应。或谓官以祈雨无验，
> 将加焚燎，诚惠惧而遁去。及卒，赐号法雨大师，塔曰
> "慈云之塔。"（《旧五代史》卷71《许寂传》）

这是新旧《五代史》共同记载同一怪力乱神的第三次，其
间差异不小。《旧五代史》记载了诚惠求雨失败，《新五代史》
却记载了郭氏不相信僧人的奇迹，当然也可以理解为欧阳修刻
意描述众人迷信这种巧合，以烘托郭崇韬之不同凡响。但不提
其日后求雨失败似乎不该。而五代史中不信术士者，郭崇韬并
非唯一。

> （周）玄豹归晋阳，张承业信重之，言事数中。承业俾
> 明宗（注：未称帝时）易衣列于诸校之下，以佗人诈之，
> 而元豹指明宗于末缀言曰："骨法非内衙太保软。"咸伏其
> 异。或问明宗之福寿，惟云末后为镇州节度使，时明宗为
> 内衙都校，才兼州牧而已。昭懿皇后夏氏方侍巾栉（注：
> 刚开始服侍李嗣源未当皇后时），偶忤旨，大为明宗榎楚
> （注：笞打）。玄豹偶见之曰："此人有藩侯夫人之位，当生
> 贵子。"明宗赫怒因解，后其言果验。……明宗即位之明
> 年，一日，谓侍臣曰："方士周元豹，昔曾言朕诸事有征，
> 可诏北京津置赴阙。"赵凤奏曰："袁许之事，玄豹所长者，
> 以陛下贵不可言，今既验矣，余无可问。若诏赴阙下，则
> 奔竞之徒，争问吉凶，恐近于妖惑。"乃止。令以金帛厚赐
> 之，授光禄卿致仕。（《旧五代史》卷71《周玄豹传》）

这一段落中最难得的是赵凤的见识：其一，陛下当上了皇帝，
没得可问了。其二，大家争着来问，近于妖惑。赵凤对天命与
术士之态度不弱于郭崇韬，而分寸拿捏得合情入理，令明宗言

听计从。而后唐朝廷中不迷信周玄豹者，竟大有人在：

> 承业重其（注：冯道）文章履行，甚见待遇。时有周玄豹者，善人伦鉴，与道不洽，谓承业曰："冯生无前程，公不可过用。"时河东记室卢质闻之曰："我曾见杜黄裳司空（注：唐宪宗的宰相）写真图，道之状貌酷类焉，将来必副大用，玄豹之言不足信也。"承业寻荐为霸府从事，俄署太原掌书记。（《旧五代史》卷126《冯道传》）

四、纯正的修行人

五代史中难得地为后人留下了两三位纯正修行人的事迹。此处评述其中两位。其一为赵延义。

> 赵延义，字子英，秦州人。曾祖省躬，以明术数为通州司马，遇乱避地于蜀。祖师古，黔中经略判官。父温珪，仕蜀为司天监。温珪长于袁、许之术，兼之推步。王建时，深蒙宠待，延问得失，事微差跌，即被诘让。临终谓其子曰："技术虽是世业，吾仕蜀已来，几由技术而死，尔辈能以他途致身，亦良图也。"延义少以家法仕蜀，由荫为奉礼部翰林待诏。蜀亡入洛，时年三十。天成中，得蜀旧职（注：大约还是司天）。延义世为星官，兼通三式（注：三式为雷公式、太乙式、六壬式，皆算命之术），尤长于袁、许（注：两著名术士汉许负、唐袁天纲之并称）之鉴。清泰（后唐李从珂年号，934—936）中，尝与枢密直学士吕琦同宿于内廷，琦因从容密问国家运祚，延义曰："来年厄会之期，俟过别论。"琦讯之不已，延义曰："保邦在刑政，

保祚在福德。在刑政则术士不敢言，奈际会诸公，罕有卓绝福德者，下官实有恤纬（注：忧国的意思）之僭。"其年，兼卫尉少卿。晋天福中，代马重绩为司天监。契丹入京师，随至镇州，时契丹麻答为帅，会汉高祖定两京，控鹤都将李筠与诸校密谋劫库兵，逐契丹，犹豫未决，谋于延义，因假以术数赞成之。契丹既去，还京师，官秩如旧。广顺初，加检校司徒，本官如故，太祖数召对焉。延义善交游，达机变，兼有技术，见者欢心。二年，授太府卿，判司天监事。其年夏初，火犯灵台，延义自言星官所忌，又言身命官灾并，未几其子卒，寻又妻卒，俄而延义婴疾（注：患病之意思），故人省之，举手曰："多谢诸亲，死灾不可逭也。"寻卒，年五十八。赠光禄卿。（《旧五代史》卷131《赵延义传》）

周太祖自魏以兵入京师，太祖召延义问："汉祚短促者，天数耶？"延义言："王者抚天下，当以仁恩德泽，而汉法深酷，刑罚枉滥，天下称冤，此其所以亡也。"是时太祖方以兵围苏逢吉、刘铢第，欲诛其族，闻延义言悚然，因贷其族，二家获全。（《新五代史》卷57《赵延义传》）

其二为名气极大的陈抟。

[显德三年（957）十一月]放华山隐者陈抟归山。帝（注：后周世宗柴荣）素闻抟有道术，征之赴阙，月余放还旧隐。（《旧五代史》卷116《世宗纪三》）

陈抟，陕西人，能为诗，数举不第，慨然有尘外之趣，隐居华山，自是其名大振。世宗之在位也，以四方未服，思欲牢笼英杰，且以抟曾践场屋，不得志而隐，必有奇才远略，于是召到阙下，拜左拾遗。抟不就，坚乞归山，世宗许之。未几，赐之书："敕陈抟，朕以汝高谢人寰，栖心物外，养太浩自然之气，应少微处士之星，既不屈于王侯，遂高隐于岩壑，乐我中和之化，庆乎下武之期，而能远涉山涂，暂来城阙，浃旬延遇，弘益居多，白云暂驻于帝乡，好爵难縻于达士。昔唐尧之至圣，有巢许为外臣，朕虽寡薄，庶遵前鉴。恐山中所阙，已令华州刺史每事供须。乍反故山，履兹春序，缅怀高尚，当适所宜，故兹抚问，想宜知悉。"即陶谷（世宗的翰林学士）之词也。初，抟之被召，尝为诗一章云："草泽吾皇诏，图南抟姓陈。三峰十年客，四海一闲人。世态从来薄，诗情自得真。超然居物外，何必使为臣。"好事者欣然谓之答诏诗。（《旧五代史》卷119《世宗纪六》，注引《五代史补》）

陈抟生卒跨唐、五代、宋。《宋史》对他的记载更详细：

> 陈抟字图南，亳州真源人。始四五岁，戏涡水岸侧，有青衣媪乳之，自是聪悟日益。及长，读经史百家之言，一见成诵，悉无遗忘，颇以诗名。后唐长兴中（注：930—933），举进士不第，遂不求禄仕，以山水为乐。自言尝遇孙君仿、獖皮处士二人者，高尚之人也，语抟曰："武当山九室岩可以隐居。"抟往棲焉。因服气辟谷历二十余年，但日饮酒数杯。移居华山云台观，又止少华石室。每寝处，多百余日不起。
>
> 周世宗好黄白术，有以抟名闻者，显德三年，命华州送至阙下。留止禁中月余，从容问其术，抟对曰："陛下为四海之主，当以致治为念，奈何留意黄白之事乎？"世宗不

之责，命为谏议大夫，固辞不受。既知其无他术，放还所止，诏本州长吏岁时存问。五年，成州刺史朱宪陛辞赴任，世宗令赍帛五十匹、茶三十斤赐抟。

太平兴国（注：宋太宗年号，976—984）中来朝，太宗待之甚厚。九年（984）复来朝，上益加礼重，谓宰相宋琪等曰："抟独善其身，不干势利，所谓方外之士也。抟居华山已四十余年，度其年近百岁。自言经承五代离乱，幸天下太平，故来朝觐。与之语，甚可听。"因遣中使送至中书，琪等从容问曰："先生得玄默修养之道，可以教人乎？"对曰："抟山野之人，于时无用，亦不知神仙黄白之事、吐纳养生之理，非有方术可传。假令白日冲天（注：即成为神仙），亦何益于世？今圣上龙颜秀异，有天人之表，博达古今，深究治乱，真有道仁圣之主也。正君臣协心同德、兴化致治之秋，勤行修炼，无出于此。"琪等称善，以其语白上。上益重之，下诏赐号希夷先生，仍赐紫衣一袭，留抟阙下，令有司增葺所止云台观。上屡与之属和诗赋，数月放还山。

端拱初，忽谓弟子贾德昇曰："汝可于张超谷凿石为室，吾将憩焉。"二年秋七月，石室成，抟手书数百言为表，其略曰："臣抟大数有终，圣朝难恋，已于今月二十二日化形于莲花峰下张超谷中。"如期而卒，经七日支体犹温。有五色云蔽塞洞口，弥月不散。

抟好读易，手不释卷。常自号扶摇子，著指玄篇八十一章，言道养及还丹之事。宰相王溥亦著八十一章以笺其指。抟又有三峰寓言及高阳集、钓潭集，诗六百余首。（《宋史》卷 457）

五、五代天命观评价

长考上述史记，笔者形成以下想法。

世人多云薛居正远比欧阳修热衷怪力乱神。笔者大不以为然，以为此种印象主要得自两书对帝诞天兆的处置，《旧五代史》不厌其烦，《新五代史》则一言不置。但是撇开帝诞天兆，只看术士算命看相，则丝毫看不出薛居正比欧阳修更信奉此道。

如是，我们首先需要比较帝诞天兆与术士活动的性质。前者是天象，后者是人算。不管算的对错，算命大多是预言。而前者是称帝后的溯源、追忆，乃至附会。后者多得很，因为无数人见识过术士算命看相。而前者罕见，世上有过几个帝王，更有几人见过他出生时的天象。若有天命，理当是每个人都有，不管其世间地位之高下。但人们大多相信，帝王的天命是更大的天命，唯更大的天命才有天兆。这或许是帝王对社会的影响远超凡夫俗子，乃至众生俗人的势利心理所使然。而帝王祥瑞之说更迎合的其实是帝王的心理。为了抬高自身的合法性，他们当然喜欢编织这种神话。乃至当他坐稳王位之时，天兆祥瑞就成了意识形态和政治正确。否认它是危险的。史家更有了将这些传说打捞、入史的职责。多数历史是为前朝做。又不是本朝帝王，为他涂脂抹粉作甚？但须知，天命的意识形态是历代帝王的共同利益。先叙前朝帝王之天命，再说本朝及朕之天命，才顺理成章。《旧唐书》、《宋史》中都不乏帝诞天兆。从这个意义上可以说，薛居正不厌其烦地引述帝诞天兆，是在做一件难以免俗的、政治正确的事情。以此判定他热衷怪力乱神，是不懂政治与世俗之分野。欧阳修的《新唐书》中不写这些，也是因为宋朝中晚期风尚有变，《资治通鉴》也不谈"祥瑞"。欧阳修不是孤立的，但在新风中他是领先人物。

《旧五代史》中呈现了更多的术士中的骗子。由此可见薛居正不乏判断力，此亦反证着帝王天命是另一系统的事体。不然薛居正何以对二者存如此反差。新旧《五代史》，特别是《旧五代史》，呈现出这么多骗子，其实颇可理解为那是常态。在大多数社会历史中，术士中都是骗子居多。因为那碗饭容易做，吃得香。薛居正此处的呈现，证明他是合格的史家。与之相比，欧阳修倒是因为洁癖，以及价值判断的先行，未能记载更多。

在一个相信命相的社会中，出人头地的术士必广为人知。况五代乱世，帝王对术士格外有兴趣。多数帝王都与术士打过交道，隐居华山的陈抟尚且被世宗柴荣专门找来。且五代只有五十余年历史，而薛居正一生覆盖其四十余年，他是后唐的进士，历仕后晋、后汉、后周。五代灵验的术士应该尽收眼底。然而其笔下的知名术士，竟然没有一个不曾失误过。法雨大师求不来雨，灰溜溜逃遁。冯道仕五朝（包括大辽）十一帝，五代大臣无出其右，其地位不逊于一些帝王。赫赫有名的周玄豹竟主动出击、铁口直断："冯生无前程，公不可过用。"如此，从其记载看，五代没有一个立于不败之地的算命术士。这是《旧五代史》的贡献。当然或许还有更高明的术士，我们稍后再论。

五代史中留下这么多算命的记录，说明那时命相的流行。但新旧《五代史》都记载了不在少数的不信算命者。这同样是非常宝贵的记录。因为五代在这问题上没有与历代迥然不同的道理。即，与命相盛行并存，不信者的比重颇为可观，且包括帝王和大臣。

五代史的难能可贵在于，记载了两位更高明的术士：赵延义与陈抟。一位出仕，一位隐居。前面说过，五代没有不失算的术士。赵与陈显然高过周元豹之流。而其高明的直接体现，竟然不在预言之正误，而在其刻意少言。其中暗含道理颇多。笔者猜想有三。其一，缄口或寡言，是避免说错。延义之父为前蜀司天，对儿子的临终遗言是："技术虽是世业，吾仕蜀已来，几由技术而死，尔辈能以他途致身，亦良图也。"此说颇合五代史所呈现的"没有不失算的术士"。应该说，越是高手越知道数术绝无必然对之胜算，以之服侍君主是将自己置于风险之地。其二，二人都清楚命相学远没有民生要紧。陈抟回答周世宗："陛下为四海之主，当以致治为念，奈何留意黄白之事乎？"又回答宰相宋琪："假令白日冲天，亦何益于世？"笔者以为这答复不仅是自谦，而是真的通晓事体之大小。即令白日冲天，即所谓成仙，不过是小乘，而治理好国家则属大乘。而大乘者，诚如延义所言："保邦在刑政，保祚在福德"，而不在命相占卜之术。其三，为什么陈抟要说自己不知"吐纳养生之理，非有方术可传"？笔者以为，他不是不知道，也不是保守不传，而是明白自己的本领是淡薄世事所得，而问者身陷官场，习吐纳养生不是缘木求鱼也属事倍功半，故以不教授为益。

综上所述，五代史，特别是《旧五代史》以其多个层面的描述，呈现出该时期不同层次的术士和求教者，辐辏出一个时代命相数术之生态。

六、中国古代思想家的天命观

我们不能无中生有，人类的身体和观念都是如此。后者是前辈思想的继承、演绎和积淀。精英的思想经由超复杂的过程，作用和塑造大众的意识。了解历代思想家，即使不是认识民族思想长河的唯一路径，至少也是便捷之路。精英的天命意识，影响了大众的天命意识。而历史上精英在天命意识上分为不相信与相信两大派别。笔者以为整体而言，历史上的思想家不曾对民众的命相活动给予有力支持。天命思想的产生，肯定在反天命思想之前。这道理很浅显。后者产生的目的就是应对前者，舍此没有其独立存在的意义。并且天命思潮的规模一向大于反天命思潮。但是为着先易后难，先简后繁，笔者的评述，先从后发的、较小的反天命思潮说起。因为反天命思潮不支持算命活动是显然的。而天命思潮在道理上不支持算命活动则要微妙得多。

墨子堪称最初的反天命的代表人物。他说：

> 存乎桀、纣而天下乱，存乎汤武而天下治。天下之治也，汤、武之力也；天下之乱也，桀、纣之罪也。若以此观之，夫安危治乱，存乎上之为政也，则夫岂可谓有命哉？……王公大人蕡若（注：假如的意思）信有命而致行之，则必怠乎听狱治政矣，卿大夫必怠乎治官府矣，农夫必怠乎耕稼树艺矣，妇人必怠乎纺绩织纴矣。（《墨子·非命下》）

唐代哲学家吕才（600—665）在其《叙禄命》中说：周文王死于劳累忧虑，无关易学中的凶辰"空亡"，长平众多被坑之卒都是一个命？他说，鲁庄公、秦始皇、汉武帝、魏孝文帝等人的命运都与《禄命书》相悖。

南宋费衮在其《梁溪漫志·谭命》中说：

> 若生时无同者，则一时生一人，一日当生十二人，以岁计之，则有四千三百二十人，以一甲子计之，止有二十

五万九千二百人而已。今只以一大郡计其户口之数，尚不减数十万，况举天下之大，自王公大人以至小民，何啻亿兆……其间王公大人始生之时则必有庶民同时而生者，又何贵贱贫富之不同也?

我们接着转向相信天命的思想家。孔子说：

> 不知命，无以为君子也。(《论语·尧曰》)
>
> 道之将行也与，命也；道之将废也与，命也。(《论语·宪问》)
>
> (颜渊说)死生有命，富贵在天。(《论语·颜渊》)

孔子显然是承认天命的。但同时他也说：

> 未知生，焉知死? (《论语·先进》)
>
> 子不语怪力乱神。(《论语·述而》)

这说明孔子虽然承认天命的存在，却自知不能够，且不企图洞悉天命。即严格地说，在天命面前孔子是不可知论者。他一丝一毫不帮后代术士的忙。另一方面，承认天命与积极作为，共存在孔子的精神世界中。孟子的天命观与孔子高度相似，他说：

> 求则得之，舍则失之，是求有益于得也，求在我者也。求之有道，得之有命，是求无益于得也，求在外者也。……君子行法，以俟命而已矣。(《孟子·尽心》)

很可能是性格的原因，孟子没像孔子那么鲜明地表达他对天命的不可知。他那句名言"五百年必有王者兴，其间必有名世者"，被汉代的谶纬学派接了过去。但责任不在孟子，其学说本质上不带有神秘主义色彩。

中国古代思想家的著作中最具认识论色彩的老子《道德

经》，却没有讨论天命。其中两处稍有关联：

> 归根曰静，静曰复命。复命曰常，知常曰明。不知常，
> 妄作凶。（译：返回本根叫清静，清静就是复归生命。复归
> 生命叫常理，知道叫明达，不知常理会出乱子。）

> 天地不仁，以万物为刍狗。（注：刍狗是古代祭祀时用
> 草扎成的狗。译：天地没有偏爱，它以万物为道具。）

第一句话中的"复命"，就是回归常识和自然，其实与"天命"
缺乏关联。第二句话或许与"天命"有反向的关联。老子认为
天地和自然规律都是冰冷的，没有闲情逸致关注众生渺小的命
运。由此推论，对自身命运的猜测是众生自己的温情。

庄子对天命一言以蔽之：

> 知其不可奈何而安之若命，德之至也。（《庄子·内
> 篇·人间世》）

中国古代思想家中最热衷讨论天的可能是董仲舒：

> 为人者天也。人之人本于天，天亦人之曾祖父
> 也。……唯天子受命于天，天下受命于天子，一则国受命
> 于君。君命顺，则民有顺命；君命逆，则民有逆命。（《春
> 秋繁露·为人者天》）

但是董仲舒说"唯天子受命于天"，乃至君主的命运决定了众生
的命运。董仲舒本该是认识天命的教父。以后的谶纬学派的思
想也确乎发轫于董仲舒。但是董仲舒只将天命系于君主，也就
给予天命极大的规定性、有限性，未给面对众生的命相者留下
空间。

王充（27—97）在中国哲学史中堪称善辩者，他对天命的

看法是：

> 天命难知，人不耐审，虽有厚命，犹不自信，故必求
> 之也。……信命者曰："自知吉，不待求也。天命吉厚，不
> 求自得；天命凶厚，求之无益。"……天命当然，虽逃避
> 之，终不得离。故夫不求自得之贵欤。（《论衡•命禄》）

> 人之温病而死也，先有凶色见于面部。其病，遇邪气
> 也。其病不愈，至于身死，命寿讫也。国之乱亡，与此同
> 验。有变见于天地，犹人温病而死，色见于面部也。……
> 至于国亡，犹病不愈，至于身死也。（《论衡•治期》）

从第一段话看，王充没有给预知天命留下空间。从后一段
话看似乎留下了，其实不然。病见于面色就是已经病了，此时
判定生病已经不是预测了。

王符（85—163）认定，命是决定性的，也是不可知的：

> 凡人吉凶，以行为主，以命为决。行者，己之质也；
> 命者，天之制也。在于己者，固可为也；在于天者，不可
> 知也。（《潜夫论•巫列》）

朱熹（1130—1200）说：

> 论语终云："不知命，无以为君子也。"此深有意。盖
> 学者所以学为君子者，不知命则做君子不成。死生自有定
> 命，若合死于水火，须在水火里死；合死于刀兵，须在刀
> 兵里死，看如何逃不得。此说虽甚粗，然所谓知命者，不
> 过如此。若这里信不及，才见利便趋，见害便避，如何得
> 成君子。（《朱子语类》卷50）

朱熹是孔子天命论的忠实继承者和阐述者。他说"所谓知命者，

不过如此"，即孔子的天命观就是这些，他没有要补充的。他觉得这么说还不够彻底，又说：你若不满足孔子关于天命的言论，就做不成君子了。

七、小结

在数术的历史长河中，五代史是个横截面。新旧《五代史》告诉我们，其时数术虽盛行，但不盲从者颇多，从帝王到大臣，从寻常算命到重要决策。而新旧《五代史》揭示出大量的术士欺骗，含蓄地表明这两位史家对数术和术士的态度。而薛居正本人就是大半个五代人。

中国古代思想家的主流是承认天命的存在，但不认为人可以洞悉天命。这与五代时期人们对数术的态度颇为吻合。吻合的原因是什么？笔者前面说过，哲人的思想会通过错综复杂的渠道和过程影响人们的观念和实践。但除此还有另一个原因，就是思想家和众生一同亲历或旁观数术实践。即他们的天命不可知论不是凭空想出来的。起于殷代的甲骨占卜到周代不绝如缕，孔子焉能不知。他的天命不可知论，不可能不包含他对殷周两代占卜的理解和思考。孔子很可能和当代研究者一样，发现殷代帝王虽占卜却非一味盲从。（参阅郑也夫，2015，124—125）汉代谶纬之说一度甚嚣尘上。而朱熹秉持孔子的天命不可知，不可能不包含他对谶纬的判定。即，数术的并不成功的实践，影响了思想家和众生，这过程中思想家当然也影响了社会众生。

当代命理学代表人物梁湘润（1930—2013）在其《命略本纪》中说："想必大家都知道，命理本身不是百分之一百准确的。说成如何神乃是违心及欺人之谈，命理大约只有百分之六七十的或然率。"（梁湘润，2000 上，108）梁湘润是命理学的弘扬者，而非挑战者，固这说法没有贬低或然率的动机。梁的说法有两处颇耐寻味。其一，他说，"想必大家都知道，命理本身不是百分之一百准确的。"这似乎是不待言，但又应该明确说出来的话，这"大家"是涵盖古今的。其二，他讲"或然率"而非"正确率"。后者属于术士的推算，前者似乎更属于命运由潜至显的发生。近似于某种基因日后致癌的或然率。在命理学范畴，即由严格的命理学推导的预言，与日后发生的事情只有百分之六七十的重合。这是命理学的或然率。它要高于命理师即术士们的预言的正确率，此因为后者能力所限，且有些人不能严格遵循命理学。如果敝人对梁湘润的关键词理解无误，则可以认为，算命实践的整体正确率低于百分之六七十，具体而言是因人而异的。梁湘润所说的是道理，当然应该是古今一律的。即古今算命实践的正确率低于百分之六七十。如果其中骗子或低能者多了，术士们的整体正确率很可能在百分之五十左右。实践中长此以往的正误率，决定了人们对算命的态度。

大众对算命的态度是个连续谱。谱系的一端是痴迷的坚信者，譬如五代历史中的李守贞，另一端是大不以为然者，譬如郭崇韬。多数人居于两端之中。他们将算命看作决策时的参考、彷徨时的安慰，乃至一桩有趣的游戏。笔者不以为这么说在贬低算命活动。安置人的心理不是小事情。若一点都不信，又如何能靠它完成对心理的安置呢。其实理论家多说无益。千百年的实践，已经铸造了大多数人的并不离谱的命理观，他们并不全信和依赖它。而同时，他们有安置自己的心理的需求。

第八章
雅乐胡歌

一、咏歌不绝，乐岂坏哉

乱世如五代者，不可能不被人们称作礼崩乐坏。朱温降唐立功后封为藩王，却弑君称帝，终结了大唐；以后其子杀父称帝；五代以后的历史中屡屡演出臣弑君的把戏，这还不是礼崩吗？但是我们关注的是如此世道之中礼在多大成分上存焉。本书第五、六章对此多有讨论。这里讨论"乐坏"的问题。带着先入为主的礼崩乐坏阅读五代史，涉及音乐的不多片段令笔者惊异和感动。我们从这个段子入局。

存审微时，尝为俘囚，将就戮于郊外，临刑指危垣谓主者曰："请就戮于此下，冀得坏垣覆尸，旅魂之幸也。"主者哀之，为移次焉。迁延之际，主将拥妓而饮，思得歌者以助欢。妓曰："俘囚有符存审者，妾之旧识，每令击节，以赞歌令。"主将欣然，驰骑而舍之，岂非命也。（《旧五代史》卷56《符存审传》）

符存审（862—924）早年投奔李克用，以后成为与周德威齐驱的名将。其"微时"，即便尚未进入五代，也是唐末天下大乱了。捕获他的主将因何"欣然"，大概是有心听唱时，手中的俘虏竟是击节伴唱的高手。遂令歌手唱得嗨，主将听得爽，听罢便欣欣然释放了符存审。一滴水透视大海。歌唱能够化解杀戮，足见那时音乐的地位。五代史中的这个段子不由地令笔者想起《史记》中各色人等的歌咏。

> 孔子病，子贡请见。孔子方负杖逍遥于门，曰："赐，汝来何其晚也？"孔子因叹，歌曰："太山坏乎。梁柱摧乎。哲人萎乎。"因以涕下。谓子贡曰："天下无道久矣，莫能宗予（译：没人听我的）。夏人殡于东阶，周人于西阶，殷人两柱间。昨暮予梦坐奠两柱之间，予始殷人也（译：我本是殷人啊）。"后七日卒。（《史记·孔子世家》）

司马迁这个段子的动人之处是告诉我们孔子临终前为自身将亡发出绝唱。就是说，其他的方式都不如吟唱助他抒情。孔子卑微时做过吹鼓手，是吹奏歌咏的行家里手。那个时代的其他人呢？司马迁的另一个段子讲述那个时代的死士与歌咏的不解之缘。

> 太子及宾客知其事者，皆白衣冠以送之。至易水之上，既祖，取道（译：祭祀践行后将上路）。高渐离击筑，荆轲和而歌，为变徵之声（注：古代乐律，分为宫、商、角、徵、变徵、羽、变宫七调，变徵调苍凉、凄婉），士皆垂泪涕泣。又前而为歌曰："风萧萧兮易水寒，壮士一去兮不复还。"复为慷慨羽声（注：羽调高亢悲壮），士皆瞋目，发尽上指冠。于是荆轲遂就车而去，终已不顾。（《史记·刺客列传》）

敝人未读《史记》时，以今小人之心度古君子之腹，以为"风萧萧兮……"是荆轲的念诵，读罢才知道那是他的悲歌。无与伦比的凄美绝唱。再看秦汉鼎革之际的新科帝王。

> 高祖还归，过沛，留（注：刘邦平息黥布叛乱后还军咸阳，过沛县停留）。置酒沛宫，悉召故人父老子弟纵酒，发沛中儿得百二十人，教之歌。酒酣，高祖击筑，自为歌诗曰："大风起兮云飞扬，威加海内兮归故乡，安得猛士兮守四方！"令儿皆和习之。高祖乃起舞，慷慨伤怀，泣数行下。（《史记·高祖本纪》）

秦代亭长的文化品位，不要说与圣人孔子，与刺客荆轲都比不了，荆轲毕竟是士阶层的成员。底层出身的刘邦即兴之时，作诗击筑、且歌且舞，说明了其时音乐之普及。150年后的另一段落别是一番滋味：

> 于是李陵置酒贺武曰："今足下还归，扬名于匈奴，功显于汉室。虽古竹帛所载，丹青所画，何以过子卿。陵虽驽怯，令汉且贳陵罪，全其老母，使得奋大辱之积志，庶几乎曹柯之盟，此陵宿昔之所不忘也。收族陵家，为世大戮，陵尚复何顾乎？已矣，令子卿知吾心耳。异域之人，壹别长绝。"陵起舞，歌曰："径万里兮度沙幕，为君将兮奋匈奴。路穷绝兮矢刃摧，士众灭兮名已隤。老母已死，虽欲报恩将安归。"陵泣下数行，因与武决。（《汉书·李广苏建传》）

就是说，从"礼崩乐坏"的春秋一直演化到汉代，甚至到八百年后的五代，吟唱之风依旧健在。故"乐坏"当有其他意味，非指音乐整体的衰亡。我们转了一圈又回来了，给大家呈现五代的第二个段子。

> （天复二年四月）丁酉，唐丞相崔胤自华来谒帝（注：朱温，称帝是以后的事情。下同），屡述艰运危急，事不可缓；又虑群阉拥昭宗幸蜀，且告帝，帝为动容。胤将辞，启宴于府署，帝举酒，胤情激于衷，因自持乐板，声曲以侑酒。帝甚悦，座中以良马珍玩答之，既行，命诸将缮戎具。（《旧五代史》卷2《太祖纪二》）

这段子的发生与本章开端的段子接近，均系唐末。而两事件主人公的身份天地之别，一个是大唐丞相，一个是底层武人。但击板唱歌都得心应手。前者不期然，赖音乐活命。后者实有意，以音乐感动对方。这两个段子，令笔者思考：五代音乐之兴衰，"乐坏"之含义，以及礼崩与乐坏的关系。这是本章企图解答的。

以上段子，个个令笔者感动和吃惊。它们辐辏起来，构成与今人的巨大差异。我族近现代的元首、将军、英雄、战士、贩夫、走卒，在他们生命的关键时刻，吟咏高歌吗？如若不然，这变异是于何时、因何故发生的？古史的记载激活了笔者长久的猜想：在音乐上，我辈不如古人，汉人不如胡人，中国逊于西方。原因不一而足，因而不可能给出唯一解。谨提出一孔之见，促进这一讨论。

二、乐，诗，礼

本节探讨乐、诗、礼的起源及三者的关系。

《说文》解释"乐"：五声八音总名。被解字与解字中包括三个字眼：乐，声，音。古汉语中双音词要比单音词少得多。演化到现代汉语，这三个字眼发生的两两结合是：声音，声乐，音乐。前者的直接含义不是音乐。后两者都是音乐且都含"乐"字。这种演化暗示了在表达"音乐"语义时，古汉语与现代汉语中意思最接近的是"乐"字。现代汉语中的"音乐"是声乐与器乐的总称。这与《说文》给"乐"字的定义颇为贴合。故"乐"字是本章的第一关键词。

人类的音乐起源于歌曲。这说法首先排除了器乐，它是以后的事情。歌曲者，有词有曲。故这说法又排除了有曲无词的歌唱，在以后的历史中这种歌唱也是少之又少。笔者的说法是哪里来的？无根据，想当然。和我共享这一认识的人不在少数。但我知道，在根据上我拉扯谁也没有用，因为我们都没有根据。音乐的起源早于文字。音乐作为一种文化，它的起源又是基因研究帮不上忙的。故根据是拿不出来的。在全部艺术类别中，音乐是与人类情感关系最密切的。它是抒情的最便捷、最得力的手段。这倒是源自基因，且我们与动物共享。发声器官最粗陋的动物中也有虎啸狮吼狼嚎，它们在做什么？排遣情绪。鸟类与鲸鱼发声之精妙就不必说了。那为什么说人类的音乐起源于有词之歌唱。因为有了语言人类才成其为人类。语言从一开始就与声乐有了不解之缘，它帮助抒发情感的声乐旋律定向和抛锚。美国音乐哲学家基维说：

> 在柏拉图和亚里士多德的时代，音乐基本上就是带歌词的声乐旋律，由某种弦乐器（譬如里拉琴）来伴奏。（2002，16）

他显然只是说古希腊，没有讨论人类音乐的起源。至少器乐与声乐不会同时产生。而他认为古希腊音乐中主打的是带歌词的声乐。

人类与动物一样依赖发声来纾解情绪，随时随地会发生。与动物不同的是，人类的声乐带着词汇。这时的音乐当然是散落在民间，不定时发出。在一些特殊的事务中，人类的音乐定时和集中起来。定时定点和频繁发生，势必导致专职音乐人的产生。凡此种种共同提升了人类早期音乐的品质。那些特殊的事务就是对神的祭祀。

《说文》解词：诗言志；从言寺声。很多汉字在结构上是声部和义部之合成。按照许慎的说法：诗的义部是"言"，声部是"寺"。言之成理。但不构成唯一解。遵照以上逻辑合成的汉字，大多是口语中早就存在的一个包含确定意思的语音，寻求与之匹配的汉字。而"诗"是人类语言中的异类，是刻意打造的艺术品，其出现一定远远晚于人类语言之发端期。甚至不排除，其音与字一同问世。"诗"最初的意思有可能是"祭祀（寺的意思）中的言辞"，并由此给它选择了一个与"寺"相近的发音。如同唱歌，是祭祀将散落在民间的抒情方式集中和职业化。诗可能是这样，也可能就是产生于祭祀中的。至少，祭祀活动是诗歌方式的命名者，所谓教父。歌是要有词的。有可能诗是在祭祀的吟唱中应运而生。不管是否如此，早期的诗是与歌合一的。《史记》说："古者诗三千余篇，及至孔子，去其重，取可施于礼义，上采契后稷，中述殷周之盛，至幽厉之缺……三百五篇孔子皆弦歌之。"司马迁没有说三千余篇是否都可以吟唱，但也没有说"三百五篇"是自孔子才开始弦歌的。朱自清说：

> 诗与乐分家是有一段历史的。孔子时雅乐就已败坏，诗与乐便在那时分了家。……诗与礼乐在他虽还联系着，

> 但已呈露鼎足三分的形式了。……除了宴享祭祀还用诗为
> 仪式歌，像《仪礼》所记载外，一般只将诗用在言语上
> 了。……诗不合乐，人们便只能读，只能揣摩文辞，做诗
> 人的名字到有了出现的机会，做诗人的地位因此也渐渐显
> 著。（朱自清，1946，28、35）

朱自清对诗歌起源及其功能的认识笔者不敢苟同，但认同其诗与歌曾经合一的认识。

综上所述，歌与诗兴起于祭祀活动中。在祭祀中歌与诗是合一的。

祭祀仪式的主要称谓叫作"礼"。《说文》释："禮，履也。所以事神致福也。从示从豊，豊亦声。"履的本义是鞋子，早就引申为践行。《说文》取"践行"之意。践行什么？侍奉神。禮字的一边"示"，源自象形之祭祀台。另一边是"豊"。裘锡圭（1980）说："豊应该是大鼓……是用玉装饰的贵重的大鼓。"鼓是乐器。文字折射着现实。"禮"字的结构中有乐器，说明其产生时，践行礼必有音乐伴随。礼与乐在商代就结下不解之缘。

商周两代，政治制度与文化习俗都发生了剧变。商人更信仰和祭祀鬼神，周人将文化的重心转向人事。伴随着这种转化，"礼"的含义也渐渐转变，其中有收缩和淡化，也有扩展。"祭神礼仪"中的"祭神"收缩和淡化，而留下来的"礼仪"扩大到人的领地，更多地服侍的是人伦而非鬼神。周代社会生活中的种种礼仪，诸如吉礼、凶礼、宾礼、军礼、嘉礼，乃至人们的一切礼仪、行为规范，都统摄于"礼"。

前文说，乐与诗皆侍奉祭祀，即礼，且因之兴旺发达。这是自商代，乃至之前就履行的。音乐史专家蔡仲德说：限于现存材料，一本音乐美学史只能从西周讲起。（2004，31）周代

政治文化制度的设计完成于周公旦。其核心内容一言以蔽之，就是礼乐。周礼极为繁复，但因与乐高度结合，从而充盈着美学色彩。孔子说："郁郁乎文哉，吾从周。"所说当指周代的礼乐。

编钟是礼乐的绝妙象征。它产生于周代，是汉人最早的乐器之一，其象征"乐"当不待言。从礼仪到行为规范到秩序，是"礼治"的必然走向。而能够披着"乐"的外衣扮演"礼"的角色，无出编钟其右者。这是质料与规制的双保险。青铜的珍贵，已然决定了此礼不下庶人。周公的继承者在周代中期刻意制定了"列鼎制"：天子九鼎，诸侯七，卿大夫五，元士三。在规制上，编钟不会弱于列鼎制。编钟产生后，重大的仪式中它几乎是不可或缺的。因为宫廷的"雅乐"缺少不了编钟，仅仅硬件即材料，就注定了雅乐不可能从上到下，走向普及。如果当时宫廷音乐中主打的硬件是能够普及的乐器，则中国的音乐史将改写。产生于周代的编钟还证明了，至此中国音乐已经是声乐与器乐并驾齐驱。

三、孔子的礼乐观

孔子出生成长于鲁国。诸侯国各有自己独特的民间音乐。鲁国由于是周公旦的封地，是唯一允许使用天子礼乐的诸侯国。这使得孔子自幼浸淫在浓郁的音乐氛围中。举世公认孔子是教育家。笔者以为他也是音乐家及音乐教育家。《史记·孔子世家》说："孔子为儿嬉戏，常陈俎豆，设礼容。"孔子曾对学生子贡说："太宰知我乎？吾少也贱，多能鄙事。"（《论语·子罕》）白川静说：

母亲大概是巫女。……孔子很可能是在巫师和巫婆群中，玩着用于供奉放祭品的器物长大成人的。随后，被多处举办的丧礼所雇佣，然后，掌握了做丧事喜事的本领。在丧仪方面孔子的知识渊博，让人可敬可叹。这不仅在《论语》中，在其他有关礼仪关系的文献中也有详尽记录。（1972，10，15）

如是，礼仪中音乐的目的性与风格，一定深深地影响了他的以礼为支点的音乐观，及其肃穆、厚重、舒缓的旋律偏好。

"不知生焉知死"，"子不语怪力乱神"，一部《论语》清楚地显示孔子重视人的现世价值。这是承继周人的主流价值观。从这个意义上说，他是以人为本。惜人本的概念在看重个人还是群体上是模糊的。而孔子的人本是偏重群体的。孟子说：民为贵，社稷次之，君为轻。这也是孔子的思想。因此可以说，孔孟是以民为本。蔡仲德说：孔子是以礼为本。笔者以为，说孔子的思想是民本、礼本，特别是"礼本"，都要比人本更准确。以礼为本，并无偏袒君主。孔孟批评君王的非礼行为比比皆是。他们的"礼"是统辖君王、大夫、庶人、父子、夫妻的。

孔子生于乱世，向往秩序，并且是不靠暴力建立的秩序。他敬慕周公的文治，即礼乐，礼就是治，乐就是文。周公是完成了礼乐文治的政治家。孔子是思想家和教师。他是周公政治实践的最杰出的辩护士和阐述者。礼乐思想是经孔子，被越来越多的人知晓。

敝人以为，孔子思想中最重要的三个概念是：仁、礼、乐。仁是他的理想目标，也最模糊。关于仁，可以写无数本书，便足以说明理解上的分歧和争议。故笔者这里不讨论仁。礼则是他的操作目标，非常清晰。乃至在权重上清晰压倒模糊，礼堪称孔子思想的第一关键词。在解词上，礼可以解释仁，仁则未必能便捷地解释礼。孔子有言："克己复礼为仁。一日克己复礼，天下归仁焉。"（《论语·颜渊》）在治理社会的层面上，礼是达到仁的手段。在个人层面上，仁在内，礼在外，二者是互动的。在互动中，孔子选择了由外而内，这是先哲的过人之处。不然该如何发力呢？

礼既是目标也是手段，而礼也要帮手，那就是"乐"。子曰："兴于诗，立于礼，成于乐"（《论语·泰伯》）。多数学者将这句话翻译成：人的修养，起于学诗，立于学礼，完成于学乐。我愿意将"诗"理解为"文字"，将这句话翻译成：文明之邦兴于文字的产生，立于礼仪、规矩和道德，而后者完成于音乐的陶冶。孔子这段话没有主语，前译将之看作人，笔者将之看作邦国或社会。我们都没有解释上的权威。本章讨论的重点是"立于礼，成于乐"，故略去"兴于诗"。"立于礼，成于乐"是绝妙的文治之途。法家也有为社会提供秩序的途径。儒家不同于法家的路径在于以乐为代表的文化。离开了"成于乐"将意味着儒家拿不出完满的答卷。从"立于礼，成于乐"中可以清晰地看到作为"礼"的帮手的"乐"的作用。这么说是成立的。一位晚孔子近两千年的西哲席勒提出了与"立于礼，成于乐"极为相似的命题——"美育是道德的基础"。但是礼与乐的关系中还有另一层面：乐在帮助礼的同时，受不受到礼的约束，乐还有自己的独立性吗？席勒对此的解答我们下一节评述。不幸在孔子的思想中，对"乐"的独立性是否定的。

《诗》三百，一言以蔽之，曰思无邪。（《论语·为政》）……发乎情，止乎礼（《诗经·毛诗序》）。

什么是"无邪"？就是"止乎礼"、合乎"礼"。后人注释《论语》时，乐于将"发乎情"理解为男女之恋。但它和上文"立于礼"没有主语一样，后人认识"发乎情"的主语应该是开放的。音乐诗歌的产生都必是发乎情的。要求它们"止乎礼"，不是以"礼"限制诗与歌的创作吗？

> 子曰："君子博学于文，约之以礼，亦可以弗畔（注：通"叛"）矣夫。"（《论语·雍也》）

上文似可译作：君子广博学习文化时，要以礼来约束，才不会离经叛道。"文"可以包括乐、诗、书等。放在音乐上，这段语相当于"以礼约乐"，以礼管束音乐。

> 子谓《韶》：尽美矣，又尽善也。谓《武》：尽美矣，未尽善也。（《论语·八佾》）

《韶》与《武》是表现尧舜和周武王的两个乐曲。为什么说《韶》尽善尽美，《武》未尽善也？因为在孔子看来，周武王曾经臣属于商纣王，凭武力取而代之不妥。但商纣王毕竟是暴君，故孔子对歌颂周武王的乐曲也只是弱弱地批评"未尽善"。笔者以为，其一，这是以政治观来评价音乐；其二，善恶不是音乐的内在属性，我们可以说一段音乐美不美，能说它善与不善吗？

春秋时期的文化高度与多样性在中国历史上空前绝后。自商周以来构成中国文化重要组成部分的音乐，不可能凋零败坏。当代音乐史研究者这样评价春秋时期的音乐。蔡仲德说：

> 音乐艺术在春秋末期至战国末期也蓬勃发展，空前繁荣。……士与乐师、艺人的周游列国，既造成了音乐生活在各社会阶层的大普及，也促进了南北东西音乐文化的大

交流。（2004，80—81）

他认为，这时期的音乐有四个方面值得注意：先是郑声，后是楚声，秦国、韩国、齐国演奏的盛行和多样化。（同上）

李宏锋更是提出了"礼崩乐盛"之说：

> 春秋是中国音乐史中最为光彩夺目的时期之一。……正是"礼""乐"间的张力关系，构成春秋音乐飞跃发展的强大动力。（2009，127）

而生逢其时的孔子对这时期的判断是礼崩乐坏。

> 孔子谓季氏："八佾舞于庭，是可忍也，孰不可忍也?"（《论语·八佾》）

八佾是行列的意思。那时一佾 8 人，八佾 64 人。《周礼》规定，只有周天子才可以使用八佾，诸侯六佾，卿大夫四佾，士用佾。季氏是鲁国正卿，只能用四佾。但认真地说，这是在说"礼崩"，即对周礼规制的僭越，无涉"乐坏"。

> 颜渊问为邦。子曰：行夏之时，乘殷之辂，服周之冕，乐则韶舞，放（注：排斥）郑声，远（注：远离）佞人。郑声淫，佞人殆。（《论语·卫灵公》）

这段话则直接指向一种坏音乐——郑声。即孔子不仅用"礼"管束使用音乐的人，还用它管束音乐。要注意，孔子这段话是在回答"颜渊问为邦"时说的。即孔子将坏的音乐和坏人提到了可以乱邦、乱政的高度。其实我们很难判断郑声淫在何处。因为已经听不到其旋律了。那时旋律与歌词是一体的。《诗经》是从三千余首古诗中经删选后存留的三百余首。其内容包括三部分，"雅、颂"创作于西周年间，"风"创作于春秋时期。其

中 27 首"郑风"大约也是从十余倍的"郑风"中选取的。孔子
说："《诗》三百，一言以蔽之，思无邪"，当然也包括 27 首郑
风。一方面，被删掉的应该是淫邪的。另一方面，《诗经·郑
风》中充斥着男女爱情，故可以肯定孔子不排斥爱情，不判定
他们为淫、为邪。那么淫邪是什么。《论语》中的这段话大概可
以说明：

> 子曰："恶紫之夺朱也，恶郑声之乱雅乐也，恶利口之
> 覆邦家者。"（《论语·阳货》）

由此可见，郑声之淫邪在于其"乱雅乐"。雅乐是什么？就是自
周代传承下来的宫廷祭礼中的音乐。我们猜想，其旋律庄重、
舒缓、令人肃穆，给人秩序感，其借助的乐器必有金石。郑声
则可能欢快、跳跃、顽皮，无助于孔子心中礼的建设。就是说，
淫邪的是郑风的音乐旋律，不是其歌词。因为旋律未能"止乎
礼"而落选于《诗经》。对于古代诗歌遗产来说，真是万分遗
憾。笔者这里表达遗憾的是被删掉的文字的郑风，诗三百中的
旋律全部消亡无存了。

以上的评述均系作为思想家的孔子。孔子有过短暂的从政
期。其中竟涉及音乐，发生杀戮：

> 定公十年春，及齐平。夏，齐大夫黎锄言于景公曰：
> "鲁用孔丘，其势危齐。"乃使使告鲁为好会，会于夹谷。
> 鲁定公且以乘车好往。孔子摄相事，曰："臣闻有文事者必
> 有武备，有武事者必有文备。古者诸侯出疆，必具官以从。
> 请具左右司马。"定公曰："诺。"具左右司马。会齐侯夹
> 谷，为坛位，土阶三等，以会遇之礼相见，揖让而登。献
> 酬之礼毕，齐有司趋而进曰："请奏四方之乐。"景公曰：

"诺。"于是旄旌羽袚矛戟剑拨鼓噪而至。孔子趋而进，历阶而登，不尽一等，举袂而言曰："吾两君为好会，夷狄之乐何为于此。请命有司。"有司却之，不去，则左右视晏子与景公。景公心怍，麾而去之。有顷，齐有司趋而进曰："请奏宫中之乐。"景公曰："诺。"优倡侏儒为戏而前。孔子趋而进，历阶而登，不尽一等，曰："匹夫而营惑诸侯者罪当诛。请命有司。"有司加法焉，手足异处。景公惧而动，知义不若，归而大恐，告其群臣曰："鲁以君子之道辅其君，而子独以夷狄之道教寡人，使得罪于鲁君，为之奈何？"有司进对曰："君子有过则谢以质，小人有过则谢以文。君若悼之，则谢以质。"于是齐侯乃归所侵鲁之郓、汶阳、龟阴之田以谢过。（《史记·孔子世家》）

在孔子的一再要求下，"有司加法焉，手足异处"，原因是"吾两君为好会，夷狄之乐何为于此"。于此我们可以看到孔子对夷狄音乐态度之偏狭。以礼乐行文治者，竟因为不合其礼乐而弃文动武，岂非背离其"吾道一以贯之"。

孔子的礼乐思想的问题在哪里，他是不是以后中国音乐停滞的罪魁？看看与礼乐思想相近的西方哲人，对思考这些问题不无裨益。

四、柏拉图与席勒

柏拉图（公元前 427—前 347），贵族出身，最初向其他人学习音乐、诗歌、绘画、哲学，以后成为苏格拉底最忠实的追随者。他是最早诉诸文字的，也是最早建立唯心、唯理体系的古希腊哲学家，留下二十几部著作。在苏格拉底的影响下，

"善"成为柏拉图关注的最主要问题。他认为永久存在的是理念和真理。认为灵魂不死，而理性是其中最重要的组成部分。理性的代表是受过哲学训练的人。他还是西方第一个提出乌托邦的思想家。在其理想国中，统治者必须是哲学家。建立理想国的重要事情是教育，而教育中优先的项目是体育与音乐。而并非一切音乐都是有益的。在他的理想国中，吕底亚和伊奥尼亚的乐曲是被禁止的。（参阅罗素，1955；梯利，1914）。读者一定会发现其音乐观似曾相识。评述总是带有评述者的主观理解的。我们还是看看柏拉图《理想国》中是如何谈论音乐的：

> 哎呀，我们无意之间已经在净化这个城邦了，我们刚才说过这个城邦太奢侈了。……让我们继续做净化的工作吧。曲调之后应当考虑节奏。我们不应该追求复杂的节奏与多种多样的韵律，我们应该考虑什么是有秩序的勇敢的生活节奏。……关于这一点，我们也要去请教戴蒙（注：公元前五世纪的著名音乐家），问他，哪些节奏适宜于卑鄙、凶残、疯狂或其它邪恶，哪些节奏适宜于与此相反的内容。……把这些弄得明白，并不简单。……不过有一点你是可以立刻决定下来的，——美与丑，是紧跟着好的节奏与坏的节奏的。（105—106）

> 我国的领袖们必须坚持注视着这一点，不让国家在不知不觉中败坏了。他们必须始终守护着它，不让体育和音乐翻新，违犯了固有的秩序。他们必须竭力守护着。当有人说，人们最爱听歌手们吟唱最新的歌时，他们为（注：可能"为"是"会"的笔误）担心，人们可能会理解为，诗人称赞的不是新歌，而是新花样的歌，所以领袖们自己应当不去称赞这种东西，而且应当指出这不是诗人的用意

所在。因为音乐的任何翻新对整个国家是充满危险的，应该预先防止。因为，若非国家根本大法有所变动，音乐风貌是无论如何也不会改变的。这是戴蒙这样说的，我相信他这话。（139）

柏拉图生卒均晚孔子百余年。他的思想体系更庞大，兼及自然观、认识论。但在伦理学、社会观的表述上，孔子更精致、有美感。二者的音乐观在两个方面都颇为相似：其一，看到音乐对人与社会的作用；其二，都以为存在并排斥坏音乐。在第二方面，二人之高度相似和难分轩轾，到了令人惊异的地步。而在第一方面，也很相似，但孔子的论述更深入和精致。柏拉图这方面的认识散落在各处。孔子虽也多处说到，但同时浓缩在"克己复礼为仁"、"立于礼，成于乐"这样的"仁—礼—乐"三者因果关系的命题中。要比柏拉图的两因素互动，即善与教育（主要是体育音乐），更有助于深入探究。

两千余年后的席勒（1759—1805），在同一范畴做出了更深入的思考。在上述第一方面，他的思考比孔子更深刻；在上述第二方面，他反孔子与柏拉图之道而行之。

席勒，德国诗人、剧作家、哲学家。这里我们只介绍与本章密切关联的他的著作《审美教育书简》（1795）。席勒没有专门讨论音乐，他讨论的是审美。而在影响道德、人格、社会方面，席勒所说的审美和我们上述的音乐，几乎是一个东西。关于美育与道德的关系，席勒说：

> 从审美状态到逻辑和道德状态（从美到真理和义务）的步骤，比从物质状态到审美状态（从纯粹的盲目的生活到形式）的步骤不知要容易多少。

> 文明的最重要任务之一，是使人在他纯粹的物质生活中也受形式（笔者理解，这里的"形式"相当于"规则"）的支配，使人在美的王国能够达到的范围内成为审美的人，因为道德状态只能从审美状态中发展而来，而不能从物质状态中发展而来。（118）

> 只有当然充分是人的时候他才游戏，只有当人游戏的时候他才完全是人。（80）

毫无疑问，一切人类的游戏，如体育、音乐，等等，都是有规制的。道德也是规制。而"物质状态"，笔者以为翻译成"物欲"更易理解，是听凭本能的，无规则的。从一个习惯了规则的状态步入另一个有规则的领域容易，而从一个不知规则为何物的状态进入一个规制的状态，难乎其难。从物欲的状态进入道德的状态正是后者。人类进入游戏的状态容易，因为有趣好玩。在其中，他习惯了规则。因此游戏是物欲状态到道德状态的最佳媒介。这番道理，孔子应该是感知到了。他的礼乐观几乎就是以此为支点的，但是他未能清楚地表达出来。原因与其说在思想能力，毋宁说在于不同时空下认知兴趣与类型的不同。席勒的伟大更在于，上述这番道理与下述的道理，在他思想中融合一体。这构成了他与孔子、柏拉图的截然不同。他说：

> 艺术是自由的女儿。（13）

> 艺术跟科学一样，与一切积极的存在和一切人的习俗都没有瓜葛。两者都享有绝对的豁免权，不受人的专断。政治立法者可以封闭科学与艺术的领域，但不能在其中实行统治。（45）

> 一切美的教诲的（教育的）或去恶劝善的（道德

的）艺术的概念也是矛盾的，因为再也没有比给心绪一个特定的倾向更与美的概念相冲突的了。（114）

只要我们不问目的就不会欣赏模仿艺术中的美——只要我们还不承认想象力有它自己的绝对的立法权，并通过对它的作品的尊敬来显示它的尊严，我们就应该受这样的指责。（143）

为了取乐而做的那种没有规则的跳跃变成舞蹈，没有一定姿势的手势变成优美和谐的哑语，为表现感受到那种混乱的声音进一步发展，开始有了节奏，转变成为歌声。（150）

若是趣味在管辖，美的假想王国在扩展，在这种情况下，就不能容忍任何优先权，任何独霸权。……在审美王国中，一切东西，甚至供使用的工具，都是自由的公民，他同最高贵者具有平等的权利。（153）

席勒与孔子、柏拉图共享一个认识：音乐或美育，可以帮助社会建立道德。而在前者的独立性上，席勒与二位分道扬镳。孔子、柏拉图认为音乐是工具，是服侍礼、善的奴仆。席勒认为，美与游戏的王国是独立的，惟其独立才能发展和繁荣。美是独立的，却可以成为道德的最大帮手，这两个观点合二而一，是席勒的贡献，是难度很高的思想成果。

比较了这三位后，我们试图回答上节结尾时提出的第二个问题：孔子是不是中国音乐停滞的罪魁祸首。在否认音乐的独立性上，柏拉图与孔子如出一辙。柏拉图对西方思想的影响无与伦比，那么为什么日后西方的音乐蓬勃发展，没有受到柏拉图审查思想的影响？一定是一个或一些重要的因素发生在孔子之后的中国，却不曾发生在柏拉图之后的欧洲。

五、独尊儒术时代的音乐观

百家争鸣时代，思想家中非议音乐者不少于称道音乐者。反对音乐者首推墨子。

> 夫仁者之为天下度也，非为其目之所美，耳之所乐……子墨子曰："姑尝厚措敛乎万民，以为（译：敛取百姓财富，去做）大钟、鸣鼓、琴瑟、竽笙之声。以求兴天下之利，除天下之害，而无补也。"是故子墨子曰："为乐，非也。"（注：该文下面墨子历数音乐耽误大夫君子的政务，农夫的耕田，妇人的纺织后，一连说了四个"为乐，非也"。此处从略）是故子墨子曰："今天下士君子，请将欲求兴天下之利，除天下之害，当在乐之为物，将不可不禁而止也。"（《墨子·非乐上》）

老子鼓吹小国寡民的无欲则使音乐找不到立足之地：

> 五色令人目盲，五音令人耳聋，五味令人口爽，驰骋畋猎令人心发狂，难得之货令人行妨。是以圣人为腹不为目，故去彼取此。（《道德经·十二章》）

> 是以圣人之治，虚其心，实其腹，弱其志，强其骨。常使民无知无欲。使夫智者不敢为也。为无为，则无不治。（《道德经·三章》）

庄子不反对音乐，反对的是孔子的音乐观：

> 且夫待钩绳规矩而正者，是削其性者也；待绳约胶漆而固者，是侵其德者也；屈折礼乐（译：屈从礼乐），呴俞仁义（译：顺从仁义），以慰天下之心者，此失其常然也。

（《庄子·骈拇》）

　　庄子妻死，惠子吊之，庄子则方箕踞鼓盆而歌。（而后回答惠子的不理解）人且偃然寝于巨室，而我噭噭然随而哭之，自以为不通乎命，故止也（译：死者已静静地寝卧于天地间，我却呜呜地不停啼哭，自认为这是不通天命，所以停止了哭泣）。（《庄子·至乐》）

　　鼓琴足以自娱。（《庄子·让王》）

　　庄子在《骈拇》中以自然观反对孔子的礼乐。其《至乐》中的"鼓盆而歌"颇悖于孔子的"礼"。而"鼓琴足以自娱"，是指个体而非群体，娱乐而非教化。凡此，皆与孔子对立。

　　孔子反对某些音乐，墨子不分类别地反对音乐，老子不提倡音乐，庄子提出率性而为的音乐。这是正常的，正如同民众中有人偏好某种音乐，有人完全不喜欢音乐。他们都殊难决定音乐的兴衰。在西方备受尊重的柏拉图，其审查音乐的思想没有影响日后西方音乐的繁荣，说明孔子的思想如果影响了日后的音乐，就必定是加入了其他因素。那就是孔子做梦也想不到的，在汉代开始的独尊儒术。

　　西汉继暴秦而立。汉代统治者目睹秦代社会关系的紧张，以及天下对秦的憎恨，不可能沿用秦代尊崇的法家。文帝奉行黄老之学，无为而治，与民休息，奠定汉代的复兴。但只要经济好起来，皇帝就极难继续无为而治。这样在排除（至少表面和一定程度上）法家和黄老后，汉武帝刘彻听从了董仲舒的建议，"罢黜百家，独尊儒术"。刘彻何尝信奉儒学。孔子反对暴力征伐，刘彻堪称历史上暴力征伐排名前三的帝王。但他要搞大一统，觉得要达成社会思想的大一统还是选择儒家更好些。于是形成了一个诡异的局面。孔子有霸道的举动，若他掌权当然要尊儒术，但笔者无法想象他会"罢黜百家"。恐怕除了法家，百家中再无一家会提出"罢黜百家，独尊一派"的主张。只有帝制会这样做。从此虽暴秦不复存在，思想自由还是没有了。

此时的西汉有两个大儒（司马迁应该算是兼收并蓄的杂家），一个是董仲舒（公元前179—前104），另一个是刘彻的兄长河间王刘德（约公元前172—前130）。一个是今文经学的代表人物，一个是古文经学的奠基人物。但二人关系不错。刘德利用其地位，广泛搜集和打捞先秦的文献，为古文经学打下基础，对中国文化贡献巨大。司马光盛赞刘德，认为刘彻而非刘德为帝，是"四海不幸"。笔者同意刘彻为帝是四海不幸，刘德不可能更坏，但能否追上祖父文帝是不可知的。从《乐记》窥测，他没有无为和兼容的思想品格。刘彻忌惮其兄长，加之不能容忍河间几乎成为帝国中儒学的另一个中心。二人对话中刘彻说出："汤以七十里，文王以百里，王其勉之"，所说二人都以德行震慑君主。刘德听后悚然，几年后辞世。

两位大儒在复兴孔学时，必要讲礼乐。二人都忠实于孔子的礼乐思想。董仲舒讲述不多，但两方面——教化与正声，都说到了：

圣王已没，而子孙长久，安宁数百岁，此皆礼乐教化之功也。（《春秋繁露·天人三策》）

民之情，不能制其欲，使之度礼，目视正色，耳听正声，口食正味，身行正道，非夺之情也，所以安其情也。（《春秋繁露·天道施行》）

将孔子的礼乐思想光大，下了大功夫的是刘德。刘德在毛苌协助下完成了《乐记》，这是中国历史上第一部，在很长时间内都是最系统的音乐专著。后人郑玄、孔颖达、王夫之、王引之、俞樾、郭沫若等人均为之做过注释或评议。蔡仲德说：

> 《乐记》收入《礼记》后，被奉为经典，对后世音乐美学思想有极大影响，对哲学思想也有一定影响，在中国以及世界音乐美学上占有重要地位。（1990，224）

它确乎是中国历史上第一部音乐专著，有一定的系统性。但没有个性，缺乏洞见。孔子的音乐论述散落于各处，他虽然是"乐服侍礼"思想的缔造者，但在音乐中他也有陶醉和率性的一面。"闻《韶》三月不知肉味。……风乎舞雩咏而归。吾与点也"，与"立于礼成于乐"，辐辏起来显示出其饱满的音乐性格。《乐记》是专著，内中却完全没有孔子的多面性。原因恐怕既在于其个性，也在于该文的目的几乎完全是在为孔子的音乐思想做注，并未包容春秋时代诸子百家的音乐思想，比如庄子。刘德为孔子的两大音乐思想——社会功能与讨伐坏音乐，做了充分阐述。

> 是故先王慎所以感之者（译：因此先王注重能感化民众的东西）。故礼以道其志，乐以和其声，政以一其行（译：使行为划一），刑以防其奸。礼乐刑政，其极一也，所以同民心而出治道也。（译：集于一个目的，统一思想，治理社会。）

> 凡音者，生于人心者也。乐者，通伦理者也。是故知声而不知音者，禽兽是也；知音而不知乐者，众庶是也。唯君子为能知乐。是故审声以知音，审音以知乐，审乐以知政，而治道备矣。（《乐本篇》）

　　　　律小大之称，比终始之序，以象事行。使亲疏、贵贱、
　　长幼、男女之理，皆形见于乐。(《乐言篇》)

　　　　是故乐在宗庙之中，君臣上下同听之，则莫不和敬；
　　在族长乡里之中，长幼同听之，则莫不和顺；在闺门之内，
　　父子兄弟同听之，则莫不和亲。故乐者，审一以定和，比
　　物以饰节，节奏合以成文。所以合和父子君臣，附亲万民
　　也，是先王立乐之方也。(《乐化篇》)

音乐是治理社会四术之一，音乐通伦理、体现人伦，音乐致上
下和睦，可齐家治国。这些思想在孔子那里或明或暗都存在。
而在刘德这里得到清晰、充分、系统地表达。

　　　　凡奸声感人而逆气应之，逆气成象而淫乐兴焉。正声
　　感人而顺气应之，顺气成象而和乐兴焉。

　　　　是故治世之音安以乐，其政和。乱世之音怨以怒，其
　　政乖。亡国之音哀以思，其民困。声音之道，与政通矣。
　　(《乐本篇》)

　　　　郑卫之音，乱世之音也，比于慢矣。桑间濮上之音，
　　亡国之音也，其政散，其民流，诬上行私而不可止也。
　　(《乐本篇》)

　　　　文侯曰：“敢问溺音何从出也?”子夏对曰：“郑音好滥淫
　　志，宋音燕女溺志，卫音趋数烦志（注：节奏急促，使人心
　　烦躁)，齐音敖辟乔志（注：傲慢邪辟，使人心骄横)。此四
　　者皆淫于色而害于德，是以祭祀弗用也。”(《魏文侯篇》)

在抨击坏音乐上几乎无遗漏地重复孔子的说法，连篇累牍，但
没有新意。

　　　　故知礼乐之情者能作，识礼乐之文者能述。作者（注：

— 277 —

制作礼乐者）之谓圣，述作（注：讲述礼乐者）之谓明。
（《乐论篇》）

在音乐创作上，只看到帝王之用，圣人之作，看不到娱乐之用，民间艺人之作。

《乐记》的优长是什么？敝人以为，不是个性、洞见，也不是逻辑、思辨，而是气势和文采。而这也常常遮盖文中的空洞。

> 乐者，音之所由生也，其本在人心之感于物也。
> （《乐本篇》）

> 若夫礼乐之施于金石，越于声音，用于宗庙社稷，事乎山川鬼神，则此所与民同也。（评注：文字颇有气势。但最后一句"与民同也"的道理和逻辑没有交代，颇觉突兀。）（《乐论篇》）

> 及夫礼乐之极乎天而蟠乎地（译：充满于天地间），行乎阴阳而通乎鬼神，穷高极远而测深厚。乐著大始，而礼居成物。著不息者，天也；著不动者，地也。一动一静者，天地之间也。故圣人曰礼乐云。（《乐礼篇》）

敝人同意"《乐记》对后世音乐美学思想有极大影响"，但以为消极的影响大于积极的影响。个中道理颇堪玩味，关键在于影响了谁。笔者不以为"独尊儒术"极大地影响了帝王。帝王只是觉得在利用价值上儒家思想最大。汉武帝空前的征伐是在他独尊儒术后开始的，孔子反对暴力的思想没有一丝一毫影响他。礼乐的思想其实也是这样，它并没有在很大程度上改变帝王。那么它影响了谁？士阶层。独尊儒术后，帝王还是帝王，士阶层则大不相同。从此以后，士阶层要凭借熟读六经，经举荐或科举而进入仕途。不管日后他们遵旨做什么事情，其话语的逻辑和包装都是六经。自少年开始洗脑下来，能跳出六经的士大夫是稀少的。音乐观当然也是如此。刘德的《乐记》将孔子的音乐观精致、系统地整合，遂成为在音乐理论上教育士阶层的利器。

柏拉图和孔子共享一个音乐观。柏拉图没有做到的事情，在中国经过三部曲，在相当程度上做到了。其一，孔子的音乐观。其二，帝制，唯帝制能独尊某一思想。其三，被独尊的这套思想虽在驯化帝王上收效甚微，却极其深刻地改造了士阶层，转而通过种种方式影响到全社会。而抑制一部分音乐，后果就是抑制音乐。中国音乐日后没有长足发展的原因不一而足，而立于一尊的孔子音乐观是原因之一。因其作用在于影响士阶层，故非一蹴而就，而是慢性的过程。

孔子—刘德的音乐观推崇侍奉仪礼的雅乐，排斥民间的新声。当其居支配地位时，后者的发展受到抑制。诡异的是，其后的历史中雅乐也几度衰微，其原因相似。雅乐主要伺候宫廷，缺乏娱乐性，其核心乐器钟磬被宫廷、贵族垄断，故它与民间高度脱节。雅乐的技艺掌握在极少数宫廷乐人手中。当时没有记谱法和记载雅乐技法的文本。当朝廷崩溃，唯一掌握这些技艺的宫廷乐人亡命四方，雅乐就濒临灭绝。曹操找到杜夔，才挽回流失的雅乐。以后东晋皇室、隋文帝、后周柴荣也都再度面临打捞雅乐的问题。

随着张骞打通西域，西域的音乐资源进入中土。李延年根据张骞带回的一支胡曲，为汉武帝改编了二十余首歌曲。以后西乐东渐不绝如缕。南朝和北朝都受到胡乐的影响。隋文帝决意恢复雅乐，私下也喜欢胡音。而音乐中雅俗、汉胡的问题一直是君臣面对的问题。

六、唐代：宫廷与胡乐

隋唐立朝之时，均有君臣间关于礼乐的对话。

隋初，名士颜之推上言："礼崩乐坏，其来自久，今太常雅乐并用胡声，请冯梁国旧事，考寻古典。"隋文帝否定从梁国寻找，但其实同意颜氏礼崩乐坏和寻找古典的判断。《隋书》记载：

> 九年诏曰：朕情存古乐，深思雅道。郑卫淫声，鱼龙杂戏，乐府之内尽以除之。……十四年诏曰：在昔圣人作乐崇德，移风易俗，于斯为大。

乃至隋文帝几度下旨寻古典，定正音。

进入唐代则完全是另一番光景。唐初，君臣间关于礼乐的争论超过隋代。长孙无忌、杜淹、张文收等都强调音乐与国家兴亡的关系，但太宗不以为然：

> 太常少卿祖孝孙奏所定新乐。太宗曰："礼乐之作，是圣人缘物设教，以为撙节，治政善恶，岂此之由？"御史大夫杜淹对曰："前代兴亡，实由于乐。陈将亡也为《玉树后庭花》，齐将亡也而为《伴侣曲》，行路闻之，莫不悲泣，所谓亡国之音。以是观之，实由于乐。"太宗曰："不然，夫音声岂能感人？欢者闻之则悦，哀者听之则悲。悲悦在于人心，非由乐也。将亡之政，其人心苦，然苦心相感，故闻之则悲耳。何乐声哀怨，能使悦者悲乎？今《玉树》、《伴侣》之曲，其声具存，朕能为公奏之，知公必不悲耳。"尚书右丞魏征进曰："古人称：礼云，礼云，玉帛云乎哉。乐云，乐云，钟鼓云乎哉。乐在人和，不由音调。"太宗然

之。(《贞观政要·乐记》)

(贞观)十一年,文收表请厘正太乐,上谓侍臣曰:"乐本缘人,人和则乐和。至如隋炀帝末年,天下丧乱,纵令改张音律,知其终不和谐。若使四海无事,百姓安乐,音律自然调和,不藉更改。"竟不依其请。(《旧唐书·张文收传》)

太宗一锤定音,开启了唐朝音乐的开放与繁荣。如前所述,孔子—刘德的音乐观对士大夫的影响高于皇帝,因为皇帝更看重娱乐。太宗也是如此。不同的是他思维清晰,自信满满,没有合法性上的顾虑。在太宗那里,服侍祭礼的雅乐与伺候娱乐的燕乐共存。燕乐的名称从周代到汉代都有,但唐代有所不同,其燕乐就是宴乐,宫廷活动中演奏汉代俗乐与外族歌舞,而后者显然成为主导。唐代的燕乐在隋代基础上扩展为十部乐:燕乐(唐朝宫廷乐官张文收创作的颂扬太宗的曲子)、清商乐(六朝时的民间歌舞,如《玉树后庭花》)、西凉乐(西凉为河西走廊一个多民族混居的地区)、天竺乐(古印度)、高丽乐(古朝鲜)、龟兹乐(今库车地区)、疏勒乐(今喀什附近)、安国乐(今乌兹别克斯坦布哈拉城)、康国乐(今乌兹别克斯坦的撒马尔罕)、高昌乐(今吐鲁番一带)。十部中,八部是域外音乐,其中七部是西域音乐。孰重孰轻可见一斑。

自太宗始,燕乐的地位就高于雅乐。从十部乐的规模可以看出,燕乐的曲目和乐人的数量都远远超过雅乐。乐人的水准更说明二者被重视的程度。朝廷音乐由太常寺掌管,其中所有乐工和舞伎都经严格训练,且分等级。到武则天时,演奏乐队分为立部伎与坐部伎。每年一次小考,十年一次大考,以决定乐工和舞伎的升降。坐部伎中技艺低下者,降为立部伎,立部伎中技艺低下者去学雅乐。这其实很正常，是雅乐的单调和燕乐的复杂所使然。

唐代宫廷音乐还有几个特征。

皇帝亲自介入。太宗时西域来了一位琵琶高手献艺。太宗不想看到自己的乐师被比下去，安排他躲到幕后偷偷记录，待胡人乐师演奏完，太宗叫出自己的乐师复奏此曲，说这曲子我们早就会。而玄宗李隆基已经不是这样介入音乐，而是亲自操练，他打坏了无数羯鼓鼓槌。宁王则是玉笛高手。据宋乐史的《杨妃外传》载：女伶谢阿蛮舞蹈时，明王李隆基击羯鼓，宁王吹玉笛，贵妃弹琵琶，马仙期（《霓裳羽衣舞》的作曲家）击方响，张野狐（琵琶高手）弹筚篥，何怀智（琵琶圣手）指挥节拍。如果明王、宁王没有高超技艺，将羞于与顶级乐师合奏。

宫廷乐人数量庞大。《新唐书·礼乐志》载："唐之盛时……总号音声人，至数万人。"多得令人难以置信。皇室如何消费如何庞大的乐师队伍。据说常有盛大的演出，官员携带家眷一同观看。乃至官员嗜好音乐者甚多。很多官员家有艺伎，比如白居易。官员中亦不乏音乐高手。安禄山见李隆基酷爱胡旋舞，经苦练成为胡旋舞高手。大将军尉迟青几乎是举国上下的筚篥（类似双簧管的西域乐器）第一高手。官员酷爱歌舞很可能是皇室带动的结果。

宫廷音乐不仅与官员分享，也走向了社会，但那不是王室的初衷。

中唐以后，由于资财不继，朝廷遣送乐人出宫的频率大增，从《唐会要》、两《唐书》、《资治通鉴》，钩稽得中唐出宫人七次、晚唐三次，且人数极多，动辄数百计。这些宫廷音乐人把大批经过规范整理的精美音乐曲调带入民

间。(张之为,2017,61)

从西域传入中土的乐器,有十余种之多,其中很多成为以后中国音乐的主打乐器。其中多数是张骞通西域后到唐代之前的时期传入的。但基本上是自唐代才进入宫廷并广泛普及。迅速普及不是易事,试想一个老师如何让几十人迅速掌握。同理,从西域传入的乐曲更多,它们是如何迅速传递的。较小的可能是,掌握了胡人乐器和乐曲的极少数汉人,传习给更多汉人。更大的可能是,大批西域乐人,带着他们的乐器和乐曲,来到中土,演奏和传习,造就了唐代二百年胡乐的繁荣。而来到中土的西域乐人是来到中土的西域人中的一支。后者是前者的基础,且关于后者的史料虽然也稀少,毕竟还要多于前者。故我们从唐朝,特别是长安的西域人说起。

在唐朝及长安的西域人大致有以下几类。

一、前几个朝代遗留下的胡人。《洛阳伽蓝记》说,北魏(386—534)都城洛阳来自西域的"附化之民万有余家"。当时的长安不是都城,但人口要比洛阳多。以后北周(557—581)又定都长安。可以推断,前朝留在长安的胡人应该不下于洛阳。

二、唐代来自西域的商人。这很可能是西域人的主流,人数无法估算。初唐时吐蕃强盛,高宗时西域四镇沦陷导致大唐与西域交通中断。西域商人只好留在长安,买田宅乃至娶妻汉女,记载有田宅者四千人,即四千户人口(向达,1957,11—12)。张广达说:

在唐代,波斯移民与粟特移民携家带眷来到长安,或在当地成亲立户,长安县领下的西市有四万余户,移民

— 283 —

"浮寄流寓","不可胜计"。……在实际生活中,唐土的昭武九姓胡的数量远在波斯胡之上,只要一对"胡人"的具体身份进行具体考察,便会发现大部分是昭武九姓胡。……昭武九姓胡主要扮演着商胡的角色。(2008,58)

三、战争导致的移民。《唐会要》记载:贞观初(631)太宗平突厥,听从文彦博议,迁突厥降人入居长安者近万家。而天宝初年长安全城不过三十万户。(向达,1957,8—13)张广达补充:"贞观四年随东突厥降服而南来的昭武九姓诸部人数必不在少,安胐汗所率部众即达五千余人,并被任命为维州刺史。"(张广达,2008,82)安史之乱后,回纥太子将兵四千人帮助收复长安,其中很多留在长安。由于回纥师出有名,昭武九姓的胡人都冒充之,数量是回纥人的数倍。(向达,1957,10,46)这九姓(康安曹石米史何等)居民最初居住在祁连山北昭武城,被匈奴击败,西逾葱岭,到达粟特地区泽拉夫善河流域。故称粟特人或月氏人。南北朝隋唐时期来到中原。皆氏昭武,以示不忘本。被汉人统称昭武九姓。该族擅于经商,长于歌舞。

四、宗教人士及臣服于大唐的异族王室的子侄(送来做人质)。二者数量不及前三类,但具有特别的关系和影响。

综上所述,当时唐代长安有来自多个国家、民族的数万西域人,是地道的国际大都市。

接着讨论唐代的西域乐人。与唐代西域人相比,西域乐人数量更难以推断。只能从其来源上探究和思考。笔者想到的来源有三种。

其一,零散的贡品。周边国家大多臣服于唐朝,每次来到朝廷都要带贡品。贡品的高下在于其稀缺度。而比珍奇的物产和动物更稀缺和宝贵的是特异人才,乐人舞者亦在此列。作为贡品的零星艺人，史不绝书。因零星，数量不会太大，但这些艺人的技艺一定高超，不然拿不出手。他们当然要在宫廷表演，也会教传技艺。

其二，成乐队编制地进入。谢弗综合很多研究者的成果，笔者按照进入年代加以排列：

> 7 世纪时，当高丽、百济被唐朝政权平定之后，他们的音乐也成了战利品，整个的乐队及其乐器、曲谱都被胜利地带回了唐朝。……开元十二年（724）尸利佛誓国就曾向唐玄宗贡献过"杂乐人一部"。……大历十一年（777）渤海国遣使来朝，并且贡献"日本舞女十一人及方物"。……骠国在贞元十八年（802）贡献了一支由 35 位乐工组成的乐队。（谢弗，1991，90）

谢弗还说：

> 在唐朝的宫廷演奏者当中，大量地吸收了异族的管弦乐队，在"非正式的"宫廷燕乐演奏的场合，往往都有异族管弦乐队为唐朝的大臣和藩属演奏。（同上，80）

其三，长安酒肆中的"胡姬"。这是日本史学家石田干之助 1930 年率先提出，以后做过少许增补。该文论证胡姬存在的全部论据是内涵"胡姬"二字的 13 首唐诗（其中李白 7 首）。陈寅恪《元白诗笺证稿》（1950）说到"酒家胡"，若胡姬存在当属于酒家胡（其中也有男性），那么琵琶女就是胡姬了：

> （白居易《琵琶行》中的琵琶女）其幼年家居虾蟆陵，似本为酒家女。又自汉以来，旅居华夏之中亚胡人，颇以善酿著称，而吾国中古杰出之乐工亦多为西域胡种。则此

> 长安故倡，既居名酒之产区，复具琵琶之绝艺，岂即所谓
> "酒家胡"者耶？……似有辛延年诗所谓"酒家胡"之嫌疑
> 也。兹姑妄言之，读者倘亦姑妄听之耶？（陈寅恪，1950，
> 57、368）

石田的文章二十余年后才得到中国学者的评价，向达的评价被石田看到并加入他文章的增补中。向达说："长安胡店多在西市，则其间有侍酒之胡姬，固亦至为近理者也。"（1957，55）但考古学家刘铭恕（1911—2000，敦煌学家，与陈寅恪有交往）在《长安有无胡姬》（1984）一文中提出，长安胡姬"求之史书，绝无确据"。他认为，东汉诗人辛延年在《羽林郎》中有"依仗将军势，调笑酒家胡。胡姬年十五，春日独当垆"句。该诗动人，引得后辈模拟。最早的模仿品是魏晋诗人刘琨的《胡姬年十五》。李白也写拟古之作。刘氏从诗词内容上分析论证，李白含胡姬之诗作，"是辛延年描写酒肆胡姬之翻版，它不是长安的真实情况。"张祜、岑参继续李白之拟古，遂造成了唐诗中屡见"胡姬"的局面。刘氏以为，石田不理解这些诗作的模仿关系，误以为诗中"胡姬"是长安的真实情况。据笔者统计《全唐诗》中"胡姬"出现在 12 位诗人的 21 首诗中。其中李白 8 首，岑参、温庭筠各 2 首，其他 9 人各 1 首。年龄与李白接近者两人，贺朝（711 年左右在世）和岑参（718—769）。其他人年龄小很多。李白"胡姬"诗数量占压倒优势，因年龄优势写"胡姬"诗也很可能最早。故刘铭恕的否定性猜想可以自圆。唐诗是理解唐代历史的重要资料和窗口。而刘氏提醒我们其中可能有陷阱。顺便说，《全唐诗》中"酒"字出现 5437 次，"酒肆" 23 次，"酒楼" 40 次，"酒旗" 51 次。唐代酒文化兴盛，西域的葡萄酒有很大的优势，这些都是没有疑问的。而长安是

否有大批的酒肆和胡姬，还等待着扎实的证据。张广达说：

> 长安的大量胡姬、杂伎是从哪里来的？……吐鲁番出
> 土的户籍残文书……有一户名下漏报 61 人，其中 20 人是
> 在 15 岁以下幼年，两人只有一岁，一人只有两岁。这些幼
> 女有可能就是丝路上的特殊商品，长成后运到长安成为胡
> 姬或胡伎。（张广达，2008，60—61）

这段话中张广达说：这些幼女"可能就是"特殊商品，日后成
为胡姬。张氏起始的那句话，似乎表明他认可长安大量胡姬的
存在。但是我没有在他的任何著作中看到他对此做出解释。从
陈寅恪的"姑妄听之"，向达的"近理者也"，张广达的"可能
就是"看，三位资深学者论述唐代"胡姬"都是审慎而不做定
论的。

　　长安是否大量存在胡姬，我们尚不能肯定，也不能否定。
虽不能证实，但笔者愿意猜想其存在。为什么？因为历史无可
奈何地存在着若干真空，为我们提供了想象的空间。这样猜想，
是因为宏观上更合理。长安有如此繁荣的西域音乐舞蹈，应该
有大批传播它的西域乐人。西域乐人不外通过三个途径进入中
土：西域诸国的赠与，战争中的掠夺，民间的买卖。没有后者
要比有后者，更难以想象。三位前贤显然也是愿意做此猜想的。
但我们应该学习前辈，没有证据时不说成定论。特别是对于笔
者的立论来说。没有众多酒肆中的胡姬，是不能构成民间的西
域音乐。而稀少的人口买卖记录和契约，还不能论证众多胡姬
的存在。虽然确乎有可能存在。

　　唐代音乐的繁荣是空前的。陈寅恪在《李唐氏族之推测后
记》中说：

> 李唐一族之所以崛兴，盖取塞外野蛮精悍之血，注入中原文化颓废之躯，旧染既除，新机重启，扩大恢张，遂能别创空前之世局。

此系李唐崛起之宏观解释，移植到其音乐繁荣也恰如其分。正是靠着外部的音乐血液，才挽回中原音乐之颓势。具体而言，笔者以为导致唐代音乐繁荣的因素有三。其一国力强盛。其二统治者心态的开放导致政策的开放，其中兼有对外商贸与外部文化的开放。这两个因素导致大批外商涌入，来大唐特别是长安做生意、讨生存，乃至定居于此。在人员的频繁交往中，西域的音乐进入中土。虽汉代、南北朝其间已有西乐东渐，但上述两因素导致西乐的进入在唐代达到高峰。其三西域的文化资源。虽当时大唐国力比周边更强盛。但西域背后的印度、波斯，乃至两河流域的古代文化，要比中土汉民族的文化更悠久和丰厚。歌舞不过是其中一支。宋代断绝了与西域的频繁交往。以后的元代与清代，虽也发生了异族与汉文化的交汇，但蒙、满两族在文化上不能与西域比肩。故元代、清代的音乐无法比肩唐代。

七、唐代：诗人与歌舞

诗人对音乐歌舞的深度介入，是唐代音乐的一大特征。诗人在音乐上的作为有两种。

其一，写作歌词或以诗入歌。有人说，唐诗在当时都可以吟唱，这是误会。研究此道的任半塘先生说："'声诗'概念之立，正为同时已有无声之诗存在耳。……'徒诗'与'声诗'乃相对立者。"（1982，2、3）唐代歌词有三个来源：民间，乐工，文人。来自民间的歌词主要表现在初唐，数量不大。出自宫廷的歌词要求较高，能达标的乐工不多。一个旁证是，诗与歌词相近，而全唐诗中仅有 23 位乐伎诗人的 117 首诗歌（王之为，2017，41）。多数歌词是文人的创作，诗人居多。熟读唐诗或许会生发这种感觉。但要确立一个判断，不能靠个案，要靠统计。幸运的是，有学者做了统计。"任半塘、王昆吾编辑的《声歌集》、《隋唐五代燕乐杂言歌辞集》，收录唐代歌辞计3565 首，占唐诗总量的 7.3％。"（王之为，2017，56）这一统计的分母应该是康熙年间全唐诗的统计 48900 首，诗人 2200 人。今人补遗后，全唐诗 55730 首，诗人 3700 人。如是，诗歌兼歌词者占 6.4％。无论如何 3565 都是极大的数字。假设一个诗人写 7 首歌词，则要 500 位诗人。可信，当时介入歌词创作的诗人数量和比重都很高。

其二，描写音乐舞蹈的诗歌。这类唐诗数量极大，但笔者未能找到专家的统计数字。白居易留下诗歌三千余首，毛水清先生说，据他不完全统计其中与音乐有关的诗约 170 首（2006，126）。全唐诗中与音乐有关的诗肯定是数以千计的。

诗（成为歌词的与内容为表现歌舞的）与音乐，谁对谁的帮助大？后世与当时是大为不同的。当时的声音当然没有录音机留存，也没有谱子记录。而优秀的诗作大多留下了。故今天唐代诗人的名气大大高于唐代乐人。有些当时就是声诗，还有些是描写歌舞的，这些诗作给我们留下一些美学记录以想象那时的音乐。即在历史记忆上是唐诗帮助唐乐。但当时二者的关系则是另一番模样。音乐没有文字的门槛，其普及高于诗词。歌手和乐手的知名度绝不低于诗人。曲子固然需要诗人填词。但诗人为曲子作词，既受朝廷的青睐，又有随歌曲而广为人知的巨大吸引力。歌舞自身的魅力本来就吸引诗人。故诗人怀抱着多重动力与巨大热忱扑向音乐。若唐代没有如此繁荣的歌舞，成就的将不是这样的唐诗。当时的乐人与诗人的群体都如此庞大，于是有了诗人与乐人的密切交往，和两大艺术的水乳交通。这一切都幸赖唐诗告诉我们。且摘取最迷人的少许片段。

唐代深涉音乐的第一位大诗人或许要算王维（？—761）。他开元初年中进士，不久（721）任太乐丞（官位从八品）。因为兼通诗歌与音乐，又任音乐官，他写了很多歌词，还有很多诗作后来入歌。王维大约是开元最负盛名的宫廷歌手李龟年歌词的第一写手。《李龟年所歌》即为他写。当时红透长安、今天仍被记取的《渭城曲》（亦称阳关曲）便是王维所作：

> 渭城朝雨浥轻尘，客舍青青柳色新。
>
> 劝君更尽一杯酒，西出阳关无故人。

为李龟年写过歌词的更有李白（701—762）。且那是当着玄宗、贵妃和李龟年面的即兴之作——《清平调》（共三首，写于743或744年，那时王维早已被贬离京）。能将艳词写得雅俗共赏、千古流传非诗仙莫属：

> 云想衣裳花想容，春风拂槛露华浓。
>
> 若非群玉山头见，会向瑶台月下逢。

被誉为杜甫（712—770）七绝压卷之作的竟是《江南逢李龟年》（770年写于湖南潭州，即今长沙）：

> 岐王宅里寻常见，崔九堂前几度闻。
>
> 正是江南好风景，落花时节又逢君。

有研究者认为，杜甫与李龟年年龄差不小，当年初出茅庐的杜甫不太可能与李龟年"寻常见"（毛水清，2006，51）。如是，或许说明于杜甫以为常见李龟年是与有荣焉的事情，这可以旁证笔者上述：那时乐人名望绝不低于诗人。李龟年生卒年不详，这似乎又可说明，乐人在社会上的名气与正史中地位的落差。二人江南相逢时，李乐人当是垂暮之年，而杜甫竟是卒于该年。王维诗词每每入歌，但他描写歌舞及与乐人的诗歌不多，虽然他与乐人的交往最多。杜甫则歌词少，却不乏描写歌舞（如《观公孙大娘弟子舞剑器行》中的名句"来如雷霆收震怒，罢如江海凝清光"）及与乐人交往之作。

还有一个开元诗人的有趣段子。王之涣、王昌龄、高适三人在某个酒楼中遇到不相识的十几位乐工和歌妓。歌妓唱出了后两位的诗歌。王之涣颇自负，与那二位打赌：若那唱得最好的没唱出我的诗句，我就服输。果然一会儿她唱出了王之涣的凉州词：

> 黄河远上白云间，一片孤城万仞山。
> 羌笛何须怨杨柳，春风不度玉门关。

被宗白华先生称为唐诗之冠的边塞诗中亦不乏歌舞描写。岑参的《田使君美人舞如莲花北铤歌》可见一斑：

> 美人舞如莲花旋，世人有眼应未见。
> 高堂满地红氍毹，试舞一曲天下无。
> 此曲胡人传入汉，诸客见之惊且叹。
> ……
> 回裾转袖若飞雪，左铤右铤生旋风。
> ……
> 翻身入破如有神，前见后见回回新。

唐代诗人中对音乐涉入最深的恐怕要数白居易（772—846）。歌词、乐手、歌手、舞者，统统入其诗作。他的这些诗歌已经成为后代窥测唐代歌舞的窗口。《琵琶行》脍炙人口，而其描写歌手的诗作可以媲美琵琶乐手，如这首五言绝句《题周家歌者》：

清紧如敲玉，深圆似转簧。

一声肠一断，能有几多肠？

审美是主观的。敝人在唐代诗人中偏爱刘禹锡（772—842），若论涉足音乐的诗歌，刘诗更妙。其《竹枝词》（九首）是唐代声诗中最流行的：

杨柳青青江水平，闻郎江上唱歌声。东边日出西边雨，道是无晴却有晴。

山桃红花满上头，蜀江春水拍山流。花红易衰似郎意，水流无限似侬愁。

刘禹锡被贬蜀地二十三年，重回长安，每遇旧交歌者便要赠诗。米嘉荣与何戡都曾是极负盛名的歌手。这些诗作对诗人是轻而易举，听者则是苍凉泪落：

唱得凉州意外声，旧人唯数米嘉荣。

近来时世轻先辈，好染髭须事后生。

二十余年别帝京，重闻天乐不胜情。

旧人唯有何戡在，更与殷勤唱渭城。

唐代诗人与乐人二百余年的姻缘，在中国历史上空前绝后。二者的艺术高度与繁荣程度，在中国历史上独一无二。

八、五代音乐之存亡

本章是从唐末五代说起的。我以为，礼崩未必乐坏，其时音乐不死，可以作证的不止一个段子。

> 唐龙纪元年（889），帝（李存勖）才五岁，从武皇（李克用）校猎于三垂岗，岗上有玄宗原庙在焉。武皇于祠前置酒，乐作，伶人奏《百年歌》者，陈其衰老之状，声调凄苦。武皇引满，捋须指帝曰："老夫壮心未已，二十年后，此子必战于此。"及是役也，果符其言焉。（《旧五代史》卷27《庄宗纪一》）

引文中玄宗当是李隆基。《百年歌》为魏晋时期陆机所作乐府诗，分十段，从十岁、二十岁，一直说到百岁。奏《百岁歌》而有感，说明李克用虽为胡人，是懂汉文化的。再看后唐庄宗李存勖：

> 初，庄宗为公子时，雅好音律，又能自撰曲子词。其后凡用军，前后队伍皆以所撰词授之，使揭声而唱，谓之"御制"。至于入阵，不论胜负，马头才转，则众歌齐作。故凡所斗战，人忘其死，斯亦用军之一奇也。（《旧五代史》卷34《庄宗纪八》，注引《五代史补》）

李存勖立国后，搞起了五代王朝中最大的戏班子。从新旧《五代史》记载看，他更着迷的是戏。《新五代史》辟有《伶官传》，惜对李存勖与其伶人的交往限于权力利益方面，对戏剧竟然一字不提。戏与音乐相通。所以他能谱写军歌。无独有偶，五代唱军歌的还有后周：

（946）周师步骑数万，水陆齐进，军士作《檀来》之歌，声闻数十里。（《新五代史》卷62《李景传》）

从这段文字看，词曲应该都是"军士作"，而不是柴荣做。柴荣政治军事能力当在李存勖之上，但音乐歌曲能力应该不及存勖。而歌曲名字《檀来》费解。清人《五代故事》说后周军旅未到时南唐小儿就唱"檀来也"，旁边大人不解，后周师到来时也高唱"檀来"。显然是杜撰。"檀来"何意，还待解索。

前蜀国君主也作歌：

（王衍）尝与太后、太妃游青城山，宫人衣服，皆画云霞，飘然望之若仙。衍自作《甘州曲》，述其仙状，上下山谷，衍常自歌，而使宫人皆和之。（《新五代史》卷63《王衍传》）

笔者摘录新旧《五代史》中的五个段落，以说明该时期音乐未亡。其实是刻意挑战新旧《五代史》作者的观点，他们认为五代是典型的礼崩乐坏的时代。笔者以为，他们与笔者说的都对，因为双方说的就不是一个东西。他们说的是所谓雅乐，笔者说的是雅乐之外的音乐。薛居正说：

古之王者，理定制礼，功成作乐，所以昭事天地，统和人神，历代已来，旧章斯在。洎唐季之乱，咸、镐为墟；梁运虽兴，《英》、《茎》（注：指古代雅乐）扫地。庄宗起于朔野，经始霸图，其所存者，不过边部郑声而已，先王雅乐，殆将泯绝。当同光、天成之际（注：即后唐庄宗、明宗时期），或有事清庙，或祈祀泰坛，虽簨虡（注：悬挂钟磬的木架）犹施，而宫商孰辨？遂使磬襄、鼗武（注：称职的乐师），入河汉而不归；汤濩、舜韶（注：古曲），混陵谷而俱失。洎晋高祖奄登大宝，思迪前规，爰诏有司，重兴二舞。旋属烽火为乱，明法阔修，汉祚几何，无暇制作。（《旧五代史》卷 144《乐志上》）

薛居正论述的重心全在雅乐。他以"郑声"评价庄宗时期的音乐，批评该时已经"宫商孰辨"。其论调与孔子、刘德的音乐观颇为相似。故对石敬瑭恢复礼乐颇为欣赏：

（天福五年十一月）丙子，冬至，帝御崇元殿受朝贺，始用二舞。帝举觞，奏《玄同之乐》；登歌，奏《文同之乐》；举食，文舞歌《昭德之舞》，武舞歌《成功之舞》。典礼久废，至是复兴，观者悦之。（《旧五代史》卷 79《晋高祖纪五》）

欧阳修对石敬瑭恢复礼乐另有表述：

八年，高祖诏太常复文武二舞，详定正、冬朝会礼及乐章。自唐末之乱，礼乐制度亡失已久，梲与御史中丞窦贞固、刑部侍郎吕琦、礼部侍郎张允等草定之。其年冬至，高祖会朝崇元殿，廷设宫县，二舞在北，登歌在上。文舞郎八佾，六十有四人，冠进贤，黄纱袍，白中单，白练襦裆、白布大口袴、革带履，左执枓、右秉翟，执纛引者二人。武舞郎八佾，六十有四人，服平巾帻、绯丝布大袖、绣裆、甲金饰、白练襦裆、锦腾蛇起梁带、豹文大口袴、乌靴，左执干，右执戚，执旌引者二人。加鼓吹十二案，负以熊豹，以象百兽率舞。按设羽葆鼓一，大鼓一，金镎一，歌、箫、笳各二人。王公上寿，天子举爵，奏《玄同》；三举，登歌奏《文同》；举食，文舞舞《昭德》，武舞舞《成功》之曲。礼毕，高祖大悦，赐梲金帛，群臣左右睹者皆嗟叹之。然礼乐废久，而制作简缪，又继以龟兹部《霓裳法曲》，参乱雅音。其乐工舞郎，多教坊伶人、百工商贾、州县避役之人，又无老师良工教习。明年正旦，复奏于庭，而登歌发声，悲离烦憅，如《薤露》、《虞殡》之音，舞者行列进退，皆不应节，闻者皆悲愤。（《新五代史》卷 55《崔棁传》）

薛居正说"观者悦之"，欧阳修则说"闻者皆悲愤"，谁说得对？笔者以为，二人的评述各有符合事实的一面。薛居正说出了士大夫们对石敬瑭恢复礼乐的衷心欢迎；欧阳修说出了士大夫们对重新演奏的水准之极度失望。不管士大夫们欢迎还是失望，石敬瑭的举动是后梁、后唐、后晋、后汉四朝中所仅见。石重贵即位后就不再演奏雅乐。故士大夫们几次上表：

（石重贵开运元年二月）庚申，宰臣冯道等再上表请听乐，皆不允。时帝自期年之后，于宫中间举细声女乐，及亲征以来，日于左右召浅蕃军校，奏三弦胡琴，和以羌笛，击节鸣鼓，更舞迭歌，以为娱乐。常谓侍臣曰："此非音乐也。"故冯道等奏请举乐，诏旨未允而止。（《旧五代史》卷 82《晋少帝纪二》）

再看后周柴荣主政时发生的一幕：

周显德五年冬，将立岁仗（注：元旦之仪仗），有司以崇牙树羽（注：五彩羽毛），宿设于殿庭。世宗因亲临乐悬，试其声奏，见钟磬之类，有设而不击者，讯于工师，皆不能对。世宗恻然，乃命翰林学士、判太常寺事窦俨参详其制，又命枢密使王朴考正其声。朴乃用古累黍之法，以审其度，造成律准，其状如琴而巨，凡设十三弦以定六律、六吕旋相为宫之义。世宗善之，申命百官议而行之。
今亦备纪于后，以志五代雅乐沿革之由焉。（《旧五代史》
卷 144《乐志上》）

柴荣是史家盛赞的明君，王朴是不世出的人才。这些都没
错。王朴搞通了传统雅乐的音律，其成果被后代传承。但是他
下面的乐工们能一蹴而就、演奏成功吗？笔者大表怀疑，以为
史家对此不论，是对明君柴荣此举的选择性叙述。这段落中所
说"世宗因亲临乐悬……见钟磬之类，有设而不击者"，可以做
实薛居正不满后唐、称道石敬瑭，均系于雅乐钟磬之存废。

五代时期雅乐衰落了。如前所述，每逢战乱雅乐都会衰落，
这是因贵重编钟的毁坏，因雅乐乐师们的流离失所。因此这时
期雅乐的衰落不足为奇。那么雅乐之外的音乐呢？我们只能根
据史家的记载，而他们的记载是高度选择性的。从新旧《五代
史》中的只言片语，笔者判断雅乐之外的音乐没有死。因史家
没有兴趣记载，我们无从知道更多情况。后梁期间音乐仅有一
条记载。《旧五代史·太祖纪五》载："（开平）四年正月壬辰
朔，帝御朝元殿，受百官称贺，用礼乐也。"《新五代史·梁本
纪二》说："四年春正月壬辰朔，始用乐。"徐无党注："自唐末
之乱，礼乐亡，至此始用乐，故书。"用的是雅乐还是燕乐？笔
者估计是拼凑的燕乐，因为找到雅乐人才和乐器都更难，且
《旧五代史》说过："梁运虽兴，《英》、《茎》扫地"。朱温不好
这个，故只此一遭。后汉短暂，朝廷可能顾不过来，史家有可
能没得可说。那么后唐与后晋呢？比如旧《五代史》说到后唐
庄宗好戏剧，与伶人打得火热，却不讲述演唱哪些戏剧。说庄
宗"雅好音律"，却没有讲述那期间雅乐之外的音乐的兴衰程
度。再比如，说及后晋少主"召浅蕃军校，奏三弦胡琴，和以

羌笛，击节鸣鼓，更舞迭歌"，却没有详述晋少主期间胡乐的状况。根据新旧《五代史》，笔者的判断是，雅乐两度灭绝，两次试图复兴；其他音乐没有死，但与唐朝相比也是衰落的。故可以在同唐朝比较中认识其衰落的原因。

唐朝音乐的繁荣得益于两大因素：太宗的开放与西域音乐的进入。五代的一前一后，即后梁和后周，是汉族皇帝，中间三朝是沙陀皇帝。在音乐方面，朱温是最无文化的，也鄙视礼仪，故后梁的音乐不见史册。后唐的君主是沙陀人，沙陀与昭武九姓交往密切，为唐朝输入最多音乐元素的正是昭武九姓。因此沙陀人应该擅于音乐，李克用、李存勖父子确乎如此。而李存勖立朝后为什么不试图搞起以胡乐为基础的礼仪音乐？新旧《五代史》说到冯道等大臣请石重贵奏雅乐，却不提石敬瑭因何恢复雅乐。笔者猜想，那是石敬瑭与冯道等汉臣们的共谋。石敬瑭自知其权力存在合法性问题。他修大唐和后唐皇帝之五庙、恢复雅乐，均致力朝野之认同。承继素王孔子的传统，士大夫阶层最看重合法性问题。因此他们希望胡人君主能披上汉族文化的外衣，在礼仪上就是捡起雅乐。因此他们不会心甘情愿协助胡人君主振兴燕乐、胡乐之类。甚至不排除李存勖时期士大夫们曾建议恢复雅乐，惜乎君臣未达共识，当然恢复也难。为什么胡人主政时期胡乐竟没有繁荣？是合法性问题在作梗，大臣不支持，君主不硬气。太宗也是半个胡人，但在他那里没有合法性问题，他才可以大张旗鼓地接受胡乐。

在独尊儒术下，孔子—刘德的礼乐思想占据支配地位，抑制了中国宫廷与民间音乐的自由发育。唐朝是不可思议的例外。皇帝无视儒家音乐思想，西域的音乐又滚滚而来。五代时期，

因政权合法性问题，胡乐未能继续其繁荣。进入宋代后，中国
与西域的通道中断。以后入主中原的蒙人、满人没有发达的音
乐文化。本土音乐失去生机，西域胡乐输入断绝，遂使唐代音
乐的繁荣一去不复返。

第九章
阉人宦官

一、阉割的起源：家畜与人

　　起源通常包含两个要点：时间和原因。在性质上，时间比原因单纯。但是在探讨人体阉割的起源中，时间与原因相比，甚至不是更难的问题，而是无从下手。因为人体阉割远远早于文字的发明。我们无从猜想它发生在文字记载了阉割之前的哪个时点。在性质上，原因虽远比时间错综复杂，却毕竟可以根据少许已知事实，加上一点假设和丰富的想象，进行逻辑推导。虽得不出定论，却可以推翻一些误判，将猜想限定在合理的范围中，故可能做出有意义且有趣味的思考。

　　一个流行已久至今不衰的说法是：动物的阉割启发了人的阉割。各种家畜阉割之先后时间，现在还说不清。但是鸡犬之类的小型家畜的阉割对人类启示不大。家畜启示说的支点是，牛马阉割后变得驯顺，启示了权势阶层改造他者身体获取温顺奴仆，即开始了创造第三性别的尝试。但这种解释没有完结，它只是将阉割人体的动因推到牛马那里，但阉割牛马的动因是什么呢。不错，阉割后的雄性牛马极大地改变了性情，但那是阉割的结果，将它看作原因，将犯下倒果为因，即所谓目的论的错误。人类学家伊萨克（1970）反其道行之，提出人的阉割启发了动物的阉割，而人的阉割的动因是宗教追求。此说无改很多学者依旧认为动物阉割在先。（泰勒）说："人体阉割肯定晚于动物阉割（公元前6200—前4500年）。……Uruk（注：美索不达米亚西南部苏美尔人的古城）早期（公元前4500—前3700年）可能是人体阉割的起源时间。"（Taylor，2000，169）阿姆施塔特（2019）说：（人体）阉割的最早文献之一见于公元前4千年巴比伦人对Ishtar女神崇拜的记载。两人对人体阉割的年代认识一致，即大约6千年前。

动物的驯化是其阉割的前提。戴蒙德给出的人类驯化即家养动物的最早年代：狗10000年前，绵羊10000年前，山羊10000年前，猪10000年前，牛8000年前，马6000年前。其中狗和猪的最早驯化地中包括中国。（戴蒙德，1997，166）与人类阉割关系密切的是牛与马。二者驯化的时间被不断修正。牛的驯化时间被提前。克里斯蒂安（2004，他的说法参考了海瑟与温克的著作）说："牛被驯化的最早的确切证据是距今大约9300年。"罗伯茨（2017，113）说："在1万年到1.1万年前，近东地区出现了家养牛，之后向外扩散。"马的驯化时间被推后。目前最早的根据是哈萨克斯坦北部的波泰（Botai）遗址5500年前的马骨化石，但是尚存争议。（李水城等，2009）确凿的证据是4000—3800年前的古巴比伦陶范上人骑马的图案（李零，2020），且其驯化的时点一定早于该陶范。

袁靖著《动物考古学》（2015）说，中国家养动物的最早年代分别是：狗10000年前，猪9000年前，绵羊5600—5000年前，山羊 3700 年前，黄牛 4500—4000 年前，马（黄河中下游）3300 年前，鸡 3300 年前。

综上所述，一方面，牛羊是从外部传入中国的，中国家养牛羊晚于世界约 5000 年。故不能排除，牛羊与其阉割术一道传入中国。当然动物最初的阉割有可能与人的阉割同时发生。另一方面，人体阉割晚于人类驯化牛、羊、猪约 4000 年。而动物的家养与其阉割之间必定有不短的间隔。正是在这个时段中人类开始了祭祀。最早的祭品中兼有人与动物，即人祭和牺牲。中国古代的"太牢"是皇家的最高级别的祭祀，"牢"在甲骨文中的含义是家养的牲畜，而"太牢"要祭献牛、猪、羊三种祭品。

从祭祀中人祭和牺牲的同步发生，到人与牛的阉割的发生，中间有一个不见任何文字记载的失却的环节，留给我们去想象。

写于先秦的《礼记·月令》讲述祭祀：春季"其祀户，祭先脾"，夏季"其祀灶，祭先肺"，年中"其祀中霤，祭先心"，秋季"其祀门，祭先肝"，冬季"其祀行，祭先肾"。这段文字颇为费解。自汉代始，注释者们将心肝脾肺肾与五行的金木水火土结合，成为主导的解释。但是先秦时代还没有五行说。五行说长期成为主导窒息了其他解释。拨开五行说的迷雾，笔者以为，祭祀中讲述五种脏器，最大的可能是讲述在不同的季节以不同的脏器作为祭品。当代人类学家发现某些民族的宗教中有"手指祭"，即砍下一节手指祭神，并提出"以局部换全身"的解释（伯克特，1996，37—44）。祭祀中用牲畜的某个脏器代替整个牲畜，颇符合这一逻辑。古时祭祀的方式有别。有祭祀后祭品大家分食的，也有烧掉的。如是后者，"以局部换全身"就更具解释力。即使是过后大家分食，祭祀规格也从来都是大小不等的，既然有大牢小牢之分，或许也有整体与器官之别。心肝是局部，阳具也是局部。为什么后者不可以单独作祭品呢，特别是在生殖器崇拜形成后。和其他的区别是，生殖器特别是睾丸，单独割下后不毙命。笔者以为，这是阉割的起因。

有了阉割就有了阉牛与阉人。笔者猜想，人与家畜的生殖器都曾经作过祭品。同时猜想，阉人也作过祭品。就人体而论，很可能曾经有过三种祭品：完整的活人，人的生殖器，阉人。以童男童女祭神，史不绝书。为什么要选择童男童女，因为祭祀主持者认为他们比成年人纯洁。后者脏在何处？脏在性活动。如此阉割后的成年人就纯洁了。所以人祭中很可能有过以阉人作祭品的。但即使曾经存在，也不会是长久的事情。因为西周以后人祭被禁。以阉人祭神只可能存在于阉割产生到人祭禁绝之间的时段中。

几乎所有宗教都认为性是不洁的，所以阉人更干净。《圣经旧约》多次提到"阉人"，从无贬低，隐含尊重。《马太福音19：12》说："因为有生来是阉人，也有被人阉的，并有为天国的缘故自阉的：这话谁能领受，就可以领受。"（笔者觉得最后一句译文费解，故呈上英文：He that is able to receive it, let him receive it.）从 12 世纪始，一个阉人团体一直守护着麦加的穆哈默德墓地。不管笔者想象的以阉人祀神在历史上存在与否，因为无性圣洁的观念，阉割自身以侍奉神灵的信仰者一直存在着。

古汉语中寺人与宦官两个词汇的通用，颇耐寻味。寺字在西周金文中开始出现。字形是从之（业）从又（ス，手的意思）。寺字未见于甲骨文，但其上下两部分之和又，都出现在甲骨文中。陈梦家在讨论商代祭名时提到之与又，将二者列在祭名的第七类即"无所属"中。乃至我们只知道它们是祭名,不知道更多（陈梦家,1936）。或许洞悉这两个祭名的内涵,是解开下面谜团的突破口。二字都是祭名,它们以后合成的"寺"字极可能也与祭祀相关。《说文》：寺,廷也,有法度者也,从寸。即寺是有法度的场合,祭祀的场所。有理由推论,寺人可能是主持祭祀者。问题在于,古代文献中最早出现的"寺人"的意思却是宦官。其一是周公所著《周礼·天官》云："寺人,掌王之内人,及女官之戒令,相导其出入之事而纠之。"其二是写于西周初年至春秋中叶的《诗经》："未见君子,寺人之令"（《秦风·车邻》）；"寺人孟子,作为此诗"（《小雅·巷伯》）。其中的寺人被研究者们认定是宦官的意思。《周礼》《诗经》的写作时间与载有寺字的青铜器或同期,或最多晚二百年。以后"寺人"作为宦官的别称一路传下去。叶舒宪的解释是："早期文明中的神职人员常由阉人来充当,这正可以解释'寺'字为什么又成了宦官的名称。"（参见叶舒宪,2018,109—110）前半句话的根据是西方的早期宗教,而后半句建立在这样的推论上：寺是祭祀场所,寺人是祭祀主持人,而寺人又成了宦官的称谓,故祭祀主持人也是阉人。事情有可能是这样的。尚不能证实的环节是：祭祀主持人是阉人。现在只能说是可能,不然为什么以寺人称呼宦官？假设如此。那么其后的历史是,阉人从祭祀人士渐渐转变为王及其后宫的侍者,最终几乎完全从祭祀领地消失。自然,当奴仆、卑贱成了阉人的主体,也就再难提供原初圣洁、牺牲的特征。

前文说过,性格驯顺不是阉割的原因,是阉割的后果。在大型动物——牛、马、人类这三者中,阉割对雄性性格的改变太大,三者辐辏起来影响着阉割的扩大。《后汉书·宦官传》中说宦官"情志专良"，精准地说出了皇权使用第三性别的原因。而"驯"字带有"马"的偏旁，则说明阉割在三种大型哺乳动物牛、马、人类的性格改变上，马最突出。马是从西域传入中国的，中国人养马晚于输出地至少一千年。笔者以为，很可能驯化和驾驭马的方式同马匹一并传到中国。马车夫吆喝牲口的用语"得儿、驾、喔、於"，与汉语语音差距太大，很可能就是马匹输出国的语言。从性格改变看，马的阉割对阉人的启示应该最大。但事实不是逻辑。人的阉割是与牛的阉割一同发生。马的阉割在二者之后。人类阉割马匹始于何时，笔者没看到国外的资料。中国确凿的证据竟然不是文字，而是秦始皇兵马俑。其中车马中的马匹都没有睾丸，而骑乘的马匹中有阉割的有未阉割的。有学者说，最先阉割马匹的是中国人。笔者尚不敢相信。秦代只有 14 年的历史，秦俑中有了骟马，说明马的阉割在战国时代一定开始了。虽然宦官在西周已经存在，但秦开启的帝国制度是其繁荣的土壤。骟马性格的剧变，将比牛更大地刺激人们认识第三性别。顺便说到，今天赛场上 85% 的赛马是骟过的，这说明阉割一点不减少它奔跑的速度。赛马中只有 15% 是母马和未骟的公马。后者极难驾驭，让它参赛是因为想为这匹种马做广告。

二、宦官的起源：美索不达米亚与中国

汉谟拉比（公元前 1792—前 1750）是古巴比伦的君王。将近 3800 年前的《汉谟拉比法典》（公元前 1762 年）有这样的条款："第 192 条，阉人之养子或神妓之养子倘告抚养彼之父母云：'你非吾父'或'你非吾母'，则彼应割舌。第 193 条，倘

阉人之养子或神妓之养子获知其父之家，因而憎恶抚养彼之父母，而归其父之家，则彼应割去一眼。"阉人的权益写入法典，意味着他们在社会上存在有年。但不能确证，因为法典中的那个关键词是否意为"阉人"，尚有分歧。若确实是"阉人"，神妓应该是宗教人士，阉人与神妓分列，则很可能是宦官。但这是猜想，毕竟宦官一词未出现在该法典中。

宦官从始至终存在于亚述帝国（公元前935—前612）。这是宦官在世界历史上最早的记载。国洪更（2015）的论文讲述了宦官在亚述帝国的地位和作用：在亚述帝国前期（公元前934—前745），大将军和宦官总管都可以代替国王统帅远征军。且国王一直靠宦官制约大将军。曾有两个宦官总管被任命为两个行省的总督15年之久。帝国全盛期，宦官总管与大将军并驾齐驱，权势甚至压过后者。由俘虏构成的常备军的首领由宦官总管担任。帝国晚期，宦官总管有了合法地产和私人武装。亚述帝国中的宦官不太可能无由来地突然崛起。亚述南临古巴比伦王国。随着国势此消彼长，亚述帝国迫使古巴比伦与之合并，亚述帝国的国王成为统一后的国王。亚述帝国中宦官的地位和作用，几乎一定承继着古巴比伦王国的宦官传统，此亦证明《汉谟拉比法典》中的阉人很可能就是宦官。

《诗经》说及周代的寺人，即宦官。《毛诗序》提到，"《车邻》（注：诗中有'寺人之令'句）美秦仲也"，秦仲是周代秦国国君（？—前822年），以及"《巷伯》（注：诗中有'寺人孟子'句）刺幽王也"。幽王（卒于公元前777年）是西周最后的君主。两诗旁证西周存在宦官。

西周之前有无宦官？殷代的甲骨文中有这样一条卜辞："庚辰卜，王，朕（一个'凸刀'形甲骨文）羌，不死。"意思是，

"庚辰这天占卜，商王阉割羌人，会不会死。"有学者愿意将此解释为，阉人去宫中做宦官。但该卜辞的字面上没有这个意思。

综上所述，历史上宦官的出现，在美索不达米亚早于中国。即使判定殷代出现了宦官，殷代—西周也大大晚于古巴比伦—亚述。阉人的出现也是这样。待解的疑问是：阉人与宦官是舶来品，还是中国独立的发明。

三、秦代：赵高与宫刑

司马迁两次说到"隐宫"。其一，"赵高昆弟数人，皆生隐宫，其母被刑僇，世世卑贱。……毅不敢阿法，当高罪死，除其宦籍"（《史记·蒙恬列传》）。其二，"隐宫徒刑者七十余万人，乃分作阿房宫，或作骊山"（《史记·秦始皇本纪》）。两处"隐宫"长期被解释为"受过宫刑者"，如此前处标明赵高的宦官身份，后处揭示了秦代对七十万人施以宫刑。

讨论宦官干政，赵高是绕不过去的。即使笔者已经怀疑赵高是宦官，也要给读者一个交代。《史记》此点陷于争论，其后的史籍呢？《汉书》只因袭《史记》说赵高是中车府令，未提隐宫。《后汉书·宦官列传》中没有赵高，既表明范晔不以为赵高是宦官，也暗含他清楚司马迁措辞的意思。认定赵高是宦官是唐代以后日益加固的认识。他们的根据大概还是《史记》中的"隐宫"，而非司马迁文中的"宦籍"，因为宦籍可以指官籍。（参阅鲁惟一，2005）但以后怀疑者不绝如缕。有学者说，如果说"隐宫"是受宫刑者，他们也属于"徒刑者"，说"隐宫徒刑者"文理不通。如此混沌长达千余年，是睡虎地秦简的发现澄清了谜团。其中一段简文："工隶臣斩首及人为斩首以免者，皆令为工，其不完者，以为隐官工。"译文：工隶臣斩获敌首和有人斩首来赎免他的，都令作工匠。如果形体已有残缺，用作隐官工。（睡虎地秦墓竹简整理小组，1978，93—94）隐官是隐蔽的做工处所，那里的人是刑满而身体残缺的人，他们可以结婚生子。以此解释《史记》赵高的段落，即：赵高的母亲受过刑，他们兄弟出生在"隐官"处所。也有学者不同意这是司马迁笔误，认为"宫"与"官"相同，隐宫、隐官都指隐蔽的工作处所，均无涉宫刑。《史记》还说，赵高发现胡亥不满，"乃阴与其婿咸阳令阎乐、其弟赵成谋"，最终女婿阎乐带兵杀了胡亥（《史记·秦始皇本纪》）。以上可证：赵高不是宦官。即使赵高是宦官，也不好说是宦官干政，因为他也是有官职的。且一个人的行为不代表一个朝代的政治特征。宦官干政要从东汉说起。

那么《史记》的另一段话呢："隐宫徒刑者七十余万人，乃分作阿房宫，或作骊山。"抛弃隐宫是宫刑者的解释后，这段话的主语该译作，"肉刑后身体残缺者和正在服刑的七十余万人"。秦代刑罚种类繁多。一死刑，种类甚多。二肉刑，黥，劓，刖，宫。三徒刑，即强制劳役。四笞刑。还有多种，此处不赘。去作阿房宫和骊山的"隐宫"应该是黥、劓、宫刑后的人，刖刑后难以胜任如此劳作。主语中的"隐宫徒刑者"可以断句为"隐宫、徒、刑者"（参阅苏诚监，1996），也可以断句为"隐宫、徒刑者"。"徒、刑者"包括受到徒刑和刚刚受到肉刑的犯人。"徒刑者"仅指强制劳役的犯人。黥、劓、宫、徒，共计七十余万人。隐宫是刑满者，累积多年。徒刑（徒、刑者）者是正服刑者，出自近期。前者数量应该多于后者。我们无法确知七十余万人中宫刑者之多少，但那肯定是一个庞大的数字。秦朝不以宦官众多和干政闻名，但其阉人数量很可能冠于中国历朝历代。扔掉了隐宫是宫刑的误解后，应重新求索秦代阉人的数量。低于七十万未必不是大数字。

在秦代，阉人中受宫刑惩罚的犯人一定大大多于宫中的宦人。也应该是自秦代开始了二者的此消彼长：宦官在阉人中的比重越来越大。二者不仅是社会身份的有别，身体残缺程度也不同。宗教、刑罚、宦官，很可能是阉割演进的次序。对前两者，切割睾丸足矣，切除阴茎，既无必要，初时也做不到。因为在手术上切割阴茎要比切割睾丸复杂太多。由此推论，初时的宦官有可能是无睾丸有阴茎的，以后宦官中无睾丸的与丸茎全无的共存，最后统统是丸茎全无的宦官。马的去势只是切除睾丸，这就去除了性能力且改变了性情。君主为什么追求宦官的全部去除？笔者最初以为，那是君主畸形的性想象使他们不计手术的难度和阉人激增的痛苦，坚持睾丸和阴茎一并切除。而后读到了两位医生的说法："雄激素有两大类。一些活跃程度不如睾酮的雄激素，它们由肾上腺分泌。……值得一提的是，即使他很早就被摘除睾丸，他也能有几乎正常的性生活，只是精液的量要少得多，这种精液中显然不含有精子。"（贝拉依什，凯尔瓦杜埃，1996，17—18）一定是看到了切除睾丸的阉人居然有性能力，即使这在阉人中比重不高（笔者如此猜想），遂使君王令阉割操作者开辟出阉割中最艰难的手术：睾丸与阴茎一并切除。阉割是残忍的，而阴茎切割又是阉割中最残忍的。其增加的痛苦是双重的。其一，手术的痛苦远过于单纯切割睾丸。其二，术后的病患与永久的不便。因为消弱了憋尿的机能，有尿便会流出，必须在裤裆处放置毛巾类的东西。外部积尿容易逆向感染膀胱疾病，为减少排尿而不敢多喝水同样危害膀胱。且外部积尿让他们在气味上令人生厌。

在囊括各种动物和人的全部阉割中，切除阴茎是唯一的，针对唯一的对象——人，为了唯一的目的——制造宦官。如前所述，宦官是从只切割睾丸演化到切除阴茎的。至少在中国，从秦朝前后的某个时点开始，成为宦官必须切除睾丸和阴茎。切除阴茎，是应帝王的需求和命令而实施的，它是帝制的地道产物。

待解的问题是，切除阴茎从何时开始？所有民族的宦官都被切除阴茎吗？

四、汉唐：宦官干政

在东汉政治中，皇权之外，宦官、外戚、官员士子，三足鼎立。三者的惨烈争斗贯穿王朝后期。集中的体现是党锢之祸。争斗中三方的亡者均难以计数。第一次党锢后的改元大赦中，释放的官员士子一百多人。迎接他们出狱的车辆上百、人数上千，可见士族的精神及他们与宦官集团之死结。该怎样评价东汉宦官？

史书是士人书写的，它只是一面之词，其中偏袒士人几乎是一定的。一方面对宦官的同情和理解会失缺。另一方面在正史中，对宦官的问题，他们与外戚、朝臣的冲突，都不可能从皇权制度的缺陷中寻找原因。既是因为没有第二个敢写谤书的司马迁，更是因为时代的局限。我们先谈皇权的制度问题，后从理解的角度说宦官。

历史上每个朝代都有过幼帝，但以东汉为最。东汉历196年，14帝。只有前三位是成年登基。自和帝始，10个即位者（不算献帝刘协，他的上位来自董卓，与宦官无涉）年龄都不满 16 岁。10 人中寿命最长的 35 岁，6 人寿命在 27 岁以下，去世时统统没有年及弱冠（20 岁）的儿子。详情如下（注：下面括号中为生年—登基年—卒年）：

和帝刘肇（78—88—105），10 岁即位，27 岁卒。

殇帝刘隆（105—105—106），即位时刚满月，8 个月后卒。

安帝刘祜（94—106—125），12 岁即位，31 岁卒。

婴帝刘懿（125—125—125），约百日时即位，二百余日后卒。

顺帝刘保（114—125—144），11 岁即位，30 岁卒。

冲帝刘炳（143—144—145），1 岁即位，2 岁卒。

质帝刘缵（138—145—146），7 岁即位，8 岁卒。

桓帝刘志（132—146—167），14 岁即位，35 岁卒，无子。

灵帝刘宏（156—168—189），12 岁即位，33 岁卒。

少帝刘辩（176—189—190），13 岁即位。几个月后在董卓胁迫下自尽。

献帝刘协（181—189—234），9 岁即位，有名无实。

少年登基，实际掌权的必然是外戚、宦官或顾命大臣。这三者掌权通常都不如成年皇帝。天下不属于代理人，小皇上一天天长大，交权的日子渐近，凡此都令代理人关注短期利益。而因为制度与文化的熏陶，没有非常原因到死他都是皇上，故成年皇帝比代理人更关心长期利益：守住江山传子嗣，留得生前身后名。连资质不高的桓帝和灵帝都没忘记请老臣评比他和父王，可见这事情他们有多在意。

选择储君从来都带有任意性。不乏子嗣的壮岁君主在选择太子时尚且任性，常常不遵守嫡长子继位的潜规则。何况没有子嗣的天子早逝，要外戚、朝臣、宦官们商讨从藩王中挑选继位者。那必定是充满私欲、阴谋、暴力的多方博弈的结局。推出一位幼主常常是几方势力的共识：强悍的一方因此代掌权力，其他各方亦可避开强主继位后突降的风险。

东汉连番百年少主登基的根本原因是什么？传统史家谓之"天命"，一面将不解的事情推给玄学，另一面注入了对王朝含蓄的谴责。但"天命"窒息了认知。当代学者恰恰要在现实中寻找原因：东汉皇室的生存方式，充斥后宫的阴谋诡计，等等。另一方面，为防范天子每每短命无嗣，为大汉天下计，本该从制度上避免少主，至少从藩王中挑选时设定 20 岁以上的门槛。窃以为，是狡诈而愚蠢的皇族不愿自缚手脚。如此才有了东汉 11 个幼主一路下来。这是东汉宦官干政的前提。

幼主时期三方博弈中为何宦官占了上风。

宦官原本弱势。他们断了亲族关系，没有支持系统，几乎是没有退路的。光脚的不怕穿鞋的。宦官们因此有着常人没有的拼命精神。

对宦官的歧视贯穿古今。歧视，无论是对种族还是宦官群体，都必定包含一个特征：忽略该群体中个人品性上的差异。若区别看待，就不能将该群体成员统统视为低贱。这是歧视所以谬误之关键。是外部的歧视使宦官群体比外戚和朝臣更抱团。古代社会是男权社会。两个性别在男性统治下遭到歧视：女性和男性阉人。男性与宦官的冲突远远超过与女性，因为女性没有结成群体，而阉人在皇权身边结群抱团。皇权需要宦官，故官僚们不可能将之全部铲除。曹操对何进、袁绍说：当诛元恶，不必尽杀。见识赫然高于众人。深知对立群体的态度，故被歧视阶层一旦得手每有惊世的反弹。

从某种意义上说，人类的进化就是驯化的历史。人类驯化了动植物，动植物也驯化着人类，使其放弃迁徙，恪守农时，等等（参阅郑也夫，2009）。人类也在自我驯化，没有人能自外其中。人类自身的驯化也依赖成员间的互动。皇权为了家天下的稳固不遗余力地驯化臣民。诡异的是在权力金字塔中，不是其中下部，而是托举塔尖的那部分，即宦官与官僚，最大程度地被驯化。前者靠生理上去势，让他们性情驯顺，这是驯化的极致。后者靠道德说教，让忠孝内化。大部分动物那里没有孝的基础，子女成熟了就远走，母子再不相见。而母亲爱子女是本能，不需要教化。故孝是人类家庭这个生存共同体赖以存在的基石。皇权靠"忠"驯化官僚士子，忠是皇权的基石。宦官与官僚被驯化的同时，也在驯化着皇帝。士大夫阶层靠儒家道德和政治制度塑造君王。宦官则是靠着娇惯放纵、声色犬马，驯化着主子，这种驯化对幼主出奇地有效。乃至在驯化幼主的竞争中，官僚完败于宦官。幼主如果是来自藩王，登基后处在极度异化的环境中，甚至离开生母，包围他的是宦官们，那里没有管教，只有放纵和诱惑。幼主和宦官在如此互动中建立了他与官僚之间不具有的感情。动物尚且知道回报，况皇帝乎？皇帝对宦官的回报是什么？第二是钱财，第一是权力。在权力角逐中官僚败给宦官，还有各自不同的驯化方式所铸造的性格上的原因。东汉士大夫们的文化性败给了宦官的动物性。难道身体残缺的宦官有更多的动物性？是的，他们和动物一样眼睛盯准的是生存。为此他们可以伪造皇帝的文书，所谓"矫旨"，可以逼窦皇后交出玉玺。东汉的入仕靠道德举荐，士子受的教育也是道德礼义。道德本是心中的东西，举荐制度要士子们展示道德高下，使其日益走向虚荣和矫饰。东汉党人的行径中有巨大的剪刀差，行为可以视死如归，动机却多是道德表演，完全没有宦官们视胜负如生死的执著。

帝王在生理和权力上对宦官的依赖超过朝臣。《史记·樊哙传》说，刘邦病时拒见大臣，樊哙闯入见刘邦"枕一宦者卧，……流涕曰：始陛下与臣等起沛丰，定天下……今不见臣等，顾独与一宦者绝乎。"每日肌肤相依的人，也是夺权最便利的商议者。桓帝14岁即位后一直处在太后兄长梁冀的淫威下，六年后靠着宦官杀死梁氏。他与宦官的交情岂是朝臣能比？

三方权力角逐中，官僚与外戚曾经联手。两方打不过一方，很大程度上败在外戚那里。窦武与何进同为大将军，握有重兵，二者的女儿和妹妹是皇后。二人都死于宦官之手。因为他们当断不断，不能像宦官那样立开杀戒，总觉得动兵前要对皇后（皇帝太小）有个交代。他们不知道皇帝和皇后都是被宦官伺候和驯化的，不会同意对宦官大开杀戒。迟疑人丧命于果决者。

幼主一登基就被宦官包围和驯化，但宦官系统不是幼主们而是成熟的先帝们造就的。成熟的皇帝没有像幼主被宦官驯化到如此不堪的程度，但他们同样依赖宦官。这是人性的弱点，是帝王们的普遍性格。就两个集团的性格而言，官僚系统更可能对皇帝提出不同意见，宦官更看皇帝的眼色，忠实照办，高效实施。极权者的普遍性格，使他们倒向后者。当幼主置身在父辈造就的宦官系统中时，东汉王朝的命运便每况愈下。

窦武的失败有运气的成分。宦官们对刚刚归来的军头张奂说窦武谋反，拿着盖有玉玺的御旨要他出兵。相比而言，屠夫出身、靠妹妹上位的何进更愚蠢。谋士陈琳说：你自己的力量就可以剿灭宦官，招来的各路诸侯不争雄吗？他却招来恶人董卓，又自投宦官虎口。袁绍在城外见何进身死，且早有窦武前车，一举破城，尽杀宦官，甚至殃及不是宦官的人。《三国志·

袁绍传》说：杀死二千人。笔者未见东汉全部宦官的数字，只好借此推想。

中国历史上，东汉、唐代、明代是宦官最嚣张的朝代。很多历史学家认为，三者中唐代宦官最为恶劣，根据是唐代最后9个皇帝，7个是宦官拥立，2个被宦官杀害。但笔者并不以为决定储君即最恶劣。唐朝最后9位皇帝的生卒、继位情况如下。

宪宗李纯（778—805—820），27岁即位，被宦官毒死，42岁。

穆宗李恒（795—820—824），25岁即位。太子。服金丹死，29岁。

敬宗李湛（809—824—826），15岁即位，17岁被宦官毒死。与以下二人同辈。

文宗李昂（809—826—840），17岁即位，31岁卒。

武宗李炎（814—840—846），26岁即位，32岁卒。文宗的弟弟。

宣宗李忱（810—846—859），35岁即位，49岁卒。是以上三人的叔父。

懿宗李漼（833—859—873），26岁即位，非长子，40岁卒。

僖宗李儇（862—873—888），11岁即位，26岁卒。

昭宗李晔（867—888—904），21岁即位，37岁卒。皇弟。

其概况与东汉晚期皇帝颇为不同。其一，唐皇多数寿命正常，9人中30岁前死亡的只有2人（26岁和29岁），其二，多数有子嗣。就是说唐代的宦官不是像东汉宦官那样接过外戚挑选的幼主去操控，而是先有大权在握，后才决定储君。他们获得权力的大致过程如下。

还是太子时就宠信宦官的李隆基靠着高力士剪灭了太平公

主的势力，坐上皇位。安史之乱中，宦官李辅国帮助太子李亨逼玄宗退位。自高、李始，宦官登上唐朝政治舞台，这有偶然因素。以后，在藩镇对朝廷的长期压力下，危机笼罩的皇帝害怕军头叛逆，遂使德宗任命宦官任禁军头领，宪宗任命宦官任上命下达的枢密使。监军汉代已有，是监督将帅的官职，宦官专任监军自玄宗始，德宗贞元十一年（795）为监军铸印标志着其强化和制度化。《旧唐书》说："督军则权过节度。"唐朝有48个藩镇，监军数量多于藩镇。概言之，在协调中央与藩镇的矛盾中，宦官集团执掌大权。其获得权力的路径和机制完全不同于东汉。

一连九个皇帝被宦官拥立或毒害，在中国历史上独一无二。但笔者不以为仅此可以认定唐代宦官最坏。唐朝有没有培养储君的制度？有，东宫系统是模拟朝廷锻炼储君的。但是在宦官涉政之前，皇室权力的更迭完全不遵守规则，充斥着阴谋、暴力和血腥。

且看从高祖到玄宗的权力交替。李渊的太子是其长子李建成，李世民借玄武门之变夺权。李世民的太子是其长子李承乾，父子猜疑后生变，承乾亡，第九子李治继位。高宗李治立长子李忠为太子后，又改立与武则天的儿子李弘。李弘与武则天生隙后神秘死亡。其弟李贤继位后被告谋反，被武则天废黜，再立李旦做傀儡皇帝。再后武则天直接称帝。武年迈时召回儿子李显立为皇嗣，李显等不及继位，抢班夺权。李显的太子李重俊看到危机，发动政变失败遭韦后杀。李显也被韦后毒杀。李隆基与姑姑太平公主发动政变，推出李旦二次登基。李旦挑选李隆基做太子。李隆基剪灭了太平公主的势力后，李旦让权给李隆基。

以上情节中完全看不到早已存在的继位规则及和平的权力更替。这场持续八十余年的权力博弈的主角是外戚，卷入其中的不乏朝臣。因为处在权力中心者，要么有心参与，要么欲罢不能。何况在权力游戏中，他们都不是孤立的个体，而是某个集团中人。当宦官集团执掌大权后，他们可以在储君问题上置身其外吗？不要说怀揣政治野心，就是为了自身安全，也必须挑选和拥立某个皇室成员。

宦官集团参与后的表现如何呢？笔者不觉得他们比此前的博弈更肮脏和血腥。按照所谓正统的说法（实为正宗的血统论），皇位继替是李姓皇家的事情，外姓不得参与，奴才更不得参与。先说奴才问题。视宦官为奴才其实是皇权的专利。其他人这么看，是心理上期待有一个可以歧视的群体。在皇权面前可以说百官都是奴才。皇帝已经任命一些宦人为高官。若承认皇帝的任命，一个官僚可以歧视另一个官僚吗？如果朝臣可以参与皇储选择，官品同级的宦官为什么不可以。接着说外戚问题。按照正宗的血统论，作乱的是企图篡夺李家天下的武则天等人。最能保证李家天下的恰恰是宦官们。因为外戚和皇亲中野心和才能都超强的人，比如王莽、武则天，是要以王姓、武姓取而代之的。而宦官们因为自身的缺陷，不存此心。他们专心在皇室中寻找令他们放心的人。在笃信皇家血统的时代，异姓取代风险太大。正因为宦官操办储君的把戏中丝毫没有异姓篡夺的味道，所以这出戏能安稳地唱上百年。

即使上述说法含有挑战，也是很有限的。笔者无力论证唐朝的宦官是否史上最坏。只是说要论证这一点，只看拥立过七个皇帝，乃至存废中杀过两个，是不够的。

唐代宦官与帝王关系的最后一幕是挟持昭宗。而挟天子的把戏，在中国历史上并不少见。挟持者常以一人代表，但其实他（她）后面是军阀、外戚、宦官这些利益集团。三者中外戚的挟持所受到的谴责最微弱，而宦官最重。

天复三年（903）丞相崔胤与昭宗商议诛杀宦官。消息泄露，宦官劫持昭宗到凤翔。崔胤逃到华州后请来枭雄朱温。朱温围困凤翔。守将向朱交出韩全诲等二三十个宦官人头。朱温送昭宗回长安。《旧五代史》说翌日杀宦官第五可范等五百人（《新五代史》说七百人），两书的口气都像是天子诛杀。继而崔胤（亦说朱温）下诏书要各藩镇诛杀朝廷派到该地的宦官。907 年朱温称帝。《旧五代史》说："（该年）九月辛丑，西京大内放出两宫内人及前朝宫人，任其所适。"（卷 3《太祖纪三》）东汉末与唐末的诛杀宦官有所不同。袁绍所在的官僚阶层与宦官不共戴天，斩尽杀绝。唐末与宦官直接冲突的是宰相与天子，朱温看中的是从宦官手里抢夺皇帝，挟天子以令诸侯。故朱温称帝后放宦官一条生路。据称唐代宦官四千余人。诛杀不足一千，流亡各处约三千余。

唐朝曾经拥有的繁荣超过前代，后宫编制 122 人：一后，四妃，九嫔，二十七世妇，八十一御妻，很可能空前庞大。且其时宦官的事务早就广涉军政。这两个原因决定了唐朝及其后多数朝代的宦官数量超过东汉。

五、五代：乱世中的异类尝试

非常时期与正常年月是呈现人性与制度的不同场域，在认知上不可偏废乱世。五代短短五十余年的历史中，在宦官问题上呈现出的起伏跌宕，颇堪寻味。

朱温与袁绍同为诛杀宦官者，虽程度有异。袁绍诛杀宦官后没有当上皇帝，后人无法判断他当了皇帝后对宦官的存废。朱温是第一位不设宦官的皇帝。不设宦官可行吗？后宫谁来打理，抑或朱温的后宫很小还是干脆没有？收集在《永乐大典》中的《旧五代史·梁后妃传》全部失缺，只好以《北梦琐言》、《五代会要》所载拼凑。乃至我们读到的《旧五代史》只讲到朱温妻室中一人：元贞皇后张氏。《新五代史·梁家人传》说及两位：在"元贞皇后张氏"中说："后已死，太祖始为荒淫，卒以及祸云"；在"昭仪陈氏"中则说"太祖已贵，嫔妾数百"。两语似有矛盾。嫔妾无疑是后宫女子。皇帝作乐后宫不算荒淫吧。而朱温确实荒淫且及祸。新旧《五代史》都说道：朱温晚年两个儿媳妇轮流陪睡，在陪睡中刺探朱温立储的心思，最终给朱温带来杀身之祸。这让人不解：后宫数百人，为何还淫乱儿媳。何况后宫通常还意味着皇帝行幸的规矩。朱温折服于张氏，张氏令朱温收敛。从史书看，娶张氏之前和张氏卒后，朱温都是荒淫的。笔者猜想，朱温很可能就没有后宫。不是寡欲，而是他不要规矩到干脆不设后宫。如是就给朱温不设宦官提供了支点。嫔妾数百与没有宦官很难兼容。朱温不设宦官可能是历史上皇帝中的唯一。而轮番睡儿媳在皇帝中也算稀有。这二者合一在朱温身上。读者或者会问：您是不是希望没有后宫。这是本章不想涉及的道德判断，似乎又必须直面。没有后宫，皇帝可能更荒淫。我希望取缔宦官制度，推论便是取缔宦官服侍的后宫，至少是没有庞大的后宫。就对人性的摧残而言，宦官制度远远超过君主的荒淫。在持续千年的坏制度中，无出其右。

李存勖 923 年称帝，史称后唐，不久灭晋。在宦官设置上李存勖反朱温之道而行之。《旧五代史·庄宗纪五》说："帝龙潜（未称帝）时，寺人（宦官）数已及五百。至是合诸道赴阙者约千余人。"《新五代史·伶官传》则给出了他扩充宦官的过程："庄宗初入洛，居唐故宫室，而嫔御未备。阉宦希旨，多言宫中夜见鬼物，相惊恐，庄宗问所以禳之者，因曰：'故唐时，后宫万人，今空宫多怪，当实以人乃息。'庄宗欣然。其后幸邺，乃遣进（注：某宦官名）等采邺美女千人，以充后宫。……庄宗还洛，进载邺女千人以从。"这段史料少见地让我们看到宦官与皇帝的互动，促进宦官队伍的扩充。又说："及庄宗立，诏天下访求故唐时宦者悉送京师，得数百人，宦者遂复用事。"（《新五代史》卷38《宦者传》）903年崔胤请朱温杀宦官，演至923年，唐代自宫廷流亡的3千宦官估计还存半数，大多被李存勖收编。五代十国时代中国共有268州，后唐有123州，不足一半。唐代人口8000万，后唐人口大约1000万。后唐竟有宦官1000余人。由此说李存勖亡于宦官亦不为过。

李嗣源取李存勖而代之。《旧五代史·明宗纪二》说："天成元年，大赦天下。后宫内职量留一百人，内官三十人，教坊一百人，鹰坊二十人，御厨五十人，其余任从所适。……北京马步都指挥使李从温奏，准诏诛宦官。初，庄宗遇内难，宦者数百人窜匿山谷，落发为僧，奔至太原七十余人，至是尽诛于都亭驿。辛酉，诏华州放散西川宫人各归骨肉。"相比朱温和李存勖，李嗣源是仁者。他不开杀戒，而是遣散宦官。杀死70名宦官的是他手下人的行为。明宗李嗣源时期的宦官大约100余人。

后晋的石敬瑭以廉政著称，后汉的历史短暂，后周的君主胸怀大志。三个朝代都有数量不多的宦官。

五代十国其间因宦官而闻名于世的还有偏安一隅的南汉国

（917—971）。盛传南汉有两万宦官。其说可能源自《资治通鉴》："（南汉）宦官二万人，显官用事之人，大抵皆宦官者也。"笔者很难相信，从两方面讨论。其一，史书记载。薛居正（912—981），曾在后晋、后汉、后周、宋朝做官。南汉的最后君主刘鋹被宋军擒获，赵匡胤赦而不杀。薛居正身为宋官，又有著史的情怀，对南汉的特异事项焉能不闻不问。但他在完稿于973年的《旧五代史》中，讲述南汉前四位君主时，不提宦官字眼一次。《僭伪列传二》南汉末代君主刘鋹时说："鋹性庸懦，不能治其国，政事咸委于阉官，复有宫人具冠带、预职官、理外事者，由是纲纪大坏。"仅此而已。欧阳修（1007—1072）出生时五代十国终结半个世纪了。他1053年完成《新五代史》，旨在对《旧五代史》纠错和补漏。其中南汉部分确实比《旧五代史》详细。《新五代史》卷65《南汉世家》中说及南汉最后两位君主："晟性刚忌，不能任臣下，而独任其嬖倖宦官、宫婢延遇、琼仙等。至鋹尤愚，以谓群臣皆自有家室，顾子孙，不能尽忠，惟宦者亲近可任，遂委其政于宦者龚澄枢、陈延寿等，至其群臣有欲用者，皆阉然后用。……尚书左丞钟允章参政事，深嫉之，数请诛宦官，宦官皆仄目。……鋹将邵延珺言于鋹（注：下面邵氏谏言，此不赘）。"这两位史家生卒都早于司马光，两书的完成都早于《资治通鉴》。南汉的宦官数量一定未给他们留下印象。《新五代史》说到两位敢于谏言的重臣，也与司马光"显官用事之人大抵皆宦官"不符。司马光之前的史家如此，之后的史家呢？清代吴任臣以搜集古书闻名，他在其《十国春秋》中说："（南汉宦官）高祖时三百，中宗时千余人。"他显然在挑战司马光的两万说。其二，人口。五代十国其间全国人口2500万（葛剑雄，2019），南汉971年有170263户（王育民，1995）。以每户五口计，南汉共 85 万人。唐代人口寿命27 岁，宋代 30 岁。去掉女性和 14 岁以下者，若 2 万宦官，就是南汉适龄男性的十分之一。这只是逻辑推论，却对两万说构成严重质疑。

1060 年完成的《新唐书》说："（唐代时）诸道岁进阉儿，号'私白'，闽、岭最多。有籍可考者十人，岭南一隅之地即占其三。"这指出了南汉兴宦的由来。唐灭，宦官大量流亡。但笔者不认为会大量回流岭南。因为从长安到南粤的盘缠不是多数宦人所能承受。且低级宦人回家乡不是件有面子的事情。笔者判断，乾化元年（911）刘隐已经进封南海王，本地的阉人不能输送大唐长安，便自产自销，效力本地君主了。而一个 80 余万人的小国，即使宦官千人（《十国春秋》的说法），数量已持平李嗣源的后唐，同为五代十国之最。

朱温和李嗣源开启皇帝取缔和高度缩编宦官之先河。这当然关乎前车之鉴。其后的君主中亦不乏其人，特别是开国君主。赵匡胤规定宦官不超过 50 人。朱元璋初始限定宦官在百人以内，禁止自宫。清朝亦达到适度限制，大约 3 千宦官。但取缔乃绝无仅有，高度缩编也难以为继。皇权需要驯顺的、无性的、没有过多亲属利害的奴才。连溥仪逊位后都迟迟不能尽弃宦官。

六、明朝：宦官规模

明朝宦官涉政擅权比东汉、大唐均有过之。刘瑾、魏忠贤权势之大，不下于历代任何宦官。此已为专业史家和通俗作者详述。故此节仅只聚焦明代宦官数量。

盛传明朝有宦官十万。虽未见扎实的证据，著作者们仍不断重复这说法，至多后缀一句：可能夸大，但数量很大，可能数万。如此表述其实是不作为。真实数字未必能得到。但既然研究，就该摆出全部史料，推敲、斟酌，以限定可信数字的范围。笔者不自量力，抛砖引玉。

著作者们关于十万的论据其实少而又少。最常引用的是下述两条资料。其一，王誉昌（1635—1705）著《崇祯宫词》中说："中珰七万人皆喧哗而走，宫人亦奔走都市。"宦官以珰为冠饰，故常以中珰称宦官。明亡时，王誉昌才九岁。他的说法显然是道听途说。而文学作品又不必对史实，特别是数字负责。故不足信。其二，周同谷（明末清初人，曾为史可法幕僚），其《霜猿集》被作序者誉为史诗。其中有诗："授兵十万上谯楼，可是文皇靖难收。只费杜勋三四语，尽从濠内一时投。"其"授兵"被解读为宦人组成的净军。诗中杜勋是崇祯的心腹太监，被派去监军，却打开城门投降了李自成。中国诗歌在修辞上有夸张传统，若以此为史实就太不严肃了。

笔者以为，以下两条史料远比上述坚实，可作推论的基础。

彭韶（1430—1495），侍宪宗、孝宗两帝，官至资善大夫、刑部尚书，卒谥惠安，赠太师太保。《明史·彭韶传》云："二十年擢右副都御史，巡抚应天。明年正月，星变，上言：'彗星示灾，见于岁暮，遂及正旦。……监局内臣数以万计，利源兵柄尽以付之，犯法纵奸，一切容贷，此防微之道未终也。'时方召为大理卿，帝得疏不悦，命仍故官巡抚顺天、永平二府。"彭韶是出名的敢言者，曾因谏言两次被皇帝下狱，所幸被言官救出。有此经历，他言之净净上奏的宦官数量，不可能无根据。该奏可以帮助我们确认：成化二十年（1485）有"数以万计"

的宦官。

陈洪谟（1474—1555），曾任漳州知府、都御史、兵部左侍郎，政声甚好。所撰《继世纪闻卷5》（记述当时政务、吏治、边疆等事的笔记，嘉靖初年完成）中说："是年（正德十六年）工部奏巾帽局缺内侍巾帽靴袜合用纻丝纱罗皮张等料，成化间二十余万，弘治间三十余万，正德八九年至四十六万，及是年至七十二万矣。"按照工部奏，从成化年间到正德十六年，在内侍，即宦官巾帽靴袜上的开销上，增长了3.6倍。

彭韶奏中云"内臣数以万计"，我们姑且理解为1万—1.1万。假设"内侍"开销增长与宦官人数增长成正比，乘以3.6倍，得到正德十六年（1521）的宦官数字：3万—3.6万。

笔者找不到明代明确记载的宦官数字，以上是从上述两条史料做出的推论。这当口得到了老友李宝臣先生的指教。他对其曾经发表的文字稍作补充和加工，发给敝人，如下：

> 记录明宦官数量的著作大致分为三类，一是清朝的，无论官方的说法还是孤忠遗民的著述，都将数目做大以彰其政弊。最具代表就是清圣祖的明后宫太监十万、宫女九千；二是明本朝官员与文人的记录。他们厌恶太监，在批评宦官干政乱政与靡费国家财政时总是要夸大宦官群体的规模，使用的数万之类的数字绝非统计意义上的。三是宦官系统以及与之交集过事的朝廷衙门的文件。这才是考察明代宦官数目最重要的资料。明代宦官人数大抵在11000人到16000人之间变动。太监不是每年都补充的，间隔较大，且不固定，视减员状态与补充需要而由皇帝或权阉决定，间隔短的一般五六年，长的十几年。在此，摘录两组数字以作参考：

"嘉靖三年（1524）四月内（供用库太监梁政报告）：在京领饷的太监为 15000 余人"（王世贞《弇山堂别集》卷九十八）。嘉靖八年司礼监呈报 12639 人（梁材《复议节财用疏》，《明经世文编》卷一百零二）。嘉靖十五年补入 3455 人（《明世宗实录》嘉靖十五年六月壬辰条）。三年到八年，间隔五年，太监减员在 2500 人左右。平均每年减员约在 500 人上下。再到十五年间隔七年，进一步减员当在 3500 人上下，恰好补入 3455 人以维持八年的人数。太监总数在 13000 人左右。

《神宗实录》万历元年九月甲申朔条：隆庆六年（1572）九月，工部报告："两京内官旧使人等，自隆庆五年（1571）九月至六年八月，除事故 511 员名，实在 12729 员名。"《神宗实录》万历十一年七月丙午条："元年、六年内共收过六千余名。"元年（1573）四月增补了 3250 人，六年（1578）增补了 3000 人左右。隆庆六年到万历六年间隔六年，除去减员的 3000 人左右，实际存量 12729 人加上 3000 余人，总数 16000 人上下。万历登基的头十年，帝尚年少，首辅张居正与权阉冯保相协辅政，太监人数激增，当属冯保扩充个人势力行为。万历十一年（1583）二月，亲政的万历帝驱逐了这两批增补的太监。不久，于七月又复招收两千余人。太监总数比隆庆六年时有所下降。

不管皇帝与权阉多么热衷扩充名额，也不管自阉投奔之人多么企盼进宫，太监名额一直受到财政支付能力限制。仅上述隆庆六年九月报告的 12729 名太监的一年靴银，就要用去 72127 两 4 钱白银，为此工部请求向营缮司、都水

司挪用。（参阅李宝臣，2019，52—53）

李先生又说：

> 明代收录太监，皇帝谕旨下达后，由礼部公布，会同司礼监办理。收录后根据需要分拨于各宦官衙门，与南京、中都、湖北显陵以及地方上的王府。严禁京外各拥有使用太监权力的机关私自收录。阉割时时发生，宫廷收录却不定期。间隔短的时期，未被录用人数一般小于太监总数。间隔大的，未被录用的大于太监总数。《世宗实录》嘉靖元年正月辛未条：原充南海子海户净身男子龚应哲等万余人。尽逐还原籍。《世宗实录》嘉靖七年三月壬申朔条：净身男子韩春等凡八千余人守阙奏乞收用。驱逐。万历二十九年，收录4500人，以后到四十八年，未见有大批收录的记载，故经过十九年减员，存量大约在6000人左右，《熹宗实录》泰昌元年秋九月乙酉条：先是有诏选净身男子三千人入宫，时民间求选者至二万余人蜂拥部门喧嚷。因之推测明代自嘉靖以后。常态的阉割人在20000到28000之间。

万历十一年距离明朝覆灭只有80年，其间宦官数量不可能有太大的增长。李宝臣先生给出的宦官数字中，嘉靖三年15000人和万历六年的16000最高。而前者是"在京领饷"的太监数量，还需加上留都南京的太监。笔者非专业史家，是在找不到数字记载时做出的4万推论，可能有误。姑且留个靶子，供专业人士辨析。李先生给出的1.6万宦官数字大大低于流传的10万。而同时，待岗阉人的数量竟超过现役宦官，令人咋舌。汉唐时宦官不乏源于战俘或令番邦上贡的。演变到明代供大于求，原因不一而足。而一千余年来，帝制下民风奴化亦是原因之一。1.6 万现役宦官，是中国历史上宦官数量的最高峰。加上2 万以上待岗者，共计 3.6 万左右的阉人。秦、明两朝的阉人数量，当为世界史上之双峰。

七、透视帝制的视角

阉割很可能起源于祭祀和宗教，其过程和细节远未获得充分的揭示。它移植到人体的奇异效果被权势者发现和利用，于是阉人的性质骤变，阉人的数量剧增。

尽管历史上宦官曾见于世界多地，其使用也不囿于王室，但是大规模的宦官群体是帝国的产物，其消亡亦跟随帝国的终结，它与帝国相始终。它是认识帝国，认识权力形态，认识驯化、奴役及一个被极度扭曲阶层如何反弹的重要视角。

笔者读到的最早的宦官专著是日本作家的汉译本。有趣的是他的国家是世界上少有的历史上没有宦官的民族。对此他这样解释：

> 日本万事都学中国，可为什么没有采用宦官制度呢？日本古代社会和异民族很少有广泛的接触，或者以一种力量和另一种力量产生剧烈冲突而出现征服的事情（从扬子江沿岸来的倭人是温和的农耕民族的迁移，朝鲜半岛南部来的人也没有发生异民族之间的激烈冲突），没有庞大的后宫，没有宫刑这种刑罚，佛教的影响，单一的农耕民族，等等都是原因。（寺尾善雄，1985，46）

笔者不知道这本书的翻译是否忠实。如是，笔者以为在原因寻找上作者没有打中要害。游牧生存方式不是关键。该生存方式与动物阉割关系密切。但在转化到人的阉割及宦官的使用上，远逊于诸多农业民族。中国历史上游牧民族建立的辽、金、元王朝中的宦官规模，远低于以农耕为主的汉民族建立的王朝。冲突与征服亦非关键。欧洲中世纪各民族间战争频繁，阉割战俘及转为宦官都并不流行。作者提到了后宫，却没有追寻后宫背后的东西：皇权。庞大的后宫只属于皇权，少见于封建。日本没有宦官的关键是其历史上只有封建，没有皇权。欧洲同为封建制，也同样没有产生大规模的宦官。

亚述、埃及、波斯、拜占庭、奥斯曼、中国，历史上的帝国几乎无一例外地拥有庞大的宦官群体。帝王离不开奴才，他们原以为身体改造后的阉人是人类中的工蜂：没有性能力，性格温良驯顺，少了亲属与后代，故欲望与私心最小。但工蜂是在漫长而独特的进化路径中产生的，在人类中无法复制。去除了睾丸，依旧有肾上腺分泌的激素。没有了性能力，依旧有权力欲和占有欲。勤劳的工蜂是不需要外力刺激的。而驾驭宦官同驾驭百官一样靠奖惩。帝王给宦官的奖赏是允准他们拥有养子和财富，成为左膀右臂后更赋予他们权力。乃至最终，庞大宦官金字塔上层的权宦们，已经完全不像无欲少求的工蜂。他们拥有家室、财富和巨大的权力，甚至可以驾驭帝王，颠覆王朝。而宦官的路径完全是帝制搭建的。最坏的宦官也坏不过宦官制度，那些罪恶几乎都是宦官制度及其背后的皇权帝制的题内之意。宦官的诸多罪过，与其说是他们的专属，不如说代行，或是那个高度集中的大权一时落到他手中。他们不做，帝王和其外戚也会做。

宦官是帝制肌体上的毒瘤。中国两千余年中，对宦官的讨伐史不绝书。但讨伐聚焦于宦官，统统无涉皇权。这种讨伐在相当程度上是一种歧视。通过歧视，讨伐者们在心理上抬高了自己，麻痹了自己，漠视了自己其实也在帝国的驯化与奴役的连续谱中。

参考书目

（"/"前面的是原著初版年，"/"后面的是笔者引用的版本的出版年）

古籍：

安小兰（译注），荀子，中华书局，2010

柏拉图，理想国，商务印书馆，1986

陈傅良，《历代兵制》（史丽君译注），中华书局，2017

高华平（译注），韩非子，2010

顾炎武，顾炎武文，崇文书局，2014

李世民、武则天，帝范臣轨，中华书局，2021

李小龙（译注），墨子，中华书局，2016

刘昫，旧唐书，中华书局，1975

欧阳修，新五代史，中华书局，2015

脱脱，辽史，中华书局，1974

司马光，资治通鉴，中华书局，2013

司马迁，史记，中华书局，1959

王夫之，读通鉴论，中华书局，2013

王溥，五代会要，上海古籍出版社，1978

许慎，说文解字，中华书局，1963

薛居正等，旧五代史，中华书局，2015

杨伯峻（译注），论语译注，中华书局，1980

———，孟子译注，中华书局，1960

张耿光（译注），庄子全译，贵州人民出版社，1981

现代作品：

白川静，1972/2014，孔子传，人民出版社

白一瑾，2010，清初贰臣士人心态与文学研究，天津人民出版社

贝拉依什、凯尔瓦杜埃，1996/2012，男人问题，浙江科学技术出版社

伯克特，1996/2019，神圣的创造：神话的生物学踪迹，陕西师大出版社

蔡仲德，1990，中国音乐美学史资料注释，人民音乐出版社

———，2004，中国音乐美学史，人民音乐出版社

陈恩林，1989/2019，逸斋先秦史论文集，吉林文史出版社

陈梦家，1936/2016，"古文字中之商周祭祀"，陈梦家学术论文集，中华书局

陈晓莹，2018，晚近的历史记忆——两宋的五代十国史研究，中国社会科学出版社

陈寅恪，1933/2015，"李唐氏族之推测后记"，金明馆丛稿二编，生活·读书·新知三联书店

———，1950/2017，元白诗笺证稿，商务印书馆

崔瑞德（编），1979/1990，剑桥中国隋唐史，中国社会科学出版社

戴蒙德，1997/2000，枪炮、病菌与钢铁，上海译文出版社

杜文玉，2011，五代十国经济史，学苑出版社

樊文礼，2000，唐末五代的代北集团，中国文联出版社

———，2005，李克用评传，山东大学出版社

葛剑雄，2019，中国人口发展史，四川人民出版社

宫崎市定，1956/2008，九品官人法研究，中华书局

顾颉刚，1925/2005，"答李玄伯先生"，古史辨（第一册下编），海南出版社

———，1926/2011，"自序"，古史辨，商务印书馆

国洪更，2015，"亚述帝国宦官的地位与作用"，古代文明，第 2 期

何冠彪，1997，生与死：明季士大夫的抉择，（台湾）联经出版集团

基维，2002/2012，音乐哲学导论：一家之言，华东师范大学出版社

克里斯蒂安，2004/2007，时间地图，上海社会科学出版社

孔祥安、何雪芹，2018，中国传统忠伦理研究，青岛出版社

雷海宗，1935/2016，中国的兵（中国兵史）中央编译出版社

李宝臣，2019，明北京，北京出版社

李宏锋，2019，礼崩乐盛，文化艺术出版社

李零，2020，十二生肖中国年，生活·读书·新知三联书店

李水城、王恺，2009，马的管理与驯化，中国文物报，6月5日

李翔，2014，李克用义子问题考述，西南大学学报（社会科学版），第
    3期

梁任公，1903/2001，"论正统"，饮冰室文集卷三，上海文化进步社

梁湘润，2000，命略本纪，中国哲学文化协进会

刘铭恕，1984，"长安有无胡姬"，敦煌学辑刊，第1期

刘浦江，2017，正统与华夷：中国传统政治文化研究，中华书局

鲁惟一，2005，"关于葆子、隐宫、隐官，宦与收等术语——兼论赵高的
    宦官身份"，湖南省博物馆馆刊，第2期

路育松，2008，"从天书封祀看宋真宗时期的忠节文化建设"，清华大学学
    报，第6期

罗伯兹，2017/2019，驯化，读者出版社

罗亮，2022，权力与正统：五代政治史论稿，中国社会科学出版社

罗素，1955/1996，西方哲学史，商务印书馆

马陈兵，2019，提头来见：中国首级文化史，生活·读书·新知三联书店

毛汉光，1989/2002，中国中古政治史论，上海世纪出版集团

毛水清，2006，唐代乐人，东方出版社

饶宗颐，2015，中国史学上之正统论，中华书局

裘锡圭，1980，"甲骨文中的几种乐器名称"，中华文史论丛，第2辑

任半塘，1982/2006，唐声诗，上海古籍出版社

石田干之助，1930/2019，当垆的胡姬，长安之春，清华大学出版社

睡虎地秦墓竹简整理小组，1978，睡虎地秦墓竹简

寺尾善雄，1985/2011，宦官史话，商务印书馆

苏诚监，1996，"'骊山徒'的成员结构和社会属性"，秦俑学研究

梯利，1914/2014，西方哲学史，商务印书馆

王　成，2020，忠，华夏出版社

王庚武，1963/2014，五代时期北方中国的权力结构，中西书局

———，2002，王庚武自选集，上海教育出版社

王国维，1923/2010，"五代监本考"，王国维全集第7卷，浙江教育出版社

王育民，1995，中国人口史，江苏人民出版社

王云裳，2013，宋代军队经营问题研究，中华书局

王曾瑜，2011，宋朝军制初探，中华书局

魏斐德，1985/2013，洪业——清朝开国史，新星出版社

翁文波、张清，1993，天干地支纪历与预测，石油工业出版社

吴丽娱，2002，唐代摭遗——中古书仪研究，商务印书馆

席勒，1795/1985，审美教育书简，北京大学出版社

向达，1957/2017，唐代长安与西域文明，学林出版社

谢弗，1991/2005，唐代外来文明，陕西师范大学出版社

辛德勇，2013，建元与改元，中华书局

严耕望，1969，唐史研究丛稿，新亚研究所

杨念群，2010，何处是江南，生活·读书·新知三联书店

叶舒宪，2018，阉割与狂狷，陕西师范大学出版社

伊萨克，1970/1987，驯化地理学，商务印书馆

余英时，1987，士与中国文化，上海人民出版社

袁靖，2015，中国动物考古学，文物出版社

张广达，2008，文本、图像与文化流传，广西师范大学出版社

张明华，2007，新五代史研究，中国社会科学出版社

张荣明，2000，方术与中国传统文化，学林出版社

章太炎，1935/2018，国学概论·国学略说，四川人民出版社

张之为，2017，唐诗与音乐，暨南大学出版社

赵　园，1999，明清之际士大夫研究，北京大学出版社

郑也夫，2009，神似祖先，中国青年出版社

———，2015，文明是副产品，中信出版社

周阿根，2012，五代墓志汇考，黄山书社

朱自清，1946/2011，诗言志辩，商务印书馆

Oliver R., Almushatat A, 2019：From cult worship to cure：the history of human castration, European Urology Supplements：18.1；e1289

Taylor, Gary, 2000：Castration, Routledge, New York.

图书在版编目(CIP)数据

五代九章/郑也夫著.—上海:上海三联书店,
2023.10(2024.9 重印)
ISBN 978 - 7 - 5426 - 8249 - 9

Ⅰ.①五… Ⅱ.①郑… Ⅲ.①中国历史-研究-五代
十国时期 Ⅳ.①K243.07

中国国家版本馆 CIP 数据核字(2023)第 178579 号

五代九章

著　　者／郑也夫

责任编辑／徐建新
特约编辑／储卉娟
装帧设计／一本好书
监　　制／姚　军
责任校对／王凌霄　张　瑞

出版发行／上海三联书店
　　　　　(200041)中国上海市静安区威海路 755 号 30 楼
邮　　箱／sdxsanlian@sina.com
联系电话／编辑部：021 - 22895517
　　　　　发行部：021 - 22895559
印　　刷／上海展强印刷有限公司

版　　次／2023 年 10 月第 1 版
印　　次／2024 年 9 月第 3 次印刷
开　　本／890 mm×1240 mm　1/32
字　　数／260 千字
印　　张／11.375
书　　号／ISBN 978 - 7 - 5426 - 8249 - 9/K·740
定　　价／68.00 元

敬启读者,如发现本书有印装质量问题,请与印刷厂联系 021 - 66366565